财政部"十三五"规划教材（配套教材）

Intermediate Financial Accounting

（第2版）

《中级财务会计》习题与案例

主　编　高绍福
副主编　黄　亮　詹毅美

中国财经出版传媒集团
经济科学出版社
Economic Science Press

图书在版编目（CIP）数据

《中级财务会计》习题与案例/高绍福主编.—2版.—北京：经济科学出版社，2017.10

财政部"十三五"规划教材.配套教材
ISBN 978-7-5141-8588-1

Ⅰ.①中… Ⅱ.①高… Ⅲ.①财务会计-高等学校-教材 Ⅳ.①F234.4

中国版本图书馆CIP数据核字（2017）第262753号

责任编辑：杜 鹏 张 燕
责任校对：隗立娜
版式设计：代小卫
责任印制：邱 天

《中级财务会计》习题与案例（第2版）
主 编 高绍福
副主编 黄 亮 詹毅美
经济科学出版社出版、发行 新华书店经销
社址：北京市海淀区阜成路甲28号 邮编：100142
总编部电话：010-88191217 发行部电话：010-88191522
网址：www.esp.com.cn
电子邮箱：esp_bj@163.com
天猫网店：经济科学出版社旗舰店
网址：http://jjkxcbs.tmall.com
北京季蜂印刷有限公司印装
787×1092 16开 16印张 330000字
2017年11月第2版 2017年11月第1次印刷
印数：0001—4000册
ISBN 978-7-5141-8588-1 定价：32.00元
（图书出现印装问题，本社负责调换。电话：010-88191510）
（版权所有 侵权必究 举报电话：010-88191586
电子邮箱：dbts@esp.com.cn）

第2版前言
INTRODUCTION

为适应会计学、财务管理学、审计学等专业本科教学及社会经济发展对高级财经管理人才的需要，我们编写了这本《中级财务会计习题与案例》（第2版）。本书是经济科学出版社出版的财政部"十三五"规划教材《中级财务会计》（第2版）（主编：高绍福）一书的配套教材，既可作为高等财经院校财务会计教学的辅助教材，也可作为企业财务管理人员学习财务会计的参考用书。

《中级财务会计习题与案例》（第2版）是在2013年9月第1版的基础上，结合国际财务报告准则的最新动态，遵循财政部于2014年以来陆续修订、制定的《企业会计准则》及《企业会计准则解释》等最新规定与精神修订的。修订过程中，我们还关注了现行的《中华人民共和国企业所得税法》《中华人民共和国公司法》《营业税改征增值税试点实施办法》等法律法规在会计实务中的运用，同时也吸收了广大读者对本书提出的中肯的修改意见与建议。重新修订的《中级财务会计习题与案例》（第2版）不仅体现财务会计理论的深度与广度，也体现其时效性，即与会计实务工作密切联系。

本书按照《中级财务会计》（第2版）的结构安排，按章精心设计了练习题和案例等内容，并配有练习题参考答案及案例分析。练习题的设计突出理论联系实际，案例的设计体现综合性和超前性，使学生通过练习，能够更好地掌握财务会计理论知识，能够更多地接触会计实务，提高分析问题和解决问题的能力。

本次修订由高绍福任主编，黄亮、詹毅美任副主编。全书共十六章，各章修订分工如下：

高绍福　第一、二、三、四、九章

詹毅美　第五、十二、十三章

黄　亮　第六、七、八、十、十一、十四章

章颖薇　第十五、十六章

由于编者水平有限，书中难免存在疏漏和不足，恳请读者批评指正。

在本次修订过程中，经济科学出版社杜鹏编审及其他编辑付出了辛勤的劳动,为保证本教材的质量做出了贡献,谨向他们表示衷心的感谢!另外,本次修订同样借鉴了国内外同类教材的成果及其他期刊资料,我们向这些教材及资料的作者表示诚挚的谢意!

编　者
2017 年 10 月 6 日

目 录
CONTENTS

第一章　总　　论 …………………………………………………………… 1
　　一、练习题 ………………………………………………………………… 1
　　二、练习题参考答案 ……………………………………………………… 5
　　三、案例分析题 …………………………………………………………… 6

第二章　货币资金 …………………………………………………………… 7
　　一、练习题 ………………………………………………………………… 7
　　二、练习题参考答案 ……………………………………………………… 12
　　三、案例分析题 …………………………………………………………… 15

第三章　存　　货 …………………………………………………………… 19
　　一、练习题 ………………………………………………………………… 19
　　二、练习题参考答案 ……………………………………………………… 30
　　三、案例分析题 …………………………………………………………… 36

第四章　金融资产 …………………………………………………………… 39
　　一、练习题 ………………………………………………………………… 39
　　二、练习题参考答案 ……………………………………………………… 48
　　三、案例分析题 …………………………………………………………… 52

第五章　长期股权投资及合营安排 ………………………………………… 55
　　一、练习题 ………………………………………………………………… 55
　　二、练习题参考答案 ……………………………………………………… 66
　　三、案例分析题 …………………………………………………………… 70

第六章　固定资产 …………………………………………………………… 73
　　一、练习题 ………………………………………………………………… 73

二、练习题参考答案 …………………………………………………… 81
　　三、案例分析题 ………………………………………………………… 86

第七章　无形资产 …………………………………………………………… 89
　　一、练习题 ……………………………………………………………… 89
　　二、练习题参考答案 …………………………………………………… 96
　　三、案例分析题 ………………………………………………………… 99

第八章　投资性房地产 …………………………………………………… 101
　　一、练习题 …………………………………………………………… 101
　　二、练习题参考答案 ………………………………………………… 109
　　三、案例分析题 ……………………………………………………… 112

第九章　资产减值 ………………………………………………………… 114
　　一、练习题 …………………………………………………………… 114
　　二、练习题参考答案 ………………………………………………… 123
　　三、案例分析题 ……………………………………………………… 127

第十章　流动负债与或有负债 …………………………………………… 130
　　一、练习题 …………………………………………………………… 130
　　二、练习题参考答案 ………………………………………………… 141
　　三、案例分析题 ……………………………………………………… 146

第十一章　非流动负债与债务重组 ……………………………………… 149
　　一、练习题 …………………………………………………………… 149
　　二、练习题参考答案 ………………………………………………… 162
　　三、案例分析题 ……………………………………………………… 168

第十二章　所有者权益 …………………………………………………… 171
　　一、练习题 …………………………………………………………… 171
　　二、练习题参考答案 ………………………………………………… 175
　　三、案例分析题 ……………………………………………………… 177

第十三章　收入、费用和利润 …………………………………………… 180
　　一、练习题 …………………………………………………………… 180
　　二、练习题参考答案 ………………………………………………… 193
　　三、案例分析题 ……………………………………………………… 200

第十四章　企业财务报告 ············ 203
一、练习题 ············ 203
二、练习题参考答案 ············ 213
三、案例分析题 ············ 216

第十五章　会计政策、会计估计变更及差错更正 ············ 225
一、练习题 ············ 225
二、练习题参考答案 ············ 230
三、案例分析题 ············ 232

第十六章　资产负债表日后事项 ············ 235
一、练习题 ············ 235
二、练习题参考答案 ············ 241
三、案例分析题 ············ 243

第一章 总 论

一、练习题

(一) 单项选择题

1. 从企业的发展历史上看,早期主要是(   )。
   A. 有限责任公司   B. 个人业主制企业和合伙制企业
   C. 股份有限公司   D. 股份两合公司
2. 财务会计是建立在(   )基础之上的公司制度的产物,现代企业制度是财务会计存在的物质基础和制度背景。
   A. 工业革命   B. 市场经济
   C. 现代企业制度   D. 工业社会
3. 用来维系企业作为独立组织存在的各种社会关系总和就是企业制度,其核心即是(   )。
   A. 产权制度   B. 管理制度
   C. 分配制度   D. 税收制度
4. 19世纪40年代以来,为适应股份公司的要求,企业的财务制度不断地进行改进和完善,主要体现在(   )方面。
   A. 披露制度   B. 现金制度
   C. 审计制度   D. 转账制度
5. (   )侧重于定期编制有关的财务报表,向企业外界报告企业的财务状况、经营成果及现金流量,目标主要是对外服务。
   A. 财务会计   B. 管理会计
   C. 成本会计   D. 财务管理
6. 下列各项中不属于构成会计规范的基本条件的是(   )。
   A. 会计规范是一种引导和制约会计工作的标准
   B. 会计规范是对会计工作进行评价的依据
   C. 会计规范是引导会计工作往特定方面发展的一种约束力和吸引力
   D. 会计规范必须是成文的
7. (   )是指由全国人民代表大会及其常委会经过一定立法程序制定的有

关会计工作的规范。
A. 会计行政法规　　　　　　　　B. 会计法律
C. 会计准则　　　　　　　　　　D. 会计制度

8. 下列各项中，不属于会计行政法规或部门规章的是(　　)。
A.《会计法》　　　　　　　　　B.《企业财务会计报告条例》
C.《总会计师条例》　　　　　　D.《企业会计准则——基本准则》

9. 在我国，参与企业或单位高层经营决策与控制，以协调企业或单位会计工作为主要职责的会计师称为(　　)。
A. 总会计师　　　　　　　　　　B. 高级会计师
C. 注册会计师　　　　　　　　　D. 助理会计师

10. 国际会计师联合会（IFAC）是会计行业的国际组织，成立于(　　)年。
A. 1977　　　　　　　　　　　　B. 1967
C. 1987　　　　　　　　　　　　D. 1997

11. 中国注册会计师协会于(　　)年加入 IFAC，并派代表担任理事。
A. 1977　　　　　　　　　　　　B. 1967
C. 1987　　　　　　　　　　　　D. 1997

12. 2015 年，(　　)当选亚洲—大洋洲会计准则制定机构组副主席，并将于 2017 年接任第六任主席职务。
A. 中国会计准则委员会　　　　　B. 日本会计准则理事会
C. 韩国会计准则理事会　　　　　D. 新加坡会计准则理事会

13. 2011 年 10 月 26 日，2011 年度中日韩会计准则制定机构会议在(　　)成功举行。
A. 厦门　　　　　　　　　　　　B. 北京
C. 上海　　　　　　　　　　　　D. 深圳

14. 2011 年 6 月 12 日，(　　)首次作为海峡论坛的重要组成部分如期在厦门开幕。
A. 海峡旅游论坛　　　　　　　　B. 海峡经济论坛
C. 海峡管理论坛　　　　　　　　D. 海峡两岸会计论坛

15. 职业道德调整的社会关系不包括(　　)。
A. 职业内部人们之间的关系
B. 本职业的人们同其他职业人们之间的关系
C. 本职业的人们同社会上其他人之间的关系
D. 家庭成员之间的关系

16. 目前，我国每年举行一次注册会计师考试，该考试包括(　　)。
A. 只要专业阶段考试　　　　　　B. 只要综合阶段考试
C. 专业阶段考试和综合阶段考试都要　　D. 以上都不对

17. 中国注册会计师协会成立于(　　)年。
A. 1968　　　　B. 1978　　　　C. 1988　　　　D. 1998

18. 经济合作与发展组织于1976年发布了"对跨国公司投资宣言",这一宣言包括对( )的指南。
   A. 国际贸易　　　B. 国际并购　　　C. 国际税收　　　D. 信息披露

19. ( )年,欧盟开始正式采用国际财务报告准则。
   A. 1975　　　　　B. 1985　　　　　C. 1995　　　　　D. 2005

20. 2010年,响应二十国集团关于建立全球统一高质量会计准则的倡议,中国财政部发布( )。
   A. 《中国企业会计准则与国际财务报告准则持续趋同路线图》
   B. 《中国企业会计准则与美国财务报告准则持续趋同路线图》
   C. 《中国企业会计准则与欧盟财务报告准则持续趋同路线图》
   D. 《中国企业会计准则与国际会计准则持续趋同路线图》

(二)多项选择题

1. 我国《企业会计准则》体系由( )等构成。
   A. 基本准则　　　　　　　　　B. 具体会计准则
   C. 应用指南　　　　　　　　　D. 准则解释

2. 我国现行会计制度主要包括( )。
   A. 会计核算制度　　　　　　　B. 会计监督制度
   C. 会计机构和会计人员制度　　D. 会计工作管理制度

3. 下列属于技术资格等级称谓的有( )。
   A. 总会计师　　　　　　　　　B. 助理会计师
   C. 会计师　　　　　　　　　　D. 高级会计师

4. 想成为一名注册会计师,一般应该具备( )条件。
   A. 通过资格考试　　　　　　　B. 有一定的审计工作经验
   C. 受过一定的专业教育　　　　D. 申请取得注册会计师执照

5. 注册会计师的工作内容主要包括( )。
   A. 审计　　　　　　　　　　　B. 税务咨询
   C. 管理咨询　　　　　　　　　D. 为客户编制财务报告

6. 下列从事政府间国际组织会计协调活动的有( )。
   A. 国际会计和报告准则政府间专家工作组
   B. 经济合作与发展组织(OECD)
   C. 欧洲联盟委员会(EU)
   D. 国际会计准则理事会

7. 以下属于国际会计和报告准则政府间专家工作组工作任务的是( )。
   A. 对国家和地区层面的准则制定做出积极贡献
   B. 采取适当的行动以确保跨国公司披露的可比性
   C. 跟踪国际会计和报告领域的发展情况,包括各准则制定机构的工作
   D. 就国际会计和报告准则的制定向相关国际机构提供咨询,并征集各方的意见

8. 亚洲—大洋洲会计准则制定机构组的组织结构由( )构成。
   A. 主席   B. 副主席
   C. 秘书处   D. 工作组以及主席顾问委员会
9. 中国会计准则国际趋同的原则是( )。
   A. 趋同是进步，是方向   B. 趋同不是简单地等同
   C. 趋同需要一个过程   D. 趋同是一种互动
10. 我国具体会计准则可分为( )等类别。
    A. 一般业务准则   B. 特殊业务准则
    C. 报告类准则   D. 基本准则
11. 专业胜任能力要求会计人员应该( )。
    A. 热爱本职工作
    B. 达到相应层次的专业技术标准的要求
    C. 通晓并遵守国家、专业团体及本单位的各有关规定
    D. 参加职业后续教育，不断补充、更新自己的会计专业知识
12. 我国现行会计规范体系主要由( )构成。
    A. 会计法律及相关法律
    B. 会计行政法规
    C. 会计准则与会计制度
    D. 上市公司信息披露要求及企业自己制定的会计处理制度
13. 下列不属于目前我国注册会计师专业阶段考试科目的有( )。
    A. 财务成本管理   B. 管理会计
    C. 成本会计   D. 公司战略与风险管理
14. 下列属于目前美国最大的4家会计师事务所的有( )。
    A. 毕马威国际会计师事务所
    B. 德勤国际会计公司
    C. 加州会计师事务所
    D. 普华永道会计财务咨询公司
15. 下列国家或地区中，与中国内地会计准则实现等效的有( )。
    A. 欧盟   B. 中国香港
    C. 美国   D. 韩国

(三) 判断题

1. 用来维系企业作为独立组织存在的各种社会关系总和就是企业制度，其核心即是产权制度。( )
2. 在现代企业两权分离的情况下，"企业主"不是企业的所有者，而是具有专业管理企业才能的"经理层"。( )
3. 股份有限公司是一种投资主体与经营管理主体相分离的企业组织模式，涉及多类经济主体的实际利益。( )

4. 财务会计是企业制度发展到股份有限公司这一高级阶段的产物。（   ）

5. 我国的《企业会计准则——基本准则》体现出西方财务会计概念框架的性质和作用。（   ）

6. 人们的任何一种职业活动都不是孤立的，而是社会分工体系的一部分。（   ）

7. 由于企业内部管理的需要，财务会计应运而生。（   ）

8. 注册会计师是一项超然独立的专门性职业，不受任何部门和组织约束。（   ）

9. 美国全国性的注册会计师团体为成立于1887年的注册会计师协会。（   ）

10. 会计职业道德不仅较为强烈地反映一个国家社会道德的基本要求，而且着重反映本职业特殊的道德要求。（   ）

11. 专业胜任力完全是会计人员个人的专业水平问题，与社会的道德要求无关。（   ）

12. 客观公正亦即要求会计人员以真实的经济业务事项为依据，对会计数据加以如实的记录和正确的反映。（   ）

13. 保守秘密是会计人员职业纪律方面的要求，任何时候都要无条件遵守。（   ）

14. 会计国际化是世界各国会计发展的必然趋势，是一个漫长的过程。（   ）

15. 从全球会计趋同的情况看，各国或地区大都选择直接采用国际财务报告准则的趋同模式，比如欧盟、澳大利亚、韩国、中国等。（   ）

16. 我国的基本准则类似于国际财务报告准则中"编报财务报表的框架"，在会计准则中起统驭作用，是具体准则的制定依据。（   ）

17. 我国会计准则实现了国际趋同，因此，要完成与世界主要国家和地区会计准则的等效是很容易的事。（   ）

18. 2012年4月，欧盟宣布中欧会计准则实现最终等效。至此，中国与欧盟的会计审计实现了等效。（   ）

19. 国家对台湾地区会计合作与交流基地设在厦门。（   ）

20. 中国香港从2005年开始直接采用国际财务报告准则。（   ）

二、练习题参考答案

（一）单项选择题

1. B 2. C 3. A 4. A 5. A 6. D 7. B 8. A 9. A 10. A 11. D 12. A
13. A 14. D 15. D 16. C 17. C 18. D 19. D 20. A

(二) 多项选择题

1. ABCD 2. ABCD 3. BCD 4. ABCD 5. ABC 6. ABC 7. ABCD 8. ABCD
9. ABCD 10. ABC 11. ABCD 12. ABCD 13. BC 14. ABD 15. AB

(三) 判断题

1. √ 2. √ 3. √ 4. √ 5. √ 6. √ 7. × 8. × 9. √ 10. √ 11. ×
12. × 13. × 14. √ 15. × 16. √ 17. × 18. √ 19. √ 20. √

三、案例分析题

【案例】

会计人员应当廉洁自律

安徽王某，23 岁，大学专科毕业后分配到某市一国债服务部，担任柜台出纳兼任金库保管员。1999 年 5 月 11 日，王某偷偷从金库中取出 1997 年国库券 30 万元，4 个月后，王某见无人知晓，胆子开始大了起来，又取出 50 万元，通过证券公司融资回购方法，拆借人民币 89.91 万元，用来炒股，没想到赔了钱。王某在无力返还单位债券的情况下，索性于 1999 年 12 月 14 日和 15 日，将金库里剩余的 14.03 万元国库券和股市上所有的 73.7 万元人民币全部取出后潜逃，用化名在该市一处民房租住隐匿。至案发，王某共贪污 1997 年国库券 94.03 万元，折合人民币 118.51 万元。案发后，当地人民检察院立案侦查，王某迫于各种压力，于 2000 年 1 月 8 日投案自首，检察院依法提起公诉。

(资料来源：贵州学习网 http://www.gzu521.com/201204/59361.htm)

要求：
1. 你认为该案例说明了什么问题？
2. 结合你自己的体会，谈谈会计专业道德教育的重要性。
3. 你认为应该对哪些人进行会计职业道德教育？

【案例分析】

1. 这说明该会计人员在学校缺乏会计职业道德教育，没有丝毫会计职业道德观念和法制观念，内心深处没有构筑道德的防线，或者说道德防线十分脆弱，不堪一击。从会计职业道德规范的角度分析，该会计人员违背了"爱岗敬业""诚实守信""廉洁自律"等会计职业道德规范。此外，此案也说明了建立单位内部控制制度的重要性。

2. 会计职业道德教育有利于提高会计职业道德水平；会计职业道德教育有利于培养会计人员会计职业道德情感；会计职业道德教育有利于树立会计职业道德信念。

3. 要进行三个层次的会计职业道德教育：一是对潜在会计人员的会计职业道德教育；二是对从事会计职业的人员进行岗前会计职业道德教育；三是对已经从事会计工作的会计人员的继续教育。

第二章 货币资金

一、练习题

(一) 单项选择题

1. 流动性最强的货币资金是( )。
   A. 库存现金   B. 银行存款
   C. 银行汇票存款   D. 外埠存款

2. 库存现金限额一般是按企业( )天的日常零星开支需要量进行核定的。
   A. 3   B. 5
   C. 3~5   D. 3~15

3. 企业发生库存现金长款和短款,尚未查明原因前应记入( )账户。
   A. 其他应收款   B. 待处理财产损溢
   C. 其他应付款   D. 备用金

4. 银行汇票的提示付款期为( )个月。
   A. 1   B. 2
   C. 3   D. 6

5. 支票的提示付款期限一般为自出票日起( )天。
   A. 7   B. 10
   C. 15   D. 20

6. 库存现金清查中发现的确实无法查明原因的长款,应贷记( )账户。
   A. 盈余公积   B. 管理费用
   C. 其他业务收入   D. 营业外收入

7. 银行本票付款期最长不得超过( )个月。
   A. 2   B. 3
   C. 6   D. 9

8. 仅适用于企业之间签订购销合同的商品交易,以及由于商品交易而发生的劳务供应的转账结算方式是( )。
   A. 银行汇票   B. 商业汇票
   C. 委托收款   D. 托收承付

9. 企业库存现金和银行存款日记账是由( )根据审核无误的记账凭证逐日逐笔进行登记。

　　A. 会计主管　　　　　　　　　B. 出纳员

　　C. 审计员　　　　　　　　　　D. 会计人员

10. 下列各项中，不通过"其他货币资金"账户核算的是( )。

　　A. 信用证存款　　　　　　　　B. 备用金

　　C. 信用卡存款　　　　　　　　D. 银行本票存款

11. 企业对已存入证券公司但尚未进行短期投资的款项进行会计处理时，应借记的账户是( )。

　　A. 银行存款　　　　　　　　　B. 短期投资

　　C. 其他应收款　　　　　　　　D. 其他货币资金

12. 企业将款项汇往外地开立采购专用账户时，应借记的会计科目是( )。

　　A. 材料采购　　　　　　　　　B. 在途物资

　　C. 预付账款　　　　　　　　　D. 其他货币资金

13. 商业汇票的付款期由交易双方商定，但最长不能超过( )个月。

　　A. 6　　　　　　　　　　　　 B. 2

　　C. 9　　　　　　　　　　　　 D. 12

14. 企业支付的银行承兑手续费应记入( )科目。

　　A. 销售费用　　　　　　　　　B. 财务费用

　　C. 其他业务成本　　　　　　　D. 营业外支出

15. 在企业的银行账户中，不能办理现金支取的是( )账户。

　　A. 基本存款　　　　　　　　　B. 临时存款

　　C. 专用存款　　　　　　　　　D. 一般存款

16. 对于银行已经入账而企业尚未入账的未达账项，企业应当( )。

　　A. 根据"银行对账单"记录的金额入账

　　B. 根据"银行存款余额调节表"自制原始凭证入账

　　C. 根据"银行对账单"自制原始凭证入账

　　D. 待有关结算凭证到达后入账

17. 企业存入银行的信用证保证金，应通过( )科目进行核算。

　　A. 其他货币资金　　B. 银行存款　　　C. 在途货币资金　　D. 库存现金

18. 下列属于其他货币资金核算内容的是( )。

　　A. 库存人民币　　　B. 库存外币　　　C. 存出投资款　　　D. 银行存款

19. 企业一般不得从本单位的现金收入中直接支付现金，因特殊情况需要支付现金的，应事先报经( )审查批准。

　　A. 本企业单位负债人　　　　　B. 上级主管部门

　　C. 开户银行　　　　　　　　　D. 财税部门

20. 按照国家《银行账户管理办法》的规定，企业的工资、奖金、津贴等的支取只能通过(　　)账户办理。

A. 基本存款　　　　　　　　B. 一般存款

C. 临时存款　　　　　　　　D. 专用存款

(二) 多项选择题

1. 下列支付结算方式中，同城或异地均可采用的有(　　)。

A. 托收承付　　　　　　　　B. 委托收款

C. 商业汇票　　　　　　　　D. 银行汇票

2. 货币资金按其存放地点和用途可分为(　　)。

A. 库存现金　　　　　　　　B. 银行存款

C. 其他货币资金　　　　　　D. 外币存款

3. 按照货币资金内部控制制度的要求，出纳人员不得兼任(　　)。

A. 稽核工作　　　　　　　　B. 债权债务账目的登记工作

C. 日记账登记工作　　　　　D. 会计档案保管工作

4. 下列各项中，通过"其他货币资金"账户核算的有(　　)。

A. 银行汇票存款　　　　　　B. 存出投资款

C. 银行本票存款　　　　　　D. 信用证保证金存款

5. 下列可以采用现金结算的有(　　)。

A. 支付离退休人员退休金

B. 企业职工出差预借差旅费 2 000 元

C. 购买办公用品 280 元

D. 向农村收购物资 20 000 元

6. 会使企业"银行存款日记账"余额大于"银行对账单"余额的情况有(　　)。

A. 企业开出支票，对方尚未送存银行

B. 银行代付款项，企业未收到付款通知

C. 银行代扣水电费，企业尚未接到通知

D. 委托收款结算方式下银行收到款项，尚未通知企业收款

7. 中国人民银行发布的《支付结算办法》中规定了单位和个人的银行结算纪律，具体包括(　　)。

A. 不准签发没有资金保证的票据或远期支票，套取银行信用

B. 不准签发、取得和转让没有真实交易和债权债务的票据，套取银行和他人资金

C. 不准无理拒绝付款，任意占用他人资金

D. 不准违反规定开立和使用账户

8. 下列关于银行存款清查的说法中正确的有(　　)。

A. 银行存款日记账的账面余额与其开户行对账单的余额可能不一致

B. 造成银行存款日记账的账面余额与其开户行对账单的余额不一致的原因可能是未达账项

C. 即使银行存款日记账的账面余额与其开户行对账单的余额一致，也不能保证银行存款记账无误

D. 银行存款余额调节表应作为调整银行存款账面余额的原始凭证

9. 一般来说，货币资金的管理和控制应遵循的原则是（　　）。

A. 严格职责分工　　　　　　　　B. 实行交易分开

C. 实施内部稽核　　　　　　　　D. 实施定期轮岗制度

10.《银行结算办法》中规定了银行的结算纪律，即（　　）。

A. 不准出租、出借银行账户　　　B. 不准签发空头支票和远期支票

C. 不准套取银行信用　　　　　　D. 不准异地转账结算

（三）判断题

1. 企业库存现金清查中发现的长款和短款可以相互抵销。（　　）

2. 库存现金限额一经核定，企业必须严格遵守，对于超过限额部分的现金应于当日营业终了前送存银行；低于库存现金限额时，应及时从银行提取。（　　）

3. 企业可以根据经营需要，在一家或几家银行开立基本存款账户。（　　）

4. 未达账项是由于企业和银行之间，一方记账错误而造成的，发现后应及时在账簿上更正。（　　）

5. 企业不得以销货现金收入直接支付进货款。（　　）

6. 托收承付结算方式、委托收款结算方式均可适用于异地结算。（　　）

7. 银行汇票存款、银行本票存款、转账支票都在"其他货币资金"账户中核算。（　　）

8. 企业应根据"银行存款余额调节表"将未达账项及时入账。（　　）

9. 现金支票只能用于支取现金，转账支票只能用于转账。（　　）

10. 银行汇票和银行承兑汇票都只能由银行签发，以保证兑付。（　　）

11. 对于规模较小的企业，出纳员除登记库存现金和银行存款日记账外，可以进行债权债务账目登记工作。（　　）

12. "库存现金"账户反映企业的库存现金，包括企业内部各部门周转使用、由各部门保管的定额备用金。（　　）

13. 商业汇票只能用于劳务结算，不可以用于商品交易的结算。（　　）

14. 企业银行存款日记账不能反映银行存款实有数就是因为存在未达账项。（　　）

15. 银行存款日记账和银行存款总账都应逐日逐笔进行登记。（　　）

16. 企业与银行核对银行存款账目时，对已发现的未达账项，应编制银行存款余额调节表进行调节，并以银行存款余额调节表作为原始凭证进行相应的账务处理。（　　）

17. 库存现金的清查包括出纳人员每日清点核对和清查小组定期和不定期的

清查。（   ）

18. 企业需要到外地临时或零星采购，可以将款项通过银行汇入采购地银行，这部分汇入采购地银行的资金应通过"银行存款"科目核算。（   ）

19. "库存现金"账户反映企业的库存现金，不包括企业内部各部门周转使用、由各部保管的定额备用金。（   ）

20. 有外币现金的企业，应分别按人民币现金、外币现金设置"库存现金日记账"进行明细核算。（   ）

21. 为了减少货币资金管理和控制中发生舞弊的可能性，并及时发现有关人员的舞弊行为，对涉及货币资金管理和控制业务的人员应实行定期轮岗制度。（   ）

22. 对于因未达账项而引起的银行存款日记账与银行对账单余额的差异，不必在账面上进行调整。（   ）

23. 与传统的银行支付结算方式相比，网络银行支付只是借助互联网进行支付从而提高了支付速度，其他没有什么不同。（   ）

24. 网上银行支付的终端只有电脑与手机两种。（   ）

25. 第三方支付是具备一定实力和信誉保障的独立机构，采用与各大银行签约的方式，提供与银行支付结算系统接口的交易支持平台的网络支付模式。（   ）

（四）计算及账务处理题

1. 鹭江公司2×16年9月初库存现金日记账的余额为4 800元，该公司9月发生下列经济业务：

（1）1日，签发现金支票，从银行提取现金5 000元备用。

（2）2日，以库存现金拨付总务处周转金3 000元。

（3）3日，接受某个人投资者投入现金60 000元，填写"现金缴款单"，将上述款项送存银行。

（4）7日，签发现金支票，从银行提现，发放职工工资30 000元。

（5）8日，以库存现金支付职工个人劳务报酬款项2 700元。

（6）8日，以库存现金发放职工奖金3 500元。

（7）15日，库存现金短缺200元。经查明属于出纳员的责任，应由其赔偿。

（8）18日，收到销售商品货款4680元（其中增值税680元），收到现金。

（9）18日，业务员王进预借差旅费3 000元，以库存现金付讫。

（10）20日，以库存现金支付零星办公用品购置费380元。

（11）28日，业务员王进出差归来，实报差旅费2 690元，余款交回现金。

（12）30日，清查发现库存现金长款100元。经批准转作营业外收入。

要求：根据上述资料进行下列会计处理：

（1）编制会计分录；

(2) 开设并登记库存现金日记账（格式见表 2-1）。

2. 鹭江公司 2×16 年 9 月发生的经济业务如下：

(1) 2 日，填写"电汇"结算凭证，委托银行将款项 600 000 元，汇往广州，开立采购专户。

(2) 2 日，填制"信用卡申请表"，连同价值 50 000 转账支票和有关资料送存发卡银行，申请取得信用卡一张。

(3) 4 日，填写"银行汇票申请书"，将款项交存银行，取得面额 90 000 元的银行汇票一张，交由采购员持票去北京采购。

(4) 8 日，收到银行转来"银行汇票"付款通知、多余款收账通知及有关发票账单，系北京采购材料价款 75 000 元，增值税 12 750 元，多余款项 2 250 元已收回。

(5) 15 日，收到广州采购员转来供应单位发票账单等凭证，注明采购材料价款 420 000 元，增值税 71 400 元。

(6) 20 日，收到银行收账通知，广州采购完毕收回剩余款项，注销采购专户。

(7) 20 日，采用信用卡支付业务招待费 7 000 元，收到有关发票账单。

(8) 25 日，填写"银行本票申请书"，将款项交存银行，取得"银行本票"一张，面额 7 020 元。

(9) 25 日，持"银行本票"到当地某企业购货，收到有关发票账单，注明采购材料价款 6 000 元，增值税 1 020 元。

(10) 26 日，向兴业证券公司划出 500 000 元资金，准备购买随时变现的短期债券。

要求：根据上述经济业务编制会计分录。

二、练习题参考答案

（一）单项选择题

1. A 2. C 3. B 4. A 5. B 6. D 7. A 8. B 9. B 10. B 11. D 12. D
13. A 14. B 15. D 16. D 17. A 18. C 19. C 20. A

（二）多项选择题

1. BC 2. ABC 3. ABD 4. ABCD 5. ABCD 6. BC 7. ABCD 8. ABC
9. ABCD 10. AB

（三）判断题

1. × 2. √ 3. × 4. × 5. √ 6. × 7. × 8. × 9. √ 10. × 11. ×

12. × 13. × 14. × 15. × 16. × 17. √ 18. × 19. √ 20. √
21. √ 22. √ 23. × 24. × 25. √

（四）计算及账务处理题

1. 会计分录：

（1）借：库存现金 5 000
　　　贷：银行存款 5 000

（2）借：其他应收款——备用金（总务处） 3 000
　　　贷：库存现金 3 000

（3）借：库存现金 60 000
　　　贷：实收资本——××投资者 60 000
　　借：银行存款 60 000
　　　贷：库存现金 60 000

（4）借：库存现金 30 000
　　　贷：银行存款 30 000
　　借：应付职工薪酬 30 000
　　　贷：库存现金 30 000

（5）借：应付职工薪酬 2 700
　　　贷：库存现金 2 700

（6）借：应付职工薪酬 3 500
　　　贷：库存现金 3 500

（7）借：待处理财产损溢——待处理流动资产损溢 200
　　　贷：库存现金 200
　　借：其他应收款——应收现金短缺款（出纳） 200
　　　贷：待处理财产损溢——待处理流动资产损溢 200

（8）借：库存现金 4 680
　　　贷：主营业务收入 4 000
　　　　　应交税费——应交增值税（销项税额） 680

（9）借：其他应收款——王进 3 000
　　　贷：库存现金 3 000

（10）借：管理费用 380
　　　 贷：库存现金 380

（11）借：管理费用 2 690
　　　　 库存现金 310
　　　 贷：其他应收款——王进 3 000

（12）借：库存现金 100
　　　 贷：待处理财产损溢——待处理流动资产损溢 100

借：待处理财产损溢——待处理流动资产损溢　　　　　　100
　　贷：营业外收入　　　　　　　　　　　　　　　　　　　　100

登记库存现金日记账如表2-1所示。

表2-1　　　　　　　　　　　库存现金日记账　　　　　　　　　单位：元

2×16年		凭证		摘要	收入	支出	结余
月	日	字	号				
9	1			期初余额			4 800
	1			提取现金	5 000		9 800
	2			拨付总务处周转金		3 000	6 800
	3			接受个人投资	60 000		
	3			送存个人投资款		60 000	
	3			本日合计	60 000	60 000	6 800
	7			提取现金	30 000		
	7			发放工资		30 000	
	7			本日合计	30 000	30 000	6 800
	8			支付个人劳务报酬		2 700	
	8			发放奖金		3 500	
	8			本日合计	0	6 200	600
	15			清查发现现金短缺		200	400
	18			收到销货款	4 680		
	18			王进预借差旅费		3 000	
	18			本日合计	4 680	3 000	2 080
	20			购买办公用品		380	1 700
	28			王进交回多余款	310		2 010
	30			清查发现现金长款	100		2 110
	30			本月合计	100 090	102 780	2 110

2. 会计分录：

（1）借：其他货币资金——外埠存款　　　　　　　　　600 000
　　　　贷：银行存款　　　　　　　　　　　　　　　　　　　600 000

（2）借：其他货币资金——信用卡存款　　　　　　　　50 000
　　　　贷：银行存款　　　　　　　　　　　　　　　　　　　50 000

（3）借：其他货币资金——银行汇票存款　　　　　　　90 000
　　　　贷：银行存款　　　　　　　　　　　　　　　　　　　90 000

（4）借：材料采购　　　　　　　　　　　　　　　　　　75 000
　　　　应交税费——应交增值税（进项税额）　　　　　12 750
　　　　贷：其他货币资金——银行汇票存款　　　　　　　　　87 750
　　借：银行存款　　　　　　　　　　　　　　　　　　　2 250
　　　　贷：其他货币资金——银行汇票存款　　　　　　　　　2 250

· 14 ·

（5）借：材料采购　　　　　　　　　　　　　　　　420 000
　　　　　应交税费——应交增值税（进项税额）　　 71 450
　　　　贷：其他货币资金——外埠存款　　　　　　　　491 450
（6）借：银行存款　　　　　　　　　　　　　　　　108 550
　　　　贷：其他货币资金——外埠存款　　　　　　　　108 550
（7）借：管理费用　　　　　　　　　　　　　　　　　7 000
　　　　贷：其他货币资金——信用卡存款　　　　　　　　7 000
（8）借：其他货币资金——银行本票存款　　　　　　　7 020
　　　　贷：银行存款　　　　　　　　　　　　　　　　　7 020
（9）借：材料采购　　　　　　　　　　　　　　　　　6 000
　　　　　应交税费——应交增值税（进项税额）　　　1 020
　　　　贷：其他货币资金——银行本票存款　　　　　　　7 020
（10）借：其他货币资金——存出投资款　　　　　　500 000
　　　　贷：银行存款　　　　　　　　　　　　　　　　500 000

三、案例分析题

【案例】

银行存款的核算与控制

（一）鹭江公司2×16年6月28日银行存款日记账余额为242 000元，该公司6月末发生经济业务如下：

1. 29日，签发"转账支票"（4867号），支付前欠甲单位货款46 800元。
2. 29日，签发"现金支票"（1801号），提取现金3 800元备用。
3. 29日，签发"转账支票"（4868号），购买办公用品580元。
4. 29日，收到乙企业交来的"银行汇票"一张，偿还前欠货款23 400元，填写"进账单"（2190），送存银行。
5. 29日，收到银行转来的"电汇凭证"（2371）收账通知，系丙企业投资转入款项300 000元。
6. 30日，填写"银行汇票委托书"（6132），送交银行，银行签发银行汇票的一张，面值50 000元。
7. 30日，采购员李冬出差预借差旅费3 000元，签发"现金支票"（1802号）付讫。
8. 30日，购进材料一批，进价6 000元，增值税额1 020元，以"转账支票"（4869号）付讫。
9. 30日，销售给乙企业商品一批，价款10 000元，增值税1 700元，收到乙企业签发的银行本票一张，填写"进账单"送存银行。
10. 30日，收到银行转来"委托收款"（3875）收账通知，为丁公司前欠货款 4 900 元,已存入银行。

11. 30 日,签发"转账支票"(4870 号),为购货方代垫运费 500 元。

12. 30 日,销售给外地丁公司商品一批,价款 200 000 元,增值税 34 000 元,填写"托收承付"(7532)结算凭证,送交银行,办妥托收手续。

13. 30 日,签发"转账支票"(4871 号),支付下半年报纸杂志费 6 000 元。

(二)银行转来该公司的部分"银行对账单"如表 2-2 所示。

表 2-2 银行对账单 单位:元

| 2×16年 | | 摘要 | 结算凭证 | | 借方 | 贷方 | 余额 |
月	日		种类	号码			
		期初余额					242 000
6	29	付前欠甲单位货款	转支	4867		46 800	195 200
	29	提现备用	现支	1801		3 800	191 400
	29	购买办公用品	转支	4868		580	190 820
	29	送存汇票	进账单	2190	23 400		214 220
	29	收到投资款	电汇	2371	300 000		514 220
	30	签发银行汇票	委托书	6132		50 000	464 220
	30	付预借差旅费	现支	1802		3 000	461 220
	30	收丁公司欠款	委收	3875	4 900		466 120
	30	代垫运杂费	转支	4870		500	465 620
	30	支付水电费	委收	7532		5 800	459 820
	30	支付利息	通知单	1891		2 960	456 860
	30	托收收回	委收	5610	5 400		462 260
	30	预订报纸杂志费	转支	4871		6 000	456 260
	30	托收款划回	委收	8767	4 890		461 150

要求:

(一)根据资料(一)编制会计分录并登记银行存款日记账。

(二)在与银行对账中,发现存在不相符的业务是否属于正常现象?

(三)试分析产生不相符的原因及控制措施。

(四)对该公司账目进行核对后,编制"银行存款余额调节表"。

【案例分析】

(一)会计分录:

1. 借:应付账款——甲单位　　　　　　　　　46 800
   　贷:银行存款　　　　　　　　　　　　　　　　46 800

2. 借:库存现金　　　　　　　　　　　　　　3 800
   　贷:银行存款　　　　　　　　　　　　　　　　3 800

3. 借:管理费用　　　　　　　　　　　　　　580
   　贷:银行存款　　　　　　　　　　　　　　　　580

4. 借:银行存款　　　　　　　　　　　　　　23 400
   　贷:应收账款——乙企业　　　　　　　　　　　23 400

5. 借：银行存款　　　　　　　　　　　　　　　　300 000
　　　贷：实收资本——丙企业　　　　　　　　　　　300 000
6. 借：其他货币资金——银行汇票存款　　　　　　50 000
　　　贷：银行存款　　　　　　　　　　　　　　　　50 000
7. 借：其他应收款——李冬　　　　　　　　　　　3 000
　　　贷：银行存款　　　　　　　　　　　　　　　　3 000
8. 借：材料采购　　　　　　　　　　　　　　　　6 000
　　　应交税费——应交增值税（进项税额）　　　　1 020
　　　贷：银行存款　　　　　　　　　　　　　　　　7 020
9. 借：银行存款　　　　　　　　　　　　　　　　11 700
　　　贷：主营业务收入　　　　　　　　　　　　　　10 000
　　　　　应交税费——应交增值税（销项税额）　　　1 700
10. 借：银行存款　　　　　　　　　　　　　　　　4 900
　　　　贷：应收账款——丁公司　　　　　　　　　　4 900
11. 借：应收账款　　　　　　　　　　　　　　　　500
　　　　贷：银行存款　　　　　　　　　　　　　　　500
12. 借：应收账款——丁公司　　　　　　　　　　　234 000
　　　　贷：主营业务收入　　　　　　　　　　　　　200 000
　　　　　　应交税费——应交增值税（销项税额）　　34 000
13. 借：管理费用　　　　　　　　　　　　　　　　6 000
　　　　贷：银行存款　　　　　　　　　　　　　　　6 000

登记银行存款日记账，如表2-3所示。

表2-3　　　　　　　　　　　银行存款日记账　　　　　　　　　　单位：元

| 2×16年 | | 摘要 | 结算凭证 | | 借方 | 贷方 | 余额 |
月	日		种类	号码			
6	28	期初余额					242 000
	29	付前欠甲单位货款	转支	4867		46 800	195 200
	29	提现备用	现支	1801		3 800	191 400
	29	购买办公用品	转支	4868		580	190 820
	29	送存汇票	进账单	2190	23 400		214 220
	29	收到投资款	电汇	2371	300 000		514 220
	30	签发银行汇票	委托书	6132		50 000	464 220
	30	付预借差旅费	现支	1802		3 000	461 220
	30	购买材料	转支	4869		7 020	454 200
	30	销售商品	进账单		11 700		465 900
	30	收丁公司欠款	委收	3875	4 900		470 800
	30	代垫运杂费	转支	4870		500	470 300
	30	预订报纸杂志费	转支	4871		6 000	464 300

（二）企业应定期对银行存款进行清查。银行存款的清查是通过与企业开户银行核对账目记录的方法进行的，即将银行转来的"对账单"与企业"银行存款日记账"账面记录进行逐笔核对。在与银行对账中，发现存在不相符的业务属于正常现象。若发现两者不符，必须查明原因并及时进行处理。

（三）在实务中，造成银行存款余额不符的原因主要有两类：一是企业或银行在账务处理方面发生差错，如多记、少记或漏记等；二是存在未达账项。对于记账错误，如发生在企业一方，企业必须及时按错账更正方法进行更正；如银行一方存在记账错误，则应及时通知银行进行更正。对于未达账项，则必须通过编制"银行存款余额调节表"进行处理。经过调节后的存款余额表明企业可以支用的银行存款实有数额。另外，调整记录不能作为企业调整账面记录的依据，只有待收到有关凭证后，才能据以作账务处理。

（四）对该公司账目进行核对后，编制"银行存款余额调节表"如表2-4所示。

表2-4　　　　　　　　　　银行存款余额调节表　　　　　　　　　　单位：元

项目	金额	项目	金额
银行对账单余额	461 150	银行存款日记账余额	464 300
加： 销售商品	11 700	加： 托收收回 托收收回	5 400 4 890
减： 购买材料	7 020	减： 支付水电费 支付利息	5 800 2 960
调整后余额	465 830	调整后余额	465 830

第三章 存 货

一、练习题

(一) 单项选择题

1. 下列计价方法中，不符合历史成本计量属性的是( )。
   A. 期末存货计价所使用的成本与可变现净值孰低法
   B. 发出存货计价所使用的个别计价法
   C. 发出存货计价所使用的移动平均法
   D. 发出存货计价所使用的先进先出法

2. 某增值税一般纳税人购进免税农产品一批，支付买价14 000元，运输费3 000，装卸费1 000元。按照税法规定，该农产品允许按照买价13%计算进项税额，运输费可按11%计算进项税额，装卸费可按6%计算进项税额。该批农产品的采购成本为( )元。
   A. 15 500   B. 16 400
   C. 15 790   D. 13 675

3. 甲企业为增值税一般纳税人，本月购进原材料200公斤，货款为6 000元，增值税为1 020元，入库前的挑选整理费用为480元；验收入库时发现数量短缺10%，经查属于运输途中合理损耗。甲企业该批原材料实际单位成本为每公斤( )元。
   A. 32.4   B. 33.33   C. 35.28   D. 36

4. 某工业企业为增值税一般纳税人，2×16年4月购入A材料1 000公斤，增值税专用发票上注明的买价为30 000元，增值税额为5 100元，该批A材料在运输途中发生1%的合理损耗，实际验收入库990公斤，在入库前发生挑选整理费用300元。该批入库A材料的实际总成本为( )元。
   A. 29 700   B. 29 997   C. 30 300   D. 35 400

5. 甲企业发出实际成本为140万元的原材料，委托乙企业加工成半成品，收回后用于连续生产应税消费品，甲企业和乙企业均为增值税一般纳税人，甲企业根据乙企业开具的增值税专用发票向其支付加工费4万元和增值税0.68万元，另支付消费税16万元，假定不考虑其他相关税费，甲企业收回该批半成品的入账价值为( )万元。

  A. 144   B. 144.68   C. 160   D. 160.68

  6. 某公司月初甲产品结存金额1 000元，结存数量20件，采用移动加权平均法计价；本月10日和20日甲产品分别完工入库400件和500件，单位成本分别为52元和53元；本月15日和25日分别销售该产品380件和400件。该甲产品月末结存余额为( )元。

  A. 7 000   B. 7 410   C. 7 350   D. 7 500

  7. 下列项目中，与自用材料的可变现净值的确定无关的是( )。

  A. 材料的实际成本

  B. 用该材料生产的产品的预计售价

  C. 用该材料生产的产品的预计销售费用和税金

  D. 将材料加工成产品还要再投入的成本

  8. 下列费用中，不应当包括在存货成本中的是( )。

  A. 制造企业为生产产品而发生的人工费用

  B. 商品流通企业在商品采购过程中发生的运输费

  C. 商品流通企业进口商品支付的关税

  D. 库存商品发生的仓储费用

  9. 某股份有限公司对期末存货采用成本与可变现净值孰低计价。2×16年12月31日库存自制半成品的实际成本为20万元，预计进一步加工所需费用为8万元，预计销售费用及税金为4万元。该半成品加工完成后的产品预计销售价格为30万元。假定该存货以前未计提过跌价准备。2×16年12月31日该项存货应计提的跌价准备为( )万元。

  A. 0   B. 10   C. 8   D. 2

  10. 根据我国《企业会计准则》的规定，企业购货时取得的现金折扣应当( )。

  A. 冲减购货成本   B. 冲减管理费用

  C. 冲减财务费用   D. 冲减资产减值损失

  11. 甲企业采用计划成本对原材料进行核算。2×16年1月，甲企业接收某股东作为追加资本投入的原材料一批，并取得增值税专用发票，双方按市价将该批材料的折价款定为20 000元（不含增值税）。该批材料的计划成本为21 000元。适用的增值税税率为17%。甲企业对这一交易事项应编制的会计分录为( )。

  A. 借：原材料   21 000
     应交税费——应交增值税（进项税额）   3 400
      贷：实收资本   23 400
        材料成本差异   1 000

  B. 借：原材料   21 000
     应交税费——应交增值税（进项税额）   3 570
      贷：实收资本   23 570

    材料成本差异   1 000
 C. 借：原材料   21 000
   应交税费——应交增值税（进项税额） 3 400
    贷：实收资本   23 400
     资本公积   1 000
 D. 借：原材料   21 000
   应交税费——应交增值税（进项税额） 3 570
    贷：实收资本   23 570
     资本公积   1 000

12. 甲公司8月1日A材料结存100件，单价10元；8月6日发出A材料20件；8月12日购进A材料320件，单价6元；8月23日发出A材料100件。该公司对A材料采用移动加权平均法计价，8月末A材料的实际成本为(　　)元。
 A. 2 020   B. 2 040   C. 2 720   D. 2 120

13. 在物价持续下跌的情况下，发出存货采用(　　)方法更能体现谨慎性要求。
 A. 移动加权平均法   B. 月末一次加权平均法
 C. 个别计价法   D. 先进先出法

14. 2×16年12月31日，甲公司库存B材料的账面价值（成本）为120万元，市场购买价格总额为110万元，假设不发生其他购买费用，由于B材料市场销售价格下降，市场上用B材料生产的产品的市场价格也有所下降，甲公司估计，用库存的B材料生产的产品的市场价格总额由300万元降至270万元，产品的成本为280万元，将B材料加工成乙产品尚需投入160万元，估计销售费用及税金为10万元。2×16年12月31日B材料的账面价值为(　　)万元。
 A. 120   B. 100   C. 110   D. 160

15. 甲公司2×16年12月31日库存50吨甲材料和100件M产品，其中库存的甲材料专门用于生产M产品。2×16年12月31日，甲材料的成本为每吨20万元，市场售价为每吨16万元；M产品的成本为每件60万元，可变现净值为每件70万元。假设甲公司无其他存货，且期初存货跌价准备余额为0。则2×16年12月31日应计提的存货跌价准备为(　　)万元。
 A. 200   B. 1 000   C. 800   D. 0

16. M公司期末原材料的账面余额为5 000元，数量为100件，此前未计提减值准备。该批原材料专门用于生产与N公司所签合同约定的50件甲产品。该合同约定：M公司为N公司提供甲产品50件，每件售价110元（不含增值税）。将该原材料加工成50件甲产品尚需加工成本总额为510元。估计销售每件甲产品尚需发生相关税费0.2元。本期期末市场上该原材料每件售价为48元，估计销售原材料尚需发生相关税费0.1元。期末该原材料应计提的减值准备为(　　)元。
 A. 20   B. 200   C. 190   D. 105

17. 下列项目中，计算为生产产品而持有的材料的可变现净值时，会影响其可变现净值的因素是（   ）。

   A. 材料的账面成本

   B. 材料的售价

   C. 估计发生的销售产品的费用及相关税费

   D. 估计发生的销售材料的费用及相关税费

18. 某股份有限公司成立于 2×16 年 1 月 1 日，主营业务是销售笔记本电脑，期末存货采用成本与可变现净值孰低法计价，成本与可变现净值的比较采用单项比较法。该公司 2×16 年 12 月 31 日 A、B、C 三种品牌的笔记本电脑成本分别为：130 万元、221 万元、316 万元；可变现净值分别为：128 万元、215 万元、336 万元。该公司当年 12 月 31 日存货的账面价值为（   ）万元。

   A. 659   B. 667   C. 679   D. 687

19. 某公司对期末存货采用成本与可变现净值孰低法计价。2×16 年 12 月 31 日库存自制半成品的实际成本为 80 万元，预计进一步加工所需费用为 32 万元。该半成品加工完成后的产品预计销售价格为 120 万元，预计产成品的销售费用及税金为 16 万元。假定该公司以前年度未计提存货跌价准备。2×16 年 12 月 31 日该项存货应计提的跌价准备为（   ）万元。

   A. 0   B. 8   C. 32   D. 40

20. 下列有关确定存货可变现净值的表述，不正确的有（   ）。

   A. 有销售合同的库存商品以该库存商品的合同售价为基础计算确定

   B. 无销售合同的库存商品以该库存商品的估计售价为基础计算确定

   C. 用于生产有销售合同产品的材料以该材料的市场价格为基础计算确定

   D. 用于出售且无销售合同的材料以该材料的市场价格为基础计算确定

21. 某企业存货的日常核算采用毛利率法计算发出存货成本。该企业 2017 年 1 月实际毛利率为 30%，本年度 2 月 1 日的存货成本为 200 万元，2 月购入存货成本为 2 800 万元，销售收入为 3 000 万元，销售退回为 300 万元。该企业 2 月末存货成本为（   ）万元。

   A. 1 300   B. 1 900   C. 1 110   D. 2 200

22. 某零售商店年初库存商品成本为 25 万元，售价总额为 36 万元。当年购入商品的实际成本为 60 万元，售价总额为 100 万元。当年销售收入为当年购入商品售价总额的 80%。在采用零售价法的情况下，该商店年末库存商品成本为（   ）万元。

   A. 33.6   B. 35   C. 30   D. 40

23. 存货清查盘点，若存在盘盈、盘亏和毁损的情况，应通过（   ）账户反映。

   A. 存货清理   B. 管理费用

   C. 长期待摊费用   D. 待处理财产损溢

24. 月末，按暂估价入账的原材料应作( )。
   A. 借"材料采购"，贷"应付账款"
   B. 借"原材料"，贷"应付账款"
   C. 借"在途物资"，贷"应付账款"
   D. 借"原材料"，贷"物资采购"

25. 企业本期发生火灾烧毁一批材料，计划成本10 000元，本月差异率10%，增值税率17%，收回残料100元，保险赔款8 000元，则火灾净损失为( )元。
   A. 4 770 B. 4 600 C. 12 870 D. 4 870

26. 在有购货折扣的情况下，计入存货历史成本的购货价格是指( )。
   A. 购货价格加上商业折扣　　B. 购货价格减去商业折扣
   C. 购货价格减去现金折扣　　D. 购货价格加上运输成本

27. 在编制资产负债表时，"存货跌价准备"科目的贷方余额应( )。
   A. 在流动负债下设项目反映
   B. 在长期负债下设项目反映
   C. 存货项目的减项
   D. 抵减存货项目后存货按净额列示

28. 工业企业出租包装物收取的租金应当( )。
   A. 计入其他业务收入　　B. 计入主营业务收入
   C. 计入营业外收入　　　D. 冲减管理费用

29. 某企业原材料采用计划成本核算，2017年6月1日"材料成本差异"科目的借方余额为4 000元，"原材料"科目余额为250 000元，本月购入原材料实际成本475 000元，计划成本425 000元；本月发出原材料计划成本100 000元，则该企业2017年6月30日原材料存货实际成本为( )元。
   A. 621 000　　　　　　B. 614 185
   C. 577 400　　　　　　D. 575 000

30. 通过盘存先确定期末存货的数量，然后推算出本期发出存货的数量，这种方法称为( )。
   A. 永续盘存制　　　　B. 定期盘存法
   C. 权责发生制　　　　D. 收付实现制

（二）多项选择题

1. 下列有关确定存货可变现净值基础的表述中，正确的有( )。
   A. 无销售合同的库存商品以该库存商品的估计售价为基础
   B. 有销售合同的库存商品以该库存商品的合同价格为基础
   C. 用于出售的无销售合同的材料以该材料的市场价格为基础
   D. 用于生产有销售合同产品的材料以该材料的市场价格为基础

2. 物价持续下跌时，采用先进先出法计价，在存货发出当期企业将( )。

A. 低估期末存货资产价值

B. 低估售出存货的销售成本

C. 高估利润

D. 符合谨慎性要求

3. 企业期末编制资产负债表时，下列各项中应在存货项目列示的有(　　)。

　　A. 委托加工物资　　　　　　　　B. 周转材料

　　C. 工程物资　　　　　　　　　　D. 发出商品

4. 下列各事项中，会引起存货账面价值增减变动的有(　　)。

　　A. 冲回多提的存货跌价准备

　　B. 发生的存货盘亏

　　C. 发出商品但尚未确认收入

　　D. 委托外单位加工发出的材料

5. 下列各项中，应计入存货实际成本的有(　　)。

　　A. 收回委托加工应税消费品所支付的消费税，该委托加工物资收回后用于继续生产应税消费品

　　B. 增值税一般纳税人委托加工物资收回时所支付的增值税

　　C. 发出用于委托加工的物资在运输途中发生的合理损耗

　　D. 商品流通企业外购商品时所发生的合理损耗

6. 在我国的会计实务中，下列项目中构成企业存货实际成本的有(　　)。

　　A. 收购未税矿产品代扣代缴的资源税

　　B. 入库后的挑选整理费

　　C. 运输途中的合理损耗

　　D. 小规模纳税人购货时的增值税进项税额

7. "材料成本差异"科目贷方核算的内容有(　　)。

　　A. 结转发出材料应负担的超支差异

　　B. 结转发出材料应负担的节约差异

　　C. 入库材料成本超支差异

　　D. 入库材料成本节约差异

8. 下列项目中，应确认为购货企业存货的有(　　)。

　　A. 销售方已确认销售但尚未发运给购货方的商品

　　B. 购销双方已签协议约定但尚未办理商品购买手续

　　C. 未收到销售方结算发票但已运抵购货方验收入库的商品

　　D. 购货方已付款购进但尚在运输途中的商品

9. 下列情形中，表明存货的可变现净值为零的情况有(　　)。

　　A. 已霉烂变质的存货

　　B. 已过期但是有转让价值的存货

　　C. 生产中已不再需要，并且已无使用价值和转让价值的存货

　　D. 其他足以证明已无使用价值和转让价值的存货

10. 期末通过比较发现存货的账面价值低于可变现净值,则可能(　　)。
A. 将以前计提的存货跌价准备全部冲减
B. 按差额补提存货跌价准备
C. 冲减部分以前计提的存货跌价准备
D. 不进行账务处理

(三) 判断题

1. 企业采用先进先出法计量发出存货的成本,如果本期发出存货的数量超过本期第一次购进存货的数量(假定本期期初无库存),超过部分仍应按本期第一次购进存货的单位成本计算发出存货的成本。(　　)

2. 企业可以采用先进先出法、后进先出法、加权平均法或个别计价法确定发出存货的实际成本。(　　)

3. 商品流通企业在采购商品过程中发生的运输费、装卸费、保险费以及其他可归属于存货采购成本的费用等,应当计入存货的采购成本,也可以先进行归集,期末再根据所购商品的存销情况进行分摊。(　　)

4. 企业每期都应当重新确定存货的可变现净值,如果以前减记存货价值的影响因素已经消失,则减记的金额应当予以恢复,并在原已计提的存货跌价准备的金额内转回。(　　)

5. 企业采用月末一次加权平均法计量发出存货的成本,在物价上涨时,当月发出存货的单位成本小于月末结存存货的单位成本。(　　)

6. 因遭受意外灾害发生的损失和尚待查明原因的途中损耗,不应计入物资的采购成本。(　　)

7. 企业购入材料运输途中发生的合理损耗应计入材料成本,使材料的单位成本减少。(　　)

8. 对于数量繁多、单价较低的存货,可以不按单个存货项目计提存货跌价准备。(　　)

9. 某一材料是专门用于生产某种产品的,如果材料发生减值,但是生产的产品没有发生减值,材料就按自身的可变现净值和账面价值相比较确认减值额。(　　)

10. 如果对已销售存货计提了存货跌价准备,结转销售成本时还应结转已计提的存货跌价准备。这种结转是通过调整"资产减值损失"科目实现的。(　　)

11. 符合资本化条件的存货,发生的借款费用可以资本化。(　　)

12. 成本与可变现净值孰低法中的"成本"是指存货的实际成本,"可变现净值"是售价。(　　)

13. 工业企业确定存货实际成本的买价是指购货价格扣除商业折扣和现金折扣以后的金额。(　　)

14. 投资者投入存货的成本,应当一律按照投资合同或协议约定的价值确

定。（　　）

15. 会计期末，在采用成本与可变现净值孰低原则对材料存货进行计量时，对用于生产而持有的材料等，可直接将材料的成本与材料的市价相比较。（　　）

16. 企业购进原材料，对于验收入库尚未付款的部分，平时月末均不进行账务处理，等收到结算凭证并支付货款时，方作账务处理。（　　）

17. 企业发生的存货盘亏，先记入"待处理财产损溢"账户，期末尚未批准处理部分，列入资产负债表的有关项目。（　　）

18. 采用计划成本进行材料日常核算的企业，发出材料应负担的材料成本差异，按当月或上月的综合材料成本差异率计算。（　　）

19. 企业采购原材料取得的现金折扣应冲减其采购成本。（　　）

20. 在我国，采购材料、商品所发生的国内运输费均作为期间费用处理。（　　）

（四）计算及账务处理题

1. 鹭江公司为增值税一般纳税企业，适用的增值税税率为17%，原材料按实际成本计价核算。2×16年8月发生如下经济业务：

（1）向市内江城工厂购进甲材料一批，买价14 900元，增值税款2 533元，款项开出转账支票付讫。另以现金支付运费111元（其中，价款100元，准予抵扣的增值税11元），材料已运回验收入库。

（2）收到银行转来的托收承付结算凭证、承付支款通知以及发票、代垫运费单据等，向长江工厂购进乙材料一批，买价20 000元，增值税3 400元，供货单位代垫运费444元（其中，准予抵扣的增值税44元）。经审核无误，到期承付。

（3）收到仓库送来的收料单，长江工厂乙材料运达并验收入库。

（4）向异地光明工厂购丙材料一批，买价15 000元，增值税款2 550元，丙材料验收入库，货款暂未支付。

（5）向长城工厂购进丁材料一批，材料已验收入库，月终结算凭证等单证仍未收到，按计划成本15 000元暂估入账。

（6）次月，收到发票账单，向长城工厂购进丁材料，买价14 000元，增值税2 380元，供货单位代垫付运费621.60元（其中，准予抵扣的增值税61.60元）。经审核无误，款项以银行汇票支付。

要求：根据上述业务编制会计分录。

2. 某工业企业属于一般纳税企业，原材料按计划成本计价核算。2×16年发生如下经济业务：

（1）购入甲原材料一批，增值税专用发票上记载的材料买价为50 000元，支付的增值税为8 500元。企业开出面额为58 500元的商业承兑汇票，付款期为3个月。材料尚未到达。

（2）上述材料到达，验收入库，计划成本为52 000元。

（3）上述承兑汇票到期，企业按期支付票款。

（4）企业购入乙原材料一批，增值税专用发票上记载的买价为 75 000 元，支付的增值税为 12 750 元，另外支付运杂费、保险费 500 元（假设不用抵扣增值税），结算凭证和材料均已到达，材料已验收入库，月份终了时货款仍未支付，运杂费和保险费已用银行存款支付。材料的计划成本为 76 000 元。

（5）购入低值易耗品，增值税专用发票上记载的买价为 25 000 元，支付的增值税为 4 250 元，材料尚未到达，货款已经支付。

（6）企业出租包装物成本 200 元，收取出租包装物的租金 50 元，押金 300 元，款项已经收到现金，假设出租包装物采用一次摊销法。

（7）上述购入的低值易耗品达到，验收入库，计划成本 24 500 元。

（8）出租包装物到期，退回所收的押金。

（9）本期领用原材料 40 000 元，其中：生产产品领用 25 000 元，管理部门领用 10 000 元，生产车间一般耗用领用 5 000 元。另外，生产车间领用低值易耗品 500 元（低值易耗品采用一次摊销法）。

（10）结转上述领用材料成本差异，假设材料成本差异率为 2%。

要求：根据上述业务编制会计分录（假设企业购入材料、结转原材料采用逐笔结转）。

3. 某企业月初"原材料"账户余额为 20 000 元，"材料成本差异"账户借方余额为 300 元，"材料采购"账户余额为 4 000 元，本月发生下列经济业务：

（1）上月在途材料入库，计划成本 3 900 元。

（2）购买原材料价款 40 000 元，运费 200 元（假设不用抵扣增值税），增值税税率 17%，计划成本 40 300 元，入库，已付款。

（3）购买原材料价款 10 000 元，增值税税率为 17%，计划成本 9 900 元，已付款，货未到。

（4）发出材料计划成本 50 000 元（用于产品生产）。

（5）月末计算材料成本差异率，调整发出材料应负担的成本差异。

要求：根据上述资料编制有关会计分录。

4. 鹭江公司为增值税一般纳税企业，适用的增值税税率为 17%，材料采用实际成本进行日常核算。该公司 2×16 年 6 月 30 日结存存货 100 万元，全部为丙产品。6 月末存货跌价准备余额为零。该公司按月计提存货跌价准备。7 月份发生如下经济业务：

（1）购买原材料一批，增值税专用发票上注明价款为 180 万元，增值税额为 30.6 万元，公司已开出承兑的商业汇票。该原材料已验收入库。

（2）用原材料对外投资，该批原材料的成本 40 万元，双方协议作价 60 万元（假定协议价是公允的）。

（3）销售丙产品一批，销售价格为 100 万元（不含增值税），实际成本为 80 万元，提货单和增值税专用发票已交购货方，货款尚未收到。该销售符合收入确认条件。销售过程中发生相关费用 2 万元。

（4）不动产工程领用外购原材料一批，该批原材料实际成本为20万元，应由该批原材料负担的增值税为3.4万元。

（5）本月领用原材料70万元用于生产丙产品，生产过程中发生加工成本10万元，均为职工薪酬（尚未支付）。本月产成品完工成本为80万元，月末无在产品。

（6）月末发现盘亏原材料一批，经查属非常原因造成的毁损，已按管理权限报经批准。该批原材料的实际成本为10万元，增值税额为1.7万元。

（7）7月末结存的原材料的可变现净值为50万元，丙产品可变现净值为90万元。7月末无其他存货。

要求：

（1）根据上述业务编制会计分录；

（2）计算7月末资产负债表中"存货"项目的金额。

（答案中的金额单位用万元表示）

5. 鹭江公司采用成本与可变现净值孰低法按单项存货于期末计提存货跌价准备。2×16年12月31日，该公司拥有甲、乙两种商品，成本分别为240万元、320万元。其中，甲商品全部签订了销售合同，合同销售价格为200万元，市场价格为190万元；乙商品没有签订销售合同，市场价格为300万元。销售价格和市场价格均不含增值税。该公司预计销售甲、乙商品尚需分别发生销售费用12万元、15万元，不考虑其他相关税费；截至2×16年11月30日，该公司尚未对甲、乙商品计提存货跌价准备。

要求：计算2×16年12月31日该公司应为甲、乙商品计提的存货跌价准备总额。

6. 鹭江公司采用成本与可变现净值孰低法计量期末存货，按单项存货计提存货跌价准备。2×16年12月31日，鹭江公司库存自制半成品成本为35万元，预计加工完成该产品尚需发生加工费用11万元，预计产成品不含增值税的销售价格为50万元，销售费用为6万元。假定该库存自制半成品未计提存货跌价准备，不考虑其他因素。

要求：计算2×16年12月31日鹭江公司该库存自制半成品应计提的存货跌价准备。

7. 鹭江公司将生产应税消费品（甲产品）所需原材料委托B企业加工，5月10日鹭江公司发出材料实际成本为51 950元，应付加工费为7 000元（不含增值税），消费税税率为10%，鹭江公司收回后将继续加工应税消费品甲产品；5月25日收回加工物资并验收入库，另支付往返运费150元（假设不用抵扣增值税），加工费及代扣代缴的消费税均未结算；5月28日将所加工收回的物资投入生产。鹭江公司、B企业均为一般纳税人，增值税税率为17%。

要求：编制鹭江公司有关会计分录。

8. 集立公司期末库存甲材料20吨，每吨实际成本1 600元，每吨直接出售的价格为1 500元。全部20吨甲材料将用于生产A产品10件，A产品每件加工成本为2 000元,每件一般售价为5 000元,现有8件已签销售合同,合同规定每件为4 500元,假定销售税费为售价的10%。

要求:计算甲材料的期末可变现净值和应计提的存货跌价准备,并编制会计分录。

9. 某上市公司期末对存货采用成本与可变现净值孰低法计价。2×16年年初"存货跌价准备——甲产品"科目余额100万元,"原材料——A原材料"未计提存货跌价准备。2×16年年末"原材料——A原材料"科目余额为1 000万元,"库存商品——甲产品"科目的账面余额为500万元。库存A原材料将全部用于生产乙产品共计100件,每件产品成本直接材料费用10万元。80件乙产品已经签订不可撤销销售合同,合同价格为每件11.25万元,其余20件乙产品未签订不可撤销销售合同,预计乙产品的市场价格为每件11万元;预计生产乙产品还需发生除A原材料以外的成本为每件3万元,预计为销售乙产品发生的相关税费每件为0.55万元。

甲产品为不可撤销合同销售,市场价格总额为350万元,预计销售甲产品发生的相关税费总额为18万元。假定不考虑其他因素。

要求:

(1) 计算2×16年12月31日库存A原材料应计提的存货跌价准备。
(2) 计算2×16年12月31日甲产品应计提的存货跌价准备。
(3) 计算2×16年12月31日应计提的存货跌价准备合计金额。
(4) 编制计提存货跌价准备的会计分录。

10. 海峡公司为增值税一般纳税企业,2×16年12月31日,公司期末存货有关资料如表3-1所示。

表3-1　　　　　　　海峡公司存货账面余额
2×16年12月31日

存货品种	数量	单位成本（万元）	账面余额（万元）	备注
A产品	1 400件	1.5	2 100	
B产品	5 000件	0.8	4 000	
甲材料	2 000公斤	0.2	400	用于生产B产品
合计			6 500	

2×16年12月31日,A产品市场销售价格为每件1.2万元,预计销售税费为每件0.1万元。B产品市场销售价格为每件1.6万元,预计销售税费为每件0.15万元。甲材料的市场销售价格为0.15万元/公斤。现有甲材料可用于生产350件B产品,用甲材料加工成B产品的进一步加工成本为0.2万元/件。

2×15年12月31日A产品和B产品存货跌价准备账户余额分别为40万元和100万元,2×16年销售A产品和B产品分别结转存货跌价准备20万元和60万元。

要求:计算海峡公司2×16年12月31日计提或转回的存货跌价准备,并编制有关会计分录。

二、练习题参考答案

(一) 单项选择题

1. A 2. C 3. D 4. C 5. A 6. B 7. A 8. D 9. D 10. C 11. A 12. B
13. D 14. B 15. D 16. A 17. C 18. A 19. B 20. C 21. C 22. B
23. D 24. B 25. A 26. B 27. D 28. A 29. A 30. B

(二) 多项选择题

1. ABC 2. AD 3. ABD 4. AB 5. CD 6. ACD 7. ABD 8. ACD
9. ACD 10. ACD

(三) 判断题

1. × 2. × 3. √ 4. √ 5. × 6. √ 7. × 8. √ 9. × 10. × 11. √
12. × 13. × 14. × 15. × 16. × 17. × 18. √ 19. × 20. ×

(四) 计算及账务处理题

1.
(1) 借：原材料——甲材料　　　　　　　　　　　　　　　　　15 000
　　　　应交税费——应交增值税（进项税额）　　　　　　　　　2 544
　　　贷：银行存款　　　　　　　　　　　　　　　　　　　　17 433
　　　　　库存现金　　　　　　　　　　　　　　　　　　　　　 111
(2) 借：在途物资——乙材料　　　　　　　　　　　　　　　　20 400
　　　　应交税费——应交增值税（进项税额）　　　　　　　　　3 444
　　　贷：银行存款　　　　　　　　　　　　　　　　　　　　23 844
(3) 借：原材料——乙材料　　　　　　　　　　　　　　　　　20 400
　　　贷：在途物资——乙材料　　　　　　　　　　　　　　　20 400
(4) 借：原材料——丙材料　　　　　　　　　　　　　　　　　15 000
　　　　应交税费——应交增值税（进项税额）　　　　　　　　　2 550
　　　贷：应付账款——光明工厂　　　　　　　　　　　　　　17 550
(5) 借：原材料——丁材料　　　　　　　　　　　　　　　　　15 000
　　　贷：应付账款——暂估应付账款（长城工厂）　　　　　　15 000
(6) 借：原材料——丁材料　　　　　　　　　　　　　　　　　15 000
　　　贷：应付账款——暂估应付账款（长城工厂）　　　　　　15 000
　　借：原材料——丁材料　　　　　　　　　　　　　　　　　14 560
　　　　应交税费——应交增值税（进项税额）　　　　　　　　 2 441.60
　　　贷：其他货币资金——银行汇票存款　　　　　　　　　17 001.60

2.

(1) 借：材料采购——甲材料　　　　　　　　　　50 000
　　　　应交税费——应交增值税（进项税额）　　8 500
　　　　贷：应付票据——商业承兑汇票　　　　　　58 500
(2) 借：原材料——甲材料　　　　　　　　　　　52 000
　　　　贷：材料采购——甲材料　　　　　　　　　50 000
　　　　　　材料成本差异　　　　　　　　　　　　2 000
(3) 借：应付票据——商业承兑汇票　　　　　　　58 500
　　　　贷：银行存款　　　　　　　　　　　　　　58 500
(4) 借：材料采购——乙材料　　　　　　　　　　75 500
　　　　应交税费——应交增值税（进项税额）　　12 750
　　　　贷：应付账款　　　　　　　　　　　　　　87 750
　　　　　　银行存款　　　　　　　　　　　　　　　500
借：原材料——乙材料　　　　　　　　　　　　　76 000
　　贷：材料采购——乙材料　　　　　　　　　　　75 500
　　　　材料成本差异　　　　　　　　　　　　　　　500
(5) 借：材料采购——周转材料　　　　　　　　　25 000
　　　　应交税费——应交增值税（进项税额）　　4 250
　　　　贷：银行存款　　　　　　　　　　　　　　29 250
(6) 借：库存现金　　　　　　　　　　　　　　　　350
　　　　贷：其他业务收入　　　　　　　　　　　　　50
　　　　　　其他应付款　　　　　　　　　　　　　300
借：其他业务支出　　　　　　　　　　　　　　　200
　　贷：周转材料　　　　　　　　　　　　　　　　200
(7) 借：周转材料　　　　　　　　　　　　　　　24 500
　　　　材料成本差异　　　　　　　　　　　　　　500
　　　　贷：材料采购——周转材料　　　　　　　　25 000
(8) 借：其他应付款　　　　　　　　　　　　　　　300
　　　　贷：库存现金　　　　　　　　　　　　　　　300
(9) 借：生产成本　　　　　　　　　　　　　　　25 000
　　　　制造费用　　　　　　　　　　　　　　　5 500
　　　　管理费用　　　　　　　　　　　　　　　10 000
　　　　贷：原材料　　　　　　　　　　　　　　　40 000
　　　　　　周转材料　　　　　　　　　　　　　　500
(10) 借：生产成本　　　　　　　　　　　　　　　500
　　　　制造费用　　　　　　　　　　　　　　　110
　　　　管理费用　　　　　　　　　　　　　　　200
　　　　贷：材料成本差异　　　　　　　　　　　　810

3.

(1) 借：原材料　　　　　　　　　　　　　　　　　　　3 900
　　　　材料成本差异　　　　　　　　　　　　　　　　100
　　　贷：材料采购　　　　　　　　　　　　　　　　　　　4 000

(2) 借：材料采购　　　　　　　　　　　　　　　　　　40 200
　　　　应交税费——应交增值税（进项税额）　　　　　6 800
　　　贷：银行存款　　　　　　　　　　　　　　　　　　47 000
　　借：原材料　　　　　　　　　　　　　　　　　　　40 300
　　　贷：材料采购　　　　　　　　　　　　　　　　　　40 200
　　　　　材料成本差异　　　　　　　　　　　　　　　　100

(3) 借：材料采购　　　　　　　　　　　　　　　　　　10 000
　　　　应交税费——应交增值税（进项税额）　　　　　1 700
　　　贷：银行存款　　　　　　　　　　　　　　　　　　11 700

(4) 借：生产成本　　　　　　　　　　　　　　　　　　50 000
　　　贷：原材料　　　　　　　　　　　　　　　　　　　50 000

(5) 材料成本差异率 =（300 + 100 − 100）÷（20 000 + 3 900 + 40 300）= 0.47%
　　　发出材料应负担的成本差异 = 50 000 × 0.47% = 235（元）
　　借：生产成本　　　　　　　　　　　　　　　　　　　235
　　　贷：材料成本差异　　　　　　　　　　　　　　　　　235

4.

(1) 会计分录：

①借：原材料　　　　　　　　　　　　　　　　　　　　180
　　　应交税费——应交增值税（进项税额）　　　　　　30.6
　　贷：应付票据　　　　　　　　　　　　　　　　　　　210.6

②借：长期股权投资　　　　　　　　　　　　　　　　　70.2
　　贷：其他业务收入　　　　　　　　　　　　　　　　　60
　　　　应交税费——应交增值税（销项税额）　　　　　10.2
　借：其他业务成本　　　　　　　　　　　　　　　　　　40
　　贷：原材料　　　　　　　　　　　　　　　　　　　　40

③借：应收账款　　　　　　　　　　　　　　　　　　　117
　　贷：主营业务收入　　　　　　　　　　　　　　　　　100
　　　　应交税费——应交增值税（销项税额）　　　　　　17
　借：主营业务成本　　　　　　　　　　　　　　　　　　80
　　贷：库存商品　　　　　　　　　　　　　　　　　　　80
　借：销售费用　　　　　　　　　　　　　　　　　　　　2
　　贷：银行存款　　　　　　　　　　　　　　　　　　　2

④借：在建工程 23.4
　　贷：原材料 20
　　　　应交税费——应交增值税（进项税额转出） 3.4
⑤借：生产成本 70
　　贷：原材料 70
借：生产成本 10
　　贷：应付职工薪酬 10
借：库存商品 80
　　贷：生产成本 80
⑥借：待处理财产损溢 11.7
　　贷：原材料 10
　　　　应交税费——应交增值税（进项税额转出） 1.7
借：营业外支出 11.7
　　贷：待处理财产损溢 11.7
⑦7月末，库存原材料的账面价值＝180－40－20－70－10＝40（万元），可变现净值为50万元，不需计提减值准备；库存丙产品的账面价值＝100－80＋80＝100（万元），可变现净值为90万元，需计提减值准备10万元。
借：资产减值损失 10
　　贷：存货跌价准备 10
（2）7月末资产负债表中"存货"项目的金额＝40＋90＝130（万元）

5.
（1）甲商品的成本是240万元，可变现净值＝200－12＝188（万元），所以应该计提的存货跌价准备＝240－188＝52（万元）。
（2）乙商品的成本是320万元，可变现净值＝300－15＝285（万元），所以应该计提的存货跌价准备＝320－285＝35（万元）。

2×16年12月31日，该公司应为甲、乙商品计提的存货跌价准备总额＝52＋35＝87（万元）。

6.
自制半成品加工为产品的可变现净值＝50－6＝44（万元），自制半成品加工为产品的成本＝自制半成品的成本＋加工成产品尚需的加工成本＝35＋11＝46（万元）。如果可变现净值高于成本，则产品未发生减值，不用计提自制半成品减值准备，本题中产品的可变现净值低于成本，产品发生了减值，该自制半成品应按成本与可变现净值孰低计量。自制半成品的可变现净值＝50－11－6＝33（万元），自制半成品的成本为35万元，所以自制半成品应计提存货跌价准备2万元（35－33）。

7. 鹭江公司（委托方）的会计处理如下。
（1）发出原材料时：
借：委托加工物资 51 950

貸：原材料　　　　　　　　　　　　　　　　　　　　　　　　　51 950
(2) 应付加工费和消费税：
　　应税消费品计税价格 =（51 950 + 7 000）÷（1 - 10%）= 65 500（元）
　　　　代扣代交的消费税 = 65 500 × 10% = 6 550（元）
借：委托加工物资　　　　　　　　　　　　　　　　　　　　　 7 000
　　应交税费——应交增值税（进项税额）　　　　　　　　　　 1 190
　　　　　　——应交消费税　　　　　　　　　　　　　　　　 6 550
　　貸：应付账款　　　　　　　　　　　　　　　　　　　　　 14 740
(3) 支付往返运杂费：
借：委托加工物资　　　　　　　　　　　　　　　　　　　　　　 150
　　貸：银行存款　　　　　　　　　　　　　　　　　　　　　　　150
(4) 收回加工物资验收入库：
借：原材料　　　　　　　　　　　　　　　　　　　　　　　　 59 100
　　貸：委托加工物资　　　　　　　　　　　　　　　　　　　 59 100

8.
(1) 甲材料生产每件 A 产品的成本 = 1 600 × 20 ÷ 10 + 2 000 = 5 200 元，高于一般售价 5 000 元和合同售价 4 500 元，说明 A 产品发生了减值，需要计算甲材料的可变现净值。

(2) 每件 A 产品耗用的甲材料的成本 = 20 ÷ 10 × 1 600 = 3 200（元）。

(3) 有合同订购的甲材料的可变现净值将按照甲产品的合同价计算，而没有合同订购的甲材料的可变现净值将按照甲产品的一般售价计算。所以：

　　有合同的每件 A 产品耗用的甲材料的可变现净值 = 4 500 × (1 - 10%) - 2 000
　　　　　　　　　　　　　　　　　　　　　　　　　= 2 050（元）

　　无合同的每件 A 产品耗用的甲材料的可变现净值 = 5 000 × (1 - 10%) - 2 000
　　　　　　　　　　　　　　　　　　　　　　　　　= 3 500（元）。

(4) 由于有合同和无合同的 A 产品耗用的甲材料可变现净值均低于成本，说明有合同和无合同的 A 产品耗用的甲材料均发生了减值。

　　有合同的 A 产品确认的甲材料可变现净值 = [4 500 × (1 - 10%) - 2 000]
　　　　　　　　　　　　　　　　　　　　　× 8 = 16 400（元）

　　无合同的 A 产品确认的甲材料可变现净值 = [5 000 × (1 - 10%) - 2 000]
　　　　　　　　　　　　　　　　　　　　　× 2 = 5 000（元）

(5) 期末甲材料可变现净值 = 16 400 + 5 000 = 21 400（元）
　　期末甲材料成本 = 20 × 1 600 = 32 000（元）

(6) 可变现净值低于成本，因此需要计提存货跌价准备。
期末甲材料应计提的存货跌价准备 = 32 000 - 21 400 = 10 600（元）
借：资产减值损失　　　　　　　　　　　　　　　　　　　　　 10 600
　　貸：存货跌价准备　　　　　　　　　　　　　　　　　　　 10 600

9.

(1) 2×16年12月31日库存A原材料应计提的存货跌价准备如下。

①有合同部分：

乙产品可变现净值=80×11.25-80×0.55=856（万元）

乙产品成本=80×10+80×3=1 040（万元）

可以判断，库存A原材料应按可变现净值计量。

库存A原材料可变现净值=80×11.25-80×3-80×0.55=616（万元）

库存A材料应计提的存货跌价准备=80×10-616=184（万元）

②无合同部分：

乙产品可变现净值=20×11-20×0.55=209（万元）

乙产品成本=20×10+20×3=260（万元）

可以判断，库存A原材料应按可变现净值计量。

库存A原材料可变现净值=20×11-20×3-20×0.55=149（万元）

库存A材料应计提的存货跌价准备=20×10-149=51（万元）

③库存A材料应计提的存货跌价准备合计=184+51=235（万元）

(2) 2×16年12月31日甲产品应计提的存货跌价准备：

甲产品成本=500（万元）

甲产品可变现净值=350-18=332（万元）

甲产品应计提存货跌价准备=500-332-100=68（万元）

(3) 2×16年12月31日应计提的存货跌价准备合计=235+68=303（万元）

(4) 编制会计分录：

借：资产减值损失　　　　　　　　　　　　　　　　303

　　贷：存货跌价准备　　　　　　　　　　　　　　　　303

10.

(1) A产品：

A产品可变现净值=1 400×(1.2-0.1)=1 540（万元）

由于A产品的可变现净值低于其成本2 100万元，所以A产品应计提跌价准备。

应计提跌价准备=(2 100-1 540)-(40-20)=540（万元）

(2) B产品：

B产品可变现净值=5 000×(1.6-0.15)=7 250（万元）

由于B产品的可变现净值高于成本4 000万元，所以本期不再计提跌价准备，同时将已有的存货跌价准备余额转回。

转回的金额=100-60=40（万元）

(3) 甲材料：

用甲材料加工成B产品的成本=400+350×0.2=470（万元）

B产品的可变现净值=350×(1.6-0.15)=507.5（万元）

由于用甲材料加工成 B 产品的可变现净值高于成本，所以无须对甲材料计提存货跌价准备。

会计分录如下：

借：资产减值损失——A 产品　　　　　　　　　　　　　540
　　贷：存货跌价准备——A 产品　　　　　　　　　　　　　540
借：存货跌价准备——B 产品　　　　　　　　　　　　　40
　　贷：资产减值损失——B 产品　　　　　　　　　　　　　40

三、案例分析题

【案例】

存货的期末计价

鹭江公司期末持有下列存货，按单项存货计提存货跌价准备。

(1) A 材料为生产而储备，库存材料成本 20 万元，市价 18 万元，前期存货跌价准备余额 1.5 万元，将 A 材料生产成最终产品加工费用预计 10 万元，其产品预计售价 35 万元，销售税费预计 3 万元。会计师认为，A 材料市价低于成本价，累计应提取存货跌价准备 2 万元，扣除已提取的存货跌价准备，当期提取存货跌价准备 0.5 万元，期末计价 18 万元。

(2) B 材料为生产而储备，库存材料成本 40 万元，市价 41 万元，将 B 材料生产成最终产品加工费用预计 16 万元，其产品预计售价 60 万元，销售税费预计 6 万元。会计师认为，B 材料成本低于市价，期末未提取存货跌价准备，期末计价 40 万元。

(3) C 材料因生产计划改变不再需要准备近期处置，库存材料成本 10 万元，已提取存货跌价准备 1 万元，市价 9 万元，销售税费预计 0.5 万元。会计师认为，C 材料的可变现净值低于的成本，应累计提取存货跌价准备 1.5 万元，当期提取存货跌价准备 0.5 万元，期末计价 8.5 万元。

(4) 甲产品全部为合同生产，成本 48 万元，合同售价 52 万元，相同商品的售价为 48 万元，预计销售税费 5 万元。会计师认为，甲产品按合同价计算的可变现净值低于的成本，当期提取存货跌价准备 1 万元，期末计价 47 万元。

(5) 乙在产品成本 80 万元，进一步加工成本 10 万元，该产品 50% 有合同，合同售价为 50 万元，预计销售税费 2 万元，另外 50% 无合同，预计市场售价为 46 万元，预计销售税费 2 万元。会计师认为，乙在产品的可变现净值高于成本，当期未提取存货跌价准备，期末计价 80 万元。

要求：

分析该公司期末各项存货计提存货跌价准备的会计处理是否正确（列出分析过程）如有错误，写出正确的会计处理（单位：万元）。

【案例分析】

（1）错误。

原因：A材料为生产而储备，当用材料生产的产成品的可变现净值＞产成品成本时，材料期末价值按材料成本计量，不需要计提存货跌价准备；当用材料生产的产成品的可变现净值＜产成品成本时，材料期末价值按材料可变现净值计量，需要计提存货跌价准备，并且材料可变现净值的确定，是以加工出的产品售价作为计算可变现净值的基础，不是以材料市价作为计算可变现净值的基础。

产品生产成本 = 20 + 10 = 30（万元）

产品可变现净值 = 35 - 3 = 32（万元）

产成品的可变现净值＞产成品成本时，材料期末价值按材料成本计量，不需要计提存货跌价准备，还应转回前期存货跌价准备余额1.5万元。

正确的会计处理：

借：存货跌价准备——A材料　　　　　　　　　　　　　　1.5

　　贷：资产减值损失　　　　　　　　　　　　　　　　　　　1.5

（2）错误。

原因：B材料为生产而储备，当用材料生产的产成品的可变现净值＞产成品成本时，材料期末价值按材料成本计量，不需要计提存货跌价准备；当用材料生产的产成品的可变现净值＜产成品成本时，材料期末价值按材料可变现净值计量，需要计提存货跌价准备，并且材料可变现净值的确定，是以加工出的产品售价作为计算可变现净值的基础，不是以材料市价作为计算可变现净值的基础。

产品生产成本 = 40 + 16 = 56（万元）

产品可变现净值 = 60 - 6 = 54（万元）

当用材料生产的产成品的可变现净值＜产成品成本时，材料期末价值按材料可变现净值计量，需要计提存货跌价准备，B材料可变现净值 = 60 - 6 - 16 = 38（万元），B材料成本40万元，B材料可变现净值低于成本，应按可变现净值38万元计价，当期应提取存货跌价准备2万元。

正确的会计处理：

借：资产减值损失　　　　　　　　　　　　　　　　　　　　2

　　贷：存货跌价准备——B材料　　　　　　　　　　　　　　2

（3）正确。

原因：C材料为待售材料，期末分析是否需要计提跌价准备时，应将成本与可变现净值进行比较，而不是成本与市价比较，并考虑前期存货跌价准备余额。

C材料可变现净值 = 9 - 0.5 = 8.5（万元）

C材料成本10万元，C材料可变现净值低于成本，应按可变现净值8.5万元计价，累计应提取存货跌价准备1.5万元，扣除存货跌价准备余额1万元，当期应提取存货跌价准备0.5万元。

（4）正确。

原因：甲产品为有合同待售商品，计算可变现净值时，市价以合同价为基础,并应扣除预计销售税费。

$$甲产品可变现净值 = 52 - 5 = 47（万元）$$

甲产品成本48万元,甲产品可变现净值低于成本,应按可变现净值47万元计价,当期应提取存货跌价准备1万元。

(5) 错误。

原因:乙在产品,50%有销售合同,另50%无销售合同,应分开计算

①有销售合同的乙在产品

$$有销售合同的乙在产品的可变现净值 = 50 - 2 - 10 \times 50\% = 43（万元）$$
$$有销售合同的乙在产品成本 = 80 \times 50\% = 40（万元）$$

有销售合同的乙在产品,可变现净值高于成本,应按成本40万元计价,当期无须提取存货跌价准备。

②无销售合同的乙在产品

$$无销售合同的乙在产品的可变现净值 = 46 - 2 - 10 \times 50\% = 39（万元）$$
$$无销售合同的乙在产品成本 = 80 \times 50\% = 40（万元）$$

无销售合同的乙在产品,可变现净值低于成本,应按可变现净值39万元计价,当期应提取存货跌价准备1万元。

正确的会计处理:

借:资产减值损失　　　　　　　　　　　　　　　　　　1
　　贷:存货跌价准备——乙在产品　　　　　　　　　　　　　1

第四章 金融资产

一、练习题

（一）单项选择题

1. 下列各项不属于金融资产的是（　　）。
   A. 库存现金　　　　　　　　B. 应收账款
   C. 基金投资　　　　　　　　D. 存货
2. 下列关于金融资产的说法中，错误的是（　　）。
   A. 金融资产是从其他方收取现金或其他金融资产的合同权利
   B. 金融资产是在潜在有利条件下，与其他方交换金融资产或金融负债的合同权利
   C. 金融资产是将来需用或可用企业自身权益工具进行结算的非衍生工具合同，且企业根据该合同将收到可变数量的自身权益工具
   D. 金融资产是将来需用或可用企业自身权益工具进行结算的衍生工具合同，包括以固定数量的自身权益工具交换固定金额的现金或其他金融资产的衍生工具合同
3. 企业在发生以公允价值计量且其变动计入当期损益的金融资产的下列有关业务中，不应贷记"投资收益"的是（　　）。
   A. 企业持有期间获得的现金股利
   B. 企业持有期间获得的债券利息
   C. 资产负债表日，持有的股票市价大于其账面价值
   D. 企业转让交易性金融资产收到的价款大于其账面价值的差额
4. 2×17年2月2日，甲公司支付840万元取得一项股权投资作为交易性金融资产核算，支付价款中包括已宣告尚未领取的现金股利20万元，另支付交易费用5万元。甲公司该项交易性金融资产的入账价值为（　　）万元。
   A. 820　　　　　　　　　　B. 815
   C. 830　　　　　　　　　　D. 835
5. 企业不能作为交易性金融资产进行确认的是（　　）。
   A. 取得该金融资产的目的主要是为了近期内出售

B. 相关金融资产在初始确认时属于集中管理的可辨认金融工具组合的一部分，且有客观证据表明近期实际存在短期获利模式

C. 相关金融资产属于衍生工具

D. 符合财务担保合同定义的衍生工具以及被指定为有效套期工具的衍生工具

6. 企业出售交易性金融资产时，应按实际收到的金额，借记"银行存款"科目，按该金融资产的成本，贷记"交易性金融资产（成本）"科目，按该项交易性金融资产的公允价值变动，贷记或借记"交易性金融资产（公允价值变动）"科目，按其差额，贷记或借记（　　）科目。

　A. 公允价值变动损益　　　　　　B. 投资收益
　C. 资本公积　　　　　　　　　　D. 营业外收入

7. 持有交易性金融资产期间被投资单位宣告发放现金股利或在资产负债表日按债券票面利率计算利息时，借记"应收股利"或"应收利息"科目，贷记（　　）科目。

　A. 交易性金融资产　　　　　　　B. 投资收益
　C. 公允价值变动损益　　　　　　D. 短期投资

8. 某股份有限公司于 2×16 年 3 月 30 日以每股 12 元的价格购入某上市公司股票 50 万股，作为交易性金融资产核算。购买该股票支付手续费等 10 万元。5 月 25 日，收到该上市公司按每股 0.5 元发放的现金股利。12 月 31 日该股票的市价为每股 11 元。2×16 年 12 月 31 日该股票投资的账面价值为（　　）万元。

　A. 550　　　　　　　　　　　　B. 575
　C. 585　　　　　　　　　　　　D. 610

9. 下列金融资产中，应按公允价值进行初始计量，且交易费用计入当期损益的是（　　）。

　A. 以公允价值计量且其变动计入当期损益的金融资产
　B. 以公允价值计量且其变动计入其他综合收益的金融资产
　C. 应收款项
　D. 以摊余成本计量的金融资产

10. 下列各项，计入财务费用的是（　　）。

　A. 销售商品发生的现金折扣
　B. 销售商品发生的销售折让
　C. 销售商品发生的商业折扣
　D. 委托代销商品支付的手续费

11. 以下说法中正确的是（　　）。

　A. 企业应当根据管理当局的意图，将取得的金融资产进行分类
　B. 如果该金融资产的合同条款规定，在特定日期产生的现金流量，仅为对本金和以未偿付本金金额为基础的利息的支付的，应当划分为以摊余成本计量的金融资产

C. 在初始确认时，企业可以将非交易性权益工具投资指定为以公允价值计量且其变动计入其他综合收益的金融资产，并在以后期间可以撤销

D. 在初始确认时，如果能够消除或显著减少会计错配，企业可以将金融资产直接指定为以公允价值计量且其变动计入当期损益的金融资产，并且该指定一经做出，不得撤销

12. 企业将一项以摊余成本计量的金融资产重分类为以公允价值计量且其变动计入当期损益的金融资产的，应当按照该资产在重分类日的（　　）进行计量。

A. 公允价值　　　　　　　　B. 账面价值
C. 账面余额　　　　　　　　D. 可变现净值

13. 未发生减值的持有至到期投资如为分期付息、一次还本债券投资，应于资产负债表日按票面利率计算确定的应收未收利息，借记"应收利息"科目，按持有至到期投资期初摊余成本和实际利率计算确定的利息收入，贷记"投资收益"科目，按其差额，借记或贷记（　　）科目。

A. 持有至到期投资（利息调整）　　B. 持有至到期投资（成本）
C. 持有至到期投资（应计利息）　　D. 持有至到期投资（债券溢折价）

14. 甲企业于 2×17 年 1 月 1 日，以 680 万元的价格购进当日发行的面值为 600 万元的公司债券。其中债券的买价为 675 万元，相关税费为 5 万元。该公司债券票面利率为 8%，期限为 5 年，一次还本付息。企业将其划分为以摊余成本计量的金融资产（持有至到期投资）。该企业记入"持有至到期投资"科目的金额为（　　）万元。

A. 680　　　　　　　　　　B. 600
C. 675　　　　　　　　　　D. 670

15. 企业将一项以摊余成本计量的金融资产重分类为以公允价值计量且其变动计入其他综合收益的金融资产的，应当按照该金融资产在重分类日的公允价值进行计量。原账面价值与公允价值之间的差额计入（　　）。

A. 投资收益　　　　　　　　B. 其他综合收益
C. 公允价值变动损益　　　　D. 资产减值损失

16. 资产负债表日，以公允价值计量且其变动计入其他综合收益的金融资产（可供出售债券）的公允价值高于其摊余成本，其差额的会计处理为：借记"可供出售金融资产"科目，贷记（　　）科目。

A. 其他综合收益　　　　　　B. 投资收益
C. 资产减值损失　　　　　　D. 公允价值变动损益

17. 出售可供出售金融资产时，应按实际收到的金额，借记"银行存款"等科目，按其账面余额，贷记"可供出售金融资产"科目，按应从所有者权益中转出的公允价值累计变动额，借记或贷记"其他综合收益"科目，按其差额，贷记或借记（　　）科目。

A. 投资收益　　　　　　　　B. 资本公积
C. 营业外支出　　　　　　　D. 营业外收入

18. 以下关于预期信用损失的描述，错误的是( )。
   A. 预期信用损失是指以发生违约的风险为权重的金融工具信用损失的加权平均值
   B. 信用损失，是指企业按照原实际利率折现的、根据合同应收的所有合同现金流量与预期收取的所有现金流量之间的差额，即全部现金短缺的现值
   C. 对于企业购买或源生的已发生信用减值的金融资产，应按照该金融资产经信用调整的实际利率折现
   D. 由于预期信用损失不考虑付款的金额和时间分布，因此如果企业预计可以全额收款但收款时间晚于合同规定的到期期限，就不会产生信用损失

19. 金融工具初始确认后若信用风险显著增加，企业应于每一报告日按( )预计信用损失金额来计量该金融工具的损失准备。反之，若金融工具在初始确认后信用风险没有显著增加，企业则应于每一报告日按下一年度（12个月）的预期信用损失金额来计量该金融工具的损失准备。
   A. 下一年度（12个月）   B. 存续期间
   C. 下一季度（3个月）   D. 当年度（12个月）

20. 以下关于金融资产减值准备处理的描述中，不正确的是( )。
   A. 对于一般的金融资产，其减值损失计入本期损益
   B. 对于以公允价值计量且其变动计入其他综合收益的金融资产，减值准备计入其他综合收益
   C. 对于以公允价值计量且其变动计入本期损益的金融资产，不计提减值准备
   D. 以上都不对

（二）多项选择题

1. 下列不属于金融工具相关交易费用的有( )。
   A. 债券溢折价   B. 融资费用
   C. 支付给券商的手续费   D. 内部管理成本

2. 下列各项中，会引起交易性金融资产账面余额发生变化的有( )。
   A. 收到原未计入应收项目的交易性金融资产的利息
   B. 期末交易性金融资产公允价值高于其账面余额的差额
   C. 期末交易性金融资产公允价值低于其账面余额的差额
   D. 出售交易性金融资产

3. 下列项目中，不应计入交易性金融资产取得成本的是( )。
   A. 支付的购买价格   B. 支付的相关税金
   C. 支付的手续费   D. 支付价款中包含的应收利息

4. 企业管理金融资产的业务模式包括( )。
   A. 收取合同现金流量

B. 出售金融资产

C. 既收取合同现金流量,又出售金融资产

D. 既不收取合同现金流量,又不出售金融资产

5. 下列项目中,可作为以摊余成本计量的金融资产的有(   )。

   A. 企业从二级市场上购入的固定利率国债

   B. 企业从二级市场上购入的浮动利率公司债券

   C. 购入的股权投资

   D. 投资者有权要求发行方赎回的债券

6. 下列各项中,应作为以摊余成本计量的金融资产取得时初始成本入账的有(   )。

   A. 购买债券支付的不含应收利息的价款

   B. 购买债券支付的手续费

   C. 购买债券支付的税金

   D. 购买债券支付款项中所含的已到期尚未发放的利息

7. 如果购入的准备持有至到期的债券的实际利率等于票面利率,且不存在交易费用时,下列各项中,会引起持有至到期投资账面价值发生增减变动的有(   )。

   A. 计提持有至到期投资减值准备

   B. 确认分期付息债券的投资利息

   C. 确认到期一次付息债券的投资利息

   D. 出售持有至到期投资

8. 下列各项中,影响持有至到期投资摊余成本因素的有(   )。

   A. 确认的减值准备   B. 分期收回的本金

   C. 利息调整的累计摊销额   D. 对到期一次付息债券确认的票面利息

9. 金融资产同时符合下列条件的,应当分类为以公允价值计量且其变动计入其他综合收益的金融资产(   )。

   A. 企业管理该金融资产的业务模式既以收取合同现金流量为目标又以出售该金融资产为目标

   B. 该金融资产的合同条款规定,在特定日期产生的现金流量,仅为对本金和以未偿付本金金额为基础的利息的支付

   C. 企业管理该金融资产的业务模式只以收取合同现金流量为目标

   D. 企业管理该金融资产的业务模式只以出售该金融资产为目标

10. 下列各项中,应在"坏账准备"账户贷方反映的有(   )。

    A. 提取的坏账准备

    B. 收回前期已确认为坏账并转销的应收账款

    C. 发生的坏账损失

    D. 冲销的坏账准备

11. 应收款项计提坏账准备的范围包括(   )。

A. 应收票据

B. 其他应收款

C. 预付账款

D. 应收利息

12. 下列可供出售金融资产的表述中，正确的有（　　）。

A. 可供出售的金融资产发生的减值损失应计入当期损益

B. 可供出售金融资产的公允价值变动应计入当期损益

C. 取得可供出售金融资产发生的交易费用应直接计入其他综合收益

D. 处置可供出售金融资产时，以前期间因公允价值变动计入其他综合收益的金额应转入当期损益

13. 表明金融资产发生减值的客观证据，包括（　　）。

A. 发行方或债务人发生重大财务困难

B. 债务人违反了合同条款，如偿付利息或本金发生违约或逾期等

C. 债权人出于与债务人财务困难有关的经济或合同考虑，给予债务人在任何其他情况下都不会做出的让步

D. 债务人很可能破产或进行其他财务重组

14. 下列各项中，应按摊余成本进行后续计量的有（　　）。

A. 持有至到期投资　　　　　　　B. 交易性金融资产

C. 贷款　　　　　　　　　　　　D. 可供出售金融资产

15. 企业计量金融工具预期信用损失的方法应当反映下列（　　）要素。

A. 通过评价一系列可能的结果而确定的无偏概率加权平均金额

B. 货币时间价值

C. 在资产负债表日无须付出不必要的额外成本或努力即可获得的有关过去事项、当前状况以及未来经济状况预测的合理且有依据的信息

D. 折现率

（三）判断题

1. 对于以公允价值计量且其变动计入当期损益的金融资产，相关交易费用直接计入当期损益；对于其他类别的金融资产，相关交易费用应当计入初始确认金额。（　　）

2. 企业初始确认金融资产，都应当按照公允价值计量。（　　）

3. 符合财务担保合同定义的衍生工具以及被指定为有效套期工具的衍生工具也属于交易性金融资产。（　　）

4. 在初始确认时，如果能够消除或显著减少会计错配，企业可以将金融资产直接指定为以公允价值计量且其变动计入当期损益的金融资产。（　　）

5. 交易性金融资产在资产负债表中应当列示为流动资产，因此交易性金融资产都是在一个正常的营业周期内变现或出售的流动资产。（　　）

6. 企业在非同一控制下的企业合并中确认的或有对价构成金融资产的，该

金融资产应当分类为以公允价值计量且其变动计入当期损益的金融资产。（ ）

7. 交易费用是指企业没有发生购买、发行或处置相关金融工具的情形就不会发生的费用，包括债券溢价、折价、融资费用、内部管理成本等费用。（ ）

8. 相关资产或负债在初始确认时的公允价值通常与其交易价格相等，因此，金融资产的公允价值即为相关金融资产的交易价格。（ ）

9. 企业在初始确认时将某项金融资产划分为以公允价值计量且其变动计入当期损益的金融资产后，视情况变化可以将其重分类为其他类金融资产。（ ）

10. "交易性金融资产"科目的期末借方余额，反映企业持有的交易性金融资产的成本与市价孰低值。（ ）

11. 购入交易性金融资产支付的交易费用，应该计入交易性金融资产的成本中。（ ）

12. 企业对金融资产进行重分类的依据是企业改变其管理金融资产的业务模式。（ ）

13. 企业为取得持有至到期投资发生的交易费用应计入当期损益，不应计入其初始确认金额。（ ）

14. 企业对金融资产进行重分类，应当自重分类日起采用追溯调整法进行相关会计处理。（ ）

15. 金融企业按当前市场条件发放的贷款，应按发放贷款的本金和相关交易费用之和作为初始确认金额。（ ）

16. 金融资产发生信用减值，有可能是多个事件的共同作用所致，未必是可单独识别的事件所致。（ ）

17. 预期信用损失，是指以发生违约的风险为权重的金融工具信用损失的加权平均值。（ ）

18. 信用损失，是指企业根据合同应收的所有合同现金流量与预期收取的所有现金流量之间的差额，即全部现金短缺金额。（ ）

19. 在估计现金流量时，企业应当考虑金融工具在整个预计存续期的所有合同条款（如提前还款、展期、看涨期权或其他类似期权等）。（ ）

20. 金融工具初始确认后若信用风险显著增加，企业应于每一报告日按下一年度（12个月）的预期信用损失金额来计量该金融工具的损失准备。（ ）

（四）计算及账务处理题

1. 2×16年5月，鹭江公司购入乙公司股票100万股作为交易性金融资产，每股买价10元，另支付交易费用10万元。2×16年6月30日该股票每股市价为9元。2×16年8月10日，乙公司宣告分派现金股利，每股0.10元。8月20日鹭江公司收到分派的现金股利。至12月31日，鹭江公司仍持有该交易性金融资产，期末每股市价为9.3元。2×17年1月3日以每股9.6元出售该交易性金融资产，交易费用为9万元。假定鹭江公司每年6月30日和12月31日对外提供财务报告。

要求：根据上述资料编制会计分录（金额单位：万元）。

2. 甲公司 2×16 年 4 月 25 日支付价款 2 040 万元（含已宣告但尚未发放的现金股利 60 万元）取得一项股权投资，另支付交易费用 10 万元，作为以公允价值计量且其变动计入其他综合收益的金融资产（可供出售金融资产）进行管理。2×16 年 5 月 28 日，收到现金股利 60 万元。2×16 年 12 月 31 日，该项股权投资的公允价值为 2 105 万元。

要求：根据上述经济业务编制会计分录（金额单位：万元）。

3. 2×12 年初，鹭江公司购买了一项债券，剩余年限 5 年，作为以摊余成本计量的金融资产（持有至到期投资）进行管理，购买价格为 90 万元（折价购入），相关交易费用为 5 万元，每年按票面利率可得固定利息 4 万元（面值 110 万元，票面利率 3.636%）。该债券在第五年兑付（不能提前兑付）时可得本金 110 万元。

要求：作出鹭江公司持有至到期投资的相关会计处理（金额单位：万元）。

4. 2×16 年 7 月 20 日，鹭江公司将持有的 6 月 10 日开出、面值为 80 000 元、期限为 120 天的商业汇票向银行申请贴现，收到贴现金额 78 000 元。鹭江公司与银行签订的协议中规定，贴现票据到期时，如果债务人未能如期付款，鹭江公司不负任何还款责任。

要求：编制有关该票据贴现的会计分录。

5. 2×16 年 9 月 10 日，鹭江公司将持有的 8 月 10 日开出、票面金额为 60 000 元、期限为 5 个月的商业汇票向银行申请贴现，收到贴现金额 58 800 元。鹭江公司与银行签订的协议中规定，贴现票据到期时，如果债务人未能如期付款，鹭江公司负有连带还款责任。

要求：编制有关该票据贴现的下列会计分录。

（1）贴现商业汇票。
（2）贴现票据到期。
①假定债务人如期付款。
②假定债务人未能如期付款，鹭江公司代债务人付款。
③假定债务人和鹭江公司均无力付款，银行作为逾期贷款处理。

6. 鹭江公司赊销一批商品，货款为 100 000 元，规定对货款部分的付款条件为"2/10，N/30"，适用的增值税税率为 17%，假设折扣时不考虑增值税。

要求：编制有关赊销的下列会计分录。
（1）销售业务发生时。
（2）假设客户在 10 天内付款时。
（3）假设客户超过 10 天内付款时。

7. 鹭江公司按照应收账款账面余额的 10% 计提坏账准备。2×15 年年末，应收账款账面余额为 300 000 元，"坏账准备"科目无余额；2×16 年 6 月确认应收蓝天公司的账款 32 000 元已无法收回；2×16 年 10 月，收回以前期间已作为坏账予以转销的白云公司账款 50 000 元。2×16 年年末，应收账款账面余额为 360 000 元。

要求：根据上列资料，编制该公司有关坏账处理的下列会计分录。

（1）2×15年年末计提坏账准备。

（2）2×16年6月，转销应收蓝天公司的账款。

（3）2×16年10月，收回白云公司账款。

（4）2×16年年末计提坏账准备。

8. 甲银行发放了一份分期付息、到期还本的贷款1 000万元，年利率5%，实际利率也为5%。2×14年12月31日，鉴于从初始确认以来，信用风险没有显著恶化，甲银行确认了12个月的预期信用损失20万元。

2×15年，甲银行认为该项贷款的信用风险与初次确认相比已有显著增加。由于此项信用风险的增加，甲银行确认了该贷款整个存续期的预期信用损失。该项损失准备的余额为30万元。

2×16年12月31日，借款人有重大财务困难，甲银行修正贷款的现金流量。银行将贷款的合同期限延长1年，修改后的剩余期间是3年，但这一修改并不导致贷款的终止确认。

甲银行在对条款进行修改后，对金融资产的现金流量进行了重新评估，以5%的实际利率重新折现，作为其新的现值，并将新的折现金额与原来确认的折现金额之间的差异作为修改损益。甲银行将计算得到的300万元确认为修改损失，贷款总金额减值为700万元，并将300万元的损失计入利润表。

甲银行重新进行了减值准备评估，将修改后的合同约定现金流考虑在内后，评估其是否应继续以贷款存续期间为限计提信用减值准备。甲银行将当前信用风险（基于修改后合同现金流）与期初信用风险（基于初始未修改合同现金流）进行比较，认为该贷款在报告日并未发生信用减值，但较初始确认时信用风险显著增加，仍按照贷款存续期内预计信用损失进行减值准备确认。报告日当天，存续期内信用减值准备余额为100万元。

根据上述背景情况，编制预期信用损失分析表，如表4-1所示。

表4-1 甲银行预期信用损失分析表 单位：万元

时间	期初账面总额	减值（损失）/收益	修止（损失）/收益	利息收入	现金流量	期末摊余成本	减值准备	期末账面净值
	A	B	C	D=A×5%	E	F=A+C+D-E	G	H=F-G
2×14年	1 000	(20)		50	50	1 000	20	980
2×15年	1 000	(10)		50	50	1 000	30	970
2×16年	1 000	(70)	(300)	50	50	700	100	600

要求：根据上述资料，编制甲银行2×14~2×16年的相关会计分录。

二、练习题参考答案

（一）单项选择题

1. D　2. D　3. C　4. A　5. D　6. B　7. B　8. A　9. A　10. A　11. D　12. A
13. A　14. A　15. B　16. A　17. A　18. D　19. B　20. D

（二）多项选择题

1. ABD　2. BCD　3. BCD　4. ABC　5. AB　6. ABC　7. ACD　8. ABCD
9. AB　10. AB　11. ABCD　12. AD　13. ABCD　14. AC　15. ABC

（三）判断题

1. √　2. ×　3. ×　4. √　5. ×　6. √　7. ×　8. ×　9. √　10. ×　11. ×
12. √　13. ×　14. ×　15. √　16. √　17. √　18. ×　19. √　20. ×

（四）计算及账务处理题

1. 会计分录：

借：交易性金融资产——成本　　　　　　　　　　　　　　　1 000
　　投资收益　　　　　　　　　　　　　　　　　　　　　　　10
　　贷：银行存款　　　　　　　　　　　　　　　　　　　　　　1 010
借：公允价值变动损益　　　　　　（1 000 − 9 × 100）100
　　贷：交易性金融资产——公允价值变动　　　　　　　　　　100
借：应收股利　　　　　　　　　　　　　（0.10 × 100）10
　　贷：投资收益　　　　　　　　　　　　　　　　　　　　　　10
借：银行存款　　　　　　　　　　　　　　　　　　　　　　　10
　　贷：应收股利　　　　　　　　　　　　　　　　　　　　　　10
借：交易性金融资产——公允价值变动　（100 × 9.3 − 900）30
　　贷：公允价值变动损益　　　　　　　　　　　　　　　　　　30
借：银行存款　　　　　　　　　　　　　　　　　　　　　　　951
　　交易性金融资产——公允价值变动　　　　　　　　　　　　70
　　投资收益　　　　　　　　　　　　　　　　　　　　　　　49
　　贷：交易性金融资产——成本　　　　　　　　　　　　　　1 000
　　　　公允价值变动损益　　　　　　　　　　　　　　　　　　70

2. 会计分录：

2×16年4月25日

借：可供出售金融资产——成本　　　　　　　　　　　　　　1 990
　　应收股利　　　　　　　　　　　　　　　　　　　　　　　60

贷：银行存款　　　　　　　　　　　　　　（2 040 + 10）2 050

2×16 年 5 月 28 日

借：银行存款　　　　　　　　　　　　　　　　　　　60

　　贷：应收股利　　　　　　　　　　　　　　　　　60

2×16 年 12 月 31 日

借：可供出售金融资产——公允价值变动　　（2 105 - 1 990）115

　　贷：其他综合收益　　　　　　　　　　　　　　　115

3. 在初始确认时，计算实际利率如下：

$$4 \times (1+r)^{-1} + 4 \times (1+r)^{-2} + 4 \times (1+r)^{-3} + 4 \times (1+r)^{-4} + 114 \times (1+r)^{-5} = 95$$

计算结果为 r = 6.96%，由此可编制债券利息收入与摊余成本计算表，如表 4-2 所示。

表 4-2　　　　　债券利息收入与摊余成本计算　　　　　单位：万元

年份	年初摊余成本 a	利息收益 b = a × r	利息收入现金流量 c	年末摊余成本 d = a + b - c
2×12	95.00	6.61	4	97.61
2×13	97.61	6.79	4	100.40
2×14	100.40	6.99	4	103.39
2×15	103.39	7.20	4	106.59
2×16	106.59	7.41*	4	110.00

注：* 尾数调整。

根据表 4-2 中的数据，鹭江公司的会计处理如下：

（1）2×12 年年初购入时

借：持有至到期投资——成本　　　　　　　110（面值）

　　贷：银行存款　　　　　　　　　　　　　　　　　95

　　　　持有至到期投资——利息调整　　　　　　　　15

（2）2×12 年年末

借：银行存款（收到的利息）　　　　　　　　　　　4

　　持有至到期投资——利息调整　　　　　　　　　2.61

　　贷：投资收益　　　　　　　　　　　　　　　　6.61

（3）2×13 年年末

借：银行存款（收到的利息）　　　　　　　　　　　4

　　持有至到期投资——利息调整　　　　　　　　　2.79

　　贷：投资收益　　　　　　　　　　　　　　　　6.79

（4）2×14 年年末

借：银行存款（收到的利息）　　　　　　　　　　　4

　　持有至到期投资——利息调整　　　　　　　　　2.99

　　贷：投资收益　　　　　　　　　　　　　　　　6.99

(5) 2×15 年年末

借：银行存款（收到的利息）　　　　　　　　　　　4
　　持有至到期投资——利息调整　　　　　　　　　3.20
　　　贷：投资收益　　　　　　　　　　　　　　　　　　7.20

(6) 2×16 年年末

借：银行存款（收到的利息）　　　　　　　　　　　4
　　持有至到期投资——利息调整　　　　　　　　　3.41
　　　贷：投资收益　　　　　　　　　　　　　　　　　　7.41

借：银行存款（收到本金）　　　　　　　　　　　110
　　　贷：持有至到期投资——成本　　　　　　　　　　110

4. 应收票据贴现（不附追索权）：

借：银行存款　　　　　　　　　　　　　　　78 000
　　财务费用　　　　　　　　　　　　　　　　2 000
　　　贷：应收票据　　　　　　　　　　　　　　　80 000

5. 应收票据贴现（附追索权）：

（1）贴现商业汇票：

借：银行存款　　　　　　　　　　　　　　　58 800
　　财务费用　　　　　　　　　　　　　　　　1 200
　　　贷：短期借款　　　　　　　　　　　　　　　60 000

或者：

借：银行存款　　　　　　　　　　　　　　　58 800
　　短期借款——利息调整　　　　　　　　　　1 200
　　　贷：短期借款　　　　　　　　　　　　　　　60 000

（2）贴现票据到期。

①假定债务人如期付款：

借：短期借款　　　　　　　　　　　　　　　60 000
　　　贷：应收票据　　　　　　　　　　　　　　　60 000

②假定债务人未能如期付款，鹭江公司代债务人付款：

借：短期借款　　　　　　　　　　　　　　　60 000
　　　贷：银行存款　　　　　　　　　　　　　　　60 000

借：应收账款——××债务人　　　　　　　　60 000
　　　贷：应收票据　　　　　　　　　　　　　　　60 000

③假定债务人与鹭江公司均无力付款，银行作逾期贷款处理：

借：应收账款——××债务人　　　　　　　　6 0000
　　　贷：应收票据　　　　　　　　　　　　　　　60 000

6. 鹭江公司应做会计分录：

（1）销售业务发生时，根据有关销售发票：

借：应收账款　　　　　　　　　　　　　　117 000

    贷：主营业务收入　　　　　　　　　　　　　　　　100 000
    　　应交税费——应交增值税（销项税额）　　　　　17 000
（2）假设客户于 10 天内付款时：
借：银行存款　　　　　　　　　　　　　　　　　　115 000
　　财务费用　　　　　　　　　　　　　　　　　　　2 000
    贷：应收账款　　　　　　　　　　　　　　　　　117 000
（3）假如客户超过 10 天付款，则无现金折扣：
借：银行存款　　　　　　　　　　　　　　　　　　117 000
    贷：应收账款　　　　　　　　　　　　　　　　　117 000

7. 坏账损失的会计处理：
（1）2×15 年年末，计提坏账准备：
　　　　应计提坏账准备 = 300 000 × 10% = 30 000（元）
借：资产减值损失　　　　　　　　　　　　　　　　30 000
    贷：坏账准备　　　　　　　　　　　　　　　　　30 000
（2）2×16 年 6 月，转销应收蓝天公司的账款：
借：坏账准备　　　　　　　　　　　　　　　　　　32 000
    贷：应收账款——蓝天公司　　　　　　　　　　　32 000
（3）2×16 年 10 月，收回白云公司账款：
借：应收账款——白云公司　　　　　　　　　　　　50 000
    贷：坏账准备　　　　　　　　　　　　　　　　　50 000
借：银行存款　　　　　　　　　　　　　　　　　　50 000
    贷：应收账款——白云公司　　　　　　　　　　　50 000
（4）2×16 年年末，计提坏账准备：
　　　　应计提坏账准备 = 360 000 × 10% − 48 000 = −12 000（元）
借：坏账准备　　　　　　　　　　　　　　　　　　12 000
    贷：资产减值损失　　　　　　　　　　　　　　　12 000

8. 相关会计分录：
2×14 年：
借：贷款——本金　　　　　　　　　　　　　　　　1 000
    贷：存放同业　　　　　　　　　　　　　　　　　1 000
借：应收利息　　　　　　　　　　　　　　　　　　　　50
    贷：利息收入　　　　　　　　　　　　　　　　　　　50
借：存放同业　　　　　　　　　　　　　　　　　　　　50
    贷：应收利息　　　　　　　　　　　　　　　　　　　50
借：资产减值损失　　　　　　　　　　　　　　　　　　20
    贷：贷款减值准备　　　　　　　　　　　　　　　　　20

2×15年：

借：应收利息　　　　　　　　　　　　　　　　　　50
　　贷：利息收入　　　　　　　　　　　　　　　　　　　　50
借：存放同业　　　　　　　　　　　　　　　　　　50
　　贷：应收利息　　　　　　　　　　　　　　　　　　　　50
借：资产减值损失　　　　　　　　　　　　　　　　10
　　贷：贷款减值准备　　　　　　　　　　　　　　　　　　10

2×16年：

借：应收利息　　　　　　　　　　　　　　　　　　50
　　贷：利息收入　　　　　　　　　　　　　　　　　　　　50
借：存放同业　　　　　　　　　　　　　　　　　　50
　　贷：应收利息　　　　　　　　　　　　　　　　　　　　50
借：资产减值损失　　　　　　　　　　　　　　　　70
　　贷：贷款减值准备　　　　　　　　　　　　　　　　　　70
借：资产减值损失　　　　　　　　　　　　　　　　300
　　贷：贷款减值准备　　　　　　　　　　　　　　　　　　300
借：贷款——已减值　　　　　　　　　　　　　　　1 000
　　贷：贷款——本金　　　　　　　　　　　　　　　　　　1 000

三、案例分析题

【案例】

腾达公司的金融资产及其重分类

腾达股份有限公司于2×16~2×17年期间发生以下与金融资产有关的业务：

2×16年1月1日，支付1 000万元（含交易费用）从活跃市场购入1万份某公司公开发行的分次付息、一次还本债券，款项已用银行存款支付。该债券每份面值1 250元，票面年利率4.72%，每年年末支付利息，期限5年，腾达公司基于业务模式和合同现金流量特征将该债券投资分类为以摊余成本计量的金融资产。

2×17年1月，由于贷款基准利率的变动和其他市场因素的影响，腾达公司持有的该债券价格呈现持续下跌趋势。为此，腾达公司于2×17年1月5日对外出售该债券投资的40%，收取价款560万元（即所出售债券的公允价值）。同时，腾达公司将剩余部分的债券投资重分类为以公允价值计量且其变动计入其他综合收益的金融资产。假设不考虑所得税及其他相关税费等因素的影响。

要求：

1. 计算腾达公司取得该债券投资时的投资成本，以及2×16年年末持有该债券的摊余成本及确认的实际利息收入。

2. 分析 2×17 年 1 月出售及重分类该债券对腾达公司当期损益和当期权益的影响。

3. 分析若剩余部分债券重分类为以公允价值计量且其变动计入当期损益的金融资产对腾达公司的影响，思考不同的重分类决策对于公司进行盈余管理的作用。

【案例分析】

1. 根据金融工具准则的规定，企业取得摊余成本计量的金融资产时按公允价值计量，相关交易费用计入取得成本，因此，取得该债券的初始投资成本即为活跃市场交易价格 1 000 万元。

按实际利率法，设腾达公司取得该债券投资的实际利率为 r，则可列出以下等式：

$$1\,250 \times 4.72\% \times (P/A,r,5) + 1\,250 \times (P/F,r,5) = 1\,000,$$

解出实际利率 r = 10%。

则腾达公司 2×16 年年末该债券的摊余成本 = 1 000 × (1 + 10%) − 1 250 × 4.72% = 1 041（万元）。

确认的实际利息收入 = 1 000 × 10% = 100（万元）。

2. 2×17 年 1 月出售该债券投资前的账面价值为 1041 万元，则出售 40% 该债券对当期损益的影响金额 = 560 − 1 041 × 40% = 143.6（万元）。

2×17 年 1 月出售该债券后，剩余部分重分类为以公允价值计量且其变动计入其他综合收益的金融资产，其对腾达公司当期权益的影响为：

剩余部分投资的账面价值 = 1 041 × (1 − 40%) = 624.6（万元），重分类后对权益的影响 = 560/40% × 60% − 624.6 = 225.4（万元）。

3. 若剩余部分债券重分类为以公允价值计量且其变动计入当期损益的金融资产，则会增加腾达公司当期的投资收益 225.4 万元。

可见不同的重分类政策对公司的盈余管理可以产生不同的影响：

（1）概括而言，出售债券投资后，剩余部分不再满足以摊余成本计量的金融资产（业务模式是以收取合同现金流量为目标，现金流量特征仅为收回的本金和以未偿付本金金额为基础收取的利息）的确认条件，故终止确认时若直接重分类为以公允价值计量且其变动计入当期损益的金融资产，顾名思义，将直接影响腾达公司当期的盈余水平；若剩余投资重分类为以公允价值计量且其变动计入其他综合收益的金融资产，则不会对公司的利润立即产生影响，待实际需要调节损益时，再将剩余投资出售，这时就能顺其自然将计入其他综合收益的金额转入损益，从而成为企业进行盈余管理的方式之一。

（2）具体分析，若出售 40% 债券的公允价值高于债券账面价值（摊余成本），剩余部分直接重分类为计入当期损益的金融资产，出售及重分类行为均能直接提高企业当期的盈利水平，反之，则直接减少当期利润。故公司若短期内迫于外部严峻经济形势或内部盈利指标的压力，可能会在出售获得收益时选择此法，在出售亏损时改选剩余投资计入其他综合收益的会计政策，延缓确认损失，待未来前景较好再考虑是否出售，从而抵减该部分损失，粉饰太平。

（3）有人认为金融资产的后续计量对企业的利润有较大影响，已经成为上市公司盈余管理的重要手段。修订后的《企业会计准则22号——金融工具确认与计量》中未针对该情形提出相应的解决措施，这是今后仍需进一步关注和完善的准则盲点。

第五章　长期股权投资及合营安排

一、练习题

（一）单项选择题

1. 2016年3月20日，甲公司合并乙企业，该项合并属于同一控制下的企业合并。合并中，甲公司发行本公司普通股1 000万股（每股面值1元，市价为2.1元），作为对价取得乙企业60%的股权。合并日，乙企业的净资产在最终控制方合并财务报表中的账面价值为3 200万元，公允价值为3 500万元。假定合并前双方采用的会计政策及会计期间均相同。不考虑其他因素，甲公司对乙企业长期股权投资的初始投资成本为(　　)万元。

　　A. 1 920　　　　B. 2 100　　　　C. 3 200　　　　D. 3 500

2. 甲、乙两家公司同属丙公司的子公司。甲公司于2×16年3月1日以发行股票方式从乙公司的股东手中取得乙公司60%的股份。甲公司发行1 500万股普通股股票，该股票每股面值为1元。乙公司在2×16年3月1日的净资产在最终控制方合并财务报表中的账面价值为2 000万元，甲公司在2×16年3月1日资本公积为180万元，盈余公积为100万元，未分配利润为200万元。甲公司取得该项长期股权投资的成本为(　　)万元。

　　A. 1 200　　　　B. 1 500　　　　C. 1 820　　　　D. 480

3. 对同一控制下的企业合并，合并方以发行权益性证券作为合并对价的，下列说法中正确的是(　　)。

　A. 应当在合并日按照取得被合并方所有者权益公允价值的份额作为长期股权投资的初始投资成本，按照发行股份的面值总额作为股本

　B. 应当在合并日按照取得被合并方可辨认净资产公允价值的份额作为长期股权投资的初始投资成本，按照发行股份的面值总额作为股本

　C. 应当在合并日按照取得被合并方所有者权益在最终控制方合并财务报表中的账面价值的份额作为长期股权投资的初始投资成本，按照发行股份的面值总额作为股本

　D. 应当在合并日按照取得被合并方所有者权益账面价值的份额作为长期股权投资的初始投资成本，按照发行股份的面值总额作为股本，长期股权

投资初始投资成本与所发行股份面值总额之间的差额,应当计入当期损益

4. 甲公司出资1 000万元,取得了乙公司80%的控股权,假如购买股权时乙公司的账面净资产在最终控制方合并财务报表中的账面价值为1 500万元,甲、乙公司合并前后同受一方控制。则甲公司确认的长期股权投资成本为(　　)万元。

  A. 1 000   B. 1 500   C. 800   D. 1 200

5. 甲公司以定向增发股票的方式购买同一集团内另一企业持有的A公司80%股权。为取得该股权,甲公司增发2 000万股普通股,每股面值为1元,每股公允价值为5元;支付承销商佣金90万元。取得该股权时,A公司净资产在最终控制方合并财务报表中的账面价值为9 000万元,公允价值为12 000万元。假定甲公司和A公司采用的会计政策相同,甲公司取得该股权时应确认的资本公积为(　　)万元。

  A. 5 110   B. 5 200   C. 7 510   D. 7 600

6. 甲公司于2×16年6月30日取得乙公司100%股权,对其进行控股合并。该项合并中,按照合并合同规定,甲公司需向乙公司原母公司支付账面价值为3 000万元、公允价值为4 600万元的非货币性资产,合并中发生法律咨询等相关费用100万元。购买日,乙公司可辨认净资产公允价值总额为4 900万元。参与合并各方在合并前不存在关联方关系。假定不考虑所得税及其他因素。该项合并对甲公司2×16年利润总额的影响为(　　)万元。

  A. 1 500   B. 1 600   C. 1 700   D. 1 800

7. 甲公司是增值税一般纳税人,适用的增值税税率为17%。2016年1月1日,甲公司以一批原材料对乙公司进行长期股权投资,占乙公司80%的股权。投出的原材料账面余额为5 000万元,公允价值(计税价格)为5 500万元;投资时乙公司可辨认净资产公允价值为11 000万元。假设甲、乙公司不存在关联方关系,属于非同一控制下的企业合并。则甲公司投资时长期股权投资的入账价值为(　　)万元(除增值税外不考虑其他税费)。

  A. 6 600   B. 5 400   C. 5 000   D. 6 435

8. 甲公司出资1 000万元,取得了乙公司80%的控股权,假如购买股权时乙公司的账面净资产价值为1 500万元,甲、乙公司合并前后不受同一方控制。则甲公司确认的长期股权投资成本为(　　)万元。

  A. 1 000   B. 1 500   C. 800   D. 1 200

9. A、B两家公司属于非同一控制下的独立公司。A公司于2×16年7月1日以本企业的固定资产对B公司投资,取得B公司60%的股份。该固定资产原值1 500万元,已计提折旧400万元,已提取减值准备50万元,7月1日该固定资产公允价值为1 300万元。B公司2×16年7月1日所有者权益为2 000万元。A公司取得该项长期股权投资的成本为(　　)万元。

  A. 1 500   B. 1 050   C. 1 300   D. 1 200

10. 非企业合并，且以支付现金取得的长期股权投资，应当按照（　　）作为初始投资成本。

A. 实际支付的购买价款
B. 被投资企业所有者权益账面价值的份额
C. 被投资企业所有者权益公允价值的份额
D. 被投资企业所有者权益

11. 非企业合并，且以发行权益性证券取得的长期股权投资，应当按照发行权益性证券的（　　）作为初始投资成本。

A. 账面价值　　　　　　　　　　B. 公允价值
C. 支付的相关税费　　　　　　　D. 市场价格

12. 投资者投入的长期股权投资，如果合同或协议约定价值是公允的，应当按照（　　）作为初始投资成本。

A. 投资合同或协议约定的价值　　B. 账面价值
C. 公允价值　　　　　　　　　　D. 市场价值

13. 甲公司出资 600 万元，取得了乙公司 60% 的控股权，甲公司对该项长期股权投资应采用（　　）核算。

A. 权益法　　　　　　　　　　　B. 成本法
C. 市价法　　　　　　　　　　　D. 成本与市价孰低法

14. 根据《企业会计准则第 2 号——长期股权投资》的规定，长期股权投资采用权益法核算时，初始投资成本大于应享有被投资单位可辨认资产公允价值份额之间的差额，正确的会计处理是（　　）。

A. 计入投资收益　　　　　　　　B. 冲减资本公积
C. 计入营业外支出　　　　　　　D. 不调整初始投资成本

15. 2016 年 1 月 1 日，甲公司购入乙公司 30% 的普通股权，对乙公司有重大影响，甲公司支付买价 640 万元，同时支付相关税费 4 万元，并准备长期持有。乙公司 2016 年 1 月 1 日的所有者权益账面价值 2 000 万元，公允价值 2 200 万元。甲公司长期股权投资的初始投资成本为（　　）万元。

A. 600　　　　B. 640　　　　C. 644　　　　D. 660

16. 长期股权投资发生下列事项时，不能确认当期损益的是（　　）。

A. 权益法下，被投资单位实现净利润时投资方确认应享有的份额
B. 成本法下，被投资单位实现净利润后分配的现金股利
C. 收到分派的股票股利
D. 处置长期股权投资时，处置收入大于长期股权投资账面价值的差额

17. 甲公司 2×16 年 1 月 1 日以 3 000 万元的价格购入乙公司 30% 的股份，另支付相关费用 15 万元。购入时乙公司可辨认净资产的公允价值为 11 000 万元（假定乙公司各项可辨认资产、负债的公允价值与账面价值相等）。乙公司 2×16 年实现净利润 600 万元。甲公司取得该项投资后对乙公司具有重大影响。假定不考虑其他因素，该投资对甲公司 2×16 年度利润总额的影响为（　　）万元。

A. 285　　　　　B. 180　　　　　C. 465　　　　　D. 480

18. 根据《企业会计准则第 2 号——长期股权投资》的规定，长期股权投资采用权益法核算时，下列各项不会引起长期股权投资账面价值减少的是(　　)。
　　A. 期末被投资单位对外捐赠　　　　B. 被投资单位发生净亏损
　　C. 被投资单位计提盈余公积　　　　D. 被投资单位宣告发放现金股利

19. A 公司 2014 年年初按投资份额出资 180 万元对 B 公司进行长期股权投资，占 B 公司股权比例的 40%，采用权益法核算。投资时 B 公司可辨认净资产的公允价值为 400 万元。当年 B 公司亏损 100 万元；2015 年 B 公司亏损 400 万元；2016 年 B 公司实现净利润 30 万元。假设不存在其他实质上构成对被投资单位净投资的长期权益，也不存在投资企业需要承担的额外损失补偿义务。2016 年 A 公司计入投资收益的金额为(　　)万元。
　　A. 12　　　　　B. 10　　　　　C. 8　　　　　D. 0

20. 投资企业确认被投资单位发生的净亏损，在长期股权投资账面价值减至零后，如果存在其他实质上构成对被投资单位净投资的长期权益，应(　　)。
　　A. 冲减长期股权投资　　　　　B. 计入预计负债
　　C. 冲减长期应收款　　　　　　D. 计入营业外支出

21. 某投资企业于 2016 年 1 月 1 日取得对联营企业 30% 的股权，取得投资时被投资单位的固定资产公允价值为 600 万元，账面价值为 400 万元，固定资产的预计使用年限为 10 年，净残值为零，按照直线法计提折旧。被投资单位 2016 年度利润表中净利润为 1 000 万元。不考虑所得税和其他因素的影响，投资企业按权益法核算 2016 年应确认的投资收益为(　　)万元。
　　A. 300　　　　　B. 294　　　　　C. 309　　　　　D. 210

22. 2015 年 1 月 1 日 A 公司取得 B 公司 30% 股权且具有重大影响，按权益法核算。取得长期投资时，某项长期资产的账面价值为 80 万元，A 公司确认的公允价值为 120 万元，2016 年 12 月 31 日，该资产的可收回金额为 60 万元，B 公司确认了 20 万元减值损失。2016 年 B 公司实现净利润 500 万元，那么，A 公司应确认的投资收益是(　　)万元。
　　A. 150　　　　　B. 144　　　　　C. 138　　　　　D. 162

23. 甲公司 2016 年 6 月 1 日购入乙公司股票进行长期投资，取得乙公司 30% 的股权，采有权益法核算。2016 年 12 月 31 日，该长期股权投资的账面价值为 850 万元，其明细科目的情况如下：成本为 600 万元，损益调整（借方余额）为 200 万元，其他权益变动为 50 万元，假设 2016 年 12 月 31 日该股权投资的可收回金额为 820 万元，2016 年 12 月 31 日下面有关计提该项长期股权投资减值准备的账务处理正确的是(　　)。

　　A. 借：投资收益　　　　　　　　　　　　　　　　　　30
　　　　　贷：长期股权投资减值准备　　　　　　　　　　　　30
　　B. 借：资产减值准备　　　　　　　　　　　　　　　　30
　　　　　贷：长期投资减值准备　　　　　　　　　　　　　　30

C. 借：长期股权投资减值准备　　　　　　　　　　　　30
　　　贷：投资收益　　　　　　　　　　　　　　　　　　　30
D. 借：资产减值损失　　　　　　　　　　　　　　　　30
　　　贷：长期股权投资减值准备　　　　　　　　　　　　　30

24. 2015年年初，甲公司购入乙公司30%的股权，成本为60万元。2015年年末长期股权投资的可收回金额为50万元，故计提了长期股权投资减值准备10万元。2016年年末该项长期股权投资的可收回金额为70万元，则2016年年末甲公司应恢复长期股权投资减值准备(　　)万元。

A. 10　　　　　　B. 20　　　　　　C. 30　　　　　　D. 0

25. 2016年1月1日，M公司以银行存款5 000万元购入N公司40%有表决权股份，能够对N公司施加重大影响。假定取得该项投资时，被投资单位各项可辨认资产、负债的公允价值等于账面价值，双方采用的会计政策、会计期间相同。2016年6月5日，M公司出售商品一批给N公司，商品成本为1 000万元，售价为1 500万元，N公司购入的商品作为存货。至2016年年末，N公司已将从M公司购入的商品的45%出售给外部独立的第三方。N公司2016年实现净利润1 000万元，假定不考虑所得税因素。M公司2016年应确认对N公司的投资收益为(　　)万元。

A. 290　　　　　　B. 100　　　　　　C. 210　　　　　　D. 200

26. 2016年1月1日，甲公司与乙公司商定由乙公司提供土地、甲公司以货币资金出资960万元建造一幢写字楼用于出租，土地的公允价值为960万元。合同约定写字楼建成后，甲公司和乙公司共同控制该项资产并各按50%的比例分享收入、分担费用。2016年12月31日，该写字楼达到预定可使用状态并对外出租，甲公司对投资性房地产采用成本模式进行后续计量，房屋预计使用年限为30年，预计净残值为0，采用直线法计提折旧和摊销。2016年，该房地产共取得租金收入200万元，发生相关管理维护费用30万元。不考虑其他因素，则该项资产对甲公司2016年度利润总额的影响金额为(　　)万元。

A. 200　　　　　　B. 100　　　　　　C. 68　　　　　　D. 53

(二) 多项选择题

1. 企业处置长期股权投资时，正确的处理方法有(　　)。
A. 处置长期股权投资，其账面价值与实际取得价款的差额，应当计入投资收益
B. 处置长期股权投资，其账面价值与实际取得价款的差额，应当计入营业外收入
C. 采用权益法核算的长期股权投资，因被投资单位除确认净损益、利润分配及其他综合收益以外而引起的所有者权益变动而计入所有者权益的，处置该项投资时应当将原计入其他权益的部分按相应比例转入投资收益
D. 采用权益法核算的长期股权投资，因被投资单位除净损益以外所有者权

益的其他变动而计入所有者权益的,处置该项投资时应当将原计入所有者权益的部分全部转入营业外收入

2. 2016年1月2日,甲公司以货币资金取得乙公司30%的股权,初始投资成本为4 000万元;当日,乙公司可辨认净资产公允价值为14 000万元,与其账面价值相同。甲公司取得投资后即派人参与乙公司的生产经营决策,但未能对乙公司形成控制。乙公司2016年实现净利润1 000万元。假定不考虑所得税等其他因素,2016年甲公司下列各项与该项投资相关的会计处理中,正确的有(   )。

A. 确认商誉200万元
B. 确认营业外收入200万元
C. 确认投资收益300万元
D. 确认资本公积200万元

3. 以企业合并的法律形式划分,企业合并包括(   )。

A. 新设合并
B. 非同一控制下的企业合并
C. 控股合并
D. 吸收合并

4. 在同一控制下的企业合并中,合并方取得的净资产账面价值份额与支付的合并对价账面价值(或发行股份面值总额)的差额,可能调整(   )。

A. 盈余公积
B. 资本公积
C. 营业外收入
D. 投资收益

5. 下列各项中,可能构成长期股权投资初始投资成本的有(   )。

A. 权益法下取得长期股权投资发生的手续费

B. 非同一控制下企业合并形成的长期股权投资发生的审计费

C. 非同一控制下企业合并形成的长期股权投资,以发行权益性证券作为对价发生的手续费

D. 非同一控制下企业合并以发行权益性证券方式取得长期股权投资,权益性证券的公允价值

6. 在非企业合并情况下,下列各项中,应作为长期股权投资取得时初始成本入账的有(   )。

A. 投资时支付的不含应收股利的价款

B. 为取得长期股权投资而发生的评估、审计、咨询费

C. 投资时支付的税金及其他必要支出

D. 投资时支付款项中所含的已宣告而尚未领取的现金股利

7. 下列关于合营企业的参与方会计处理正确的是(   )。

A. 合营方对合营企业投资,应当将其划分为长期股权投资进行会计处理

B. 对合营企业不享有共同控制的参与方持有的权益性投资,应当根据其对该合营企业的影响程度进行会计处理

C. 参与方对该合营企业具有重大影响的权益性投资,应当将其划分为长期股权投资进行会计处理

D. 参与方对该合营企业不具有重大影响的权益性投资,应当将其分类为以公允价值计量的交易性金融资产或可供出售金融资产进行会计处理

8. 根据《企业会计准则第2号——长期股权投资》的规定,长期股权投资

采用成本法核算时，下列各项可能会引起长期股权投资账面价值变动的有( )。

A. 追加投资

B. 减少投资

C. 被投资企业实现净利润

D. 被投资企业宣告发放现金股利

9. 下列项目中，投资企业不应确认为投资收益的有( )。

A. 采用成本法核算，被投资企业接受实物资产捐赠

B. 采用成本法核算，被投资企业宣告发放现金股利

C. 采用权益法核算，被投资企业宣告分派股票股利

D. 收到股票投资时被投资企业已宣告发放尚未支付的现金股利

10. 长期股权投资的权益法的适用范围是( )。

A. 投资企业能够对被投资企业实施控制的长期股权投资

B. 投资企业对被投资企业具有共同控制的长期股权投资

C. 投资企业对被投资企业不具有共同控制或重大影响，并且在活跃市场中没有报价、公允价值不能可靠计量的长期股权投资

D. 投资企业对被投资企业具有重大影响的长期股权投资

11. 对长期股权投资采用权益法核算时，被投资企业发生的下列( )事项，投资企业应该调整长期股权投资账面价值。

A. 被投资企业实现净利润

B. 被投资企业宣告分配现金股利

C. 被投资企业购买固定资产

D. 被投资企业计提盈余公积

12. 下列交易或事项形成的所有者权益中，在处置相关资产时应转入当期损益的有( )。

A. 同一控制下控股合并中确认长期股权投资时形成的资本公积

B. 长期股权投资采用权益法核算时形成的资本公积

C. 可供出售金融资产公允价值变动形成的其他综合收益

D. 持有至到期投资重分类为可供出售金融资产时形成的其他综合收益

13. 依据《企业会计准则》的规定，下列表述中正确的有( )。

A. 资本公积中的资本溢价可转增资本

B. 长期股权投资采用权益法核算的，被投资方因确认其他综合收益而引起的所有者权益变动中，投资方按持股比例计算应享有或应分担的份额应计入资本公积——其他资本公积

C. 可供出售金融资产公允价值变动形成的其他综合收益应在处置时转入当期损益

D. 长期股权投资采用权益法核算的，在持股比例不变的情况下，被投资方除确认净损益、利润分配及其他综合收益以外而引起的所有者权益变动，

应当确认为资本公积——其他资本公积

14. 长期股权投资采用权益法核算的,下列各项中,属于投资企业确认投资收益应考虑的因素有(   )。

A. 被投资单位实现净利润

B. 对于投资企业与被投资企业之间发生的未实现内部交易损益

C. 被投资单位宣告分派现金股利

D. 投资时被投资单位各项资产公允价值与账面价值的差额

15. 下列关于权益法的核算叙述中,正确的有(   )。

A. 投资企业按应享有或应分担的被投资单位实现的净损益的份额,确认投资收益,同时相应调整长期股权投资的账面价值

B. 长期股权投资的初始投资成本大于投资时应享有被投资单位可辨认净资产公允价值的,差额计入商誉之中,同时调整长期股权投资成本

C. 如果被投资方发生净亏损,则投资方应先相应冲减长期股权投资的账面价值,账面价值不够冲的,再冲减资本公积和留存收益

D. 投资企业在确认应享有被投资单位净损益的份额时,被投资单位采用的会计政策及会计期间与投资企业不一致的,应当按照投资企业的会计政策及会计期间对被投资单位的财务报表进行调整,并据以确认投资损益

16. 下列有关长期股权投资的论述中不正确的有(   )。

A. 同一控制下的企业合并形成的长期股权投资,合并方以支付现金、转让非现金资产或承担债务方式为合并对价的,应当在合并日按照取得被合并方所有者权益公允价值的份额作为长期股权投资的初始投资成本

B. 长期股权投资采用成本法核算时,如果被投资方没有分配现金股利,则不需要确认投资收益

C. 根据《企业会计准则第2号——长期股权投资》,企业无论以何种方式取得长期股权投资,实际支付的价款或对价中包含的已宣告但尚未领取的现金股利或利润,应计入长期股权投资的成本

D. 投资企业收到被投资单位分派的股票股利时,只会引起股份数量的变化,不会引起所有者权益金额的变化,所以,投资企业应于除权日在备查账簿中登记收到的股票数量

17. 下列情形中,根据《企业会计准则》规定,甲公司应对所持有的乙公司长期股权投资采用权益法核算的有(   )。

A. 甲公司在乙公司董事会中拥有52%的表决权

B. 甲公司能够控制乙公司

C. 甲公司与丙公司共同控制乙公司

D. 乙公司的生产经营活动依赖甲公司的技术资料,甲公司能对乙公司施加重大影响

18. 下列关于合营安排的说法中,正确的是(   )。

A. 合营安排分为共同经营和合营企业

B. 未通过单独主体达成的合营安排，应当划分为共同经营
C. 通过单独主体达成的合营安排，通常被划分为合营企业
D. 合营企业应当具有单独可辨认的财务架构的主体，包括单独的法人主体和不具备法人主体资格但法律认可的主体

(三) 判断题

1. 在企业合并形成的长期股权投资中，合并方为进行企业合并而发生的各项直接相关的费用均不计入投资成本，而应计入发生当期的损益。(   )

2. 在采用权益法核算的情况下，投资企业应于被投资单位宣告分派利润时，按持有表决权资本比例计算应分得的利润，确认投资收益，并调整长期股权投资的账面价值。(   )

3. 投资企业对其实质上控制的被投资企业进行的长期股权投资，在编制其个别财务报表和合并财务报表时均应采用权益法核算。(   )

4. 企业无论以何种方式取得长期股权投资，实际支付的价款或对价中包含的已宣告但尚未领取的现金股利或利润，均应计入长期股权投资的成本。(   )

5. 处置长期股权投资，其账面价值与实际取得价款的差额，应当计入当期损益。采用权益法核算的长期股权投资，因被投资单位其他权益的变动而计入所有者权益的，处置该项投资时应当将原计入所有者权益的部分按相应的比例转入营业外收入。(   )

6. 投资企业确认应分担被投资单位发生的损失，原则上应先将长期股权投资减记至零，其次确认投资企业负有的额外损失义务。(   )

7. 同一控制下的企业合并形成的长期股权投资，合并方以支付现金、转让非现金资产或承担债务方式作为合并对价的，应当在合并日按照取得被合并方所有者权益公允价值的份额作为长期股权投资的初始投资成本。(   )

8. 在确定能否对被投资单位实施控制或施加重大影响时，应当考虑投资企业和其他方持有的被投资单位当期可转换公司债券、当期可执行认股权证等潜在表决权因素。(   )

9. 投资企业收到被投资单位分派的股票股利时，只会引起股份数量的变化，不会引起所有者权益金额的变化，所以，除权日投资企业应在备查账簿中登记收到的股票数量。(   )

10. 长期股权投资采用成本法核算时，如果没有分派现金股利，则不需要确认投资收益，如果分派现金股利，则直接冲减投资成本。(   )

11. A公司购入B公司35%的股份，买价322 000元，其中含有已宣告发放但尚未领取的现金股利8 000元。那么，A公司取得长期股权投资的成本为322 000元。(   )

12. A企业拥有B公司10%的股份同时持有当期可转换为普通股的B公司债券，若考虑转换后的综合持股水平，有能力对该被投资单位的生产、经营决策施加重大影响，则该投资企业应当采用权益法核算。(   )

13. 考虑现行可执行被投资单位潜在表决权的影响，不仅为了确定投资企业对被投资单位的影响能力，也是为了确定投资企业享有或承担被投资单位净损益的份额。（   ）

14. 投资企业在采用权益法确认投资收益时，应抵销与其联营企业及合营企业之间发生的未实现内部交易损益。（   ）

15. 投资企业与其联营企业及合营企业之间因顺流交易产生的未实现内部交易损益，应予以抵销，逆流交易不需要抵销。（   ）

（四）计算及账务处理题

1. 假设鹭江公司在 2015~2016 年发生下列经济业务：

（1）2015 年 1 月 1 日，以 150 万元购入 A 公司 60% 的股权，并准备长期持有；

（2）A 公司 2015 年 3 月 1 日宣告分派现金股利 100 万元；

（3）A 公司 2016 年实现净利润 500 万元；

（4）A 公司 2016 年 3 月 2 日分派现金股利 200 万元。

要求：假设该合并为非同一控制下企业合并，请编制鹭江公司采用成本法核算的会计分录（以万元为单位）。

2. 鹭江公司 2×13~2×16 年发生下列与长期股权投资相关的业务：

（1）2×13 年 1 月 1 日以银行存款 1 900 万元对东方公司投资，占东方公司注册资本的 20% 并具有重大影响。2×13 年 1 月 1 日东方公司可辨认净资产账面价值与公允价值均为 10 000 万元。鹭江公司按权益法核算对东方公司的投资。

（2）2×13 年 3 月东方公司宣告分配 2×12 年现金股利 300 万元。

（3）2×13 年末东方公司实现净利润 1 000 万元。

（4）2×14 年 4 月东方公司宣告分配 2×13 年现金股利 400 万元。

（5）2×14 年东方公司因可供出售金融资产公允价值变动增加其他综合收益 50 万元；因接受股东实质资本性投入的捐赠计入资本公积 30 万元。

（6）2×15 年东方公司发生净亏损 600 万元。

（7）2×16 年东方公司取得净利润 800 万元。

要求：编制鹭江公司上述业务的会计分录（假设投资期间，未发生内部交易，金额单位以万元表示）。

3. 鹭江公司于 2014 年 1 月 1 日以 1 035 万元（含支付的相关费用 1 万元）购入 B 公司股票 400 万股，每股面值 1 元，占 B 公司实际发行在外普通股股数的 30%，鹭江公司采用权益法核算此项投资。2014 年 1 月 1 日 B 公司可辨认净资产公允价值为 3 000 万元，其中，固定资产的公允价值为 300 万元，账面价值为 200 万元，固定资产的预计使用年限为 10 年，净残值为零，按照直线法计提折旧，2014 年 1 月 1 日 B 公司的无形资产公允价值为 100 万元，账面价值为 50 万元，无形资产的预计使用年限为 5 年，净残值为零，按照直线法摊销。2014 年 B 公司实现净利润 200 万元，提取盈余公积 40 万元。2015 年 B 公司发生亏损 4 000

万元，2015 年 B 公司因可供出售金融资产公允价值变动，增加其他综合收益 100 万元。2016 年 B 公司实现净利润 520 万元。假定不考虑所得税和其他事项。

要求：进行鹭江公司上述有关投资业务的会计处理（金额单位以万元表示，假设投资期间，未发生内部交易，双方的会计政策会计期间相同，不存在其他实质上构成对被投资单位净投资的长期权益，投资企业不存在承担额外损失义务情况）。

4. 鹭江公司 2013～2016 年投资业务的有关资料如下：

（1）2013 年 11 月 1 日，鹭江公司与 H 股份有限公司（以下简称"H 公司"）签订股权转让协议。该股权转让协议规定：鹭江公司收购 H 公司股份总额的 30% 且能对 H 公司实施重大影响，收购价格为 270 万元，收购价款于协议生效后以银行存款支付。

该股权协议生效日为 2014 年 1 月 1 日。该股权转让协议于 2013 年 12 月 25 日分别经鹭江公司和 H 公司临时股东大会审议通过，并依法报经有关部门批准。

（2）2014 年 1 月 1 日，H 公司股东权益账面价值与公允价值均为 800 万元，其中股本为 400 万元，资本公积为 100 万元，未分配利润为 300 万元（均为 2013 年度实现的净利润）。

（3）2014 年 1 月 1 日，H 公司董事会提出 2013 年利润分配方案。该方案如下：按实现净利润的 10% 提取法定盈余公积，不分配现金股利。

（4）2014 年 1 月 1 日，鹭江公司以银行存款支付收购股权价款 270 万元，并办理了相关的股权划转手续。投资时，H 公司资产、负债的账面价值与其公允价值相同。

（5）2014 年 5 月 1 日，H 公司股东大会通过 2013 年度利润分配方案。该分配方案如下：按实现净利润的 10% 提取法定盈余公积；分配现金股利 200 万元。

（6）2014 年 6 月 5 日，鹭江公司收到 H 公司分派的现金股利。

（7）2014 年 6 月 12 日，H 公司因结转专项应付款，由此确认增加资本公积 80 万元。

（8）2014 年度，H 公司实现净利润 400 万元。

（9）2015 年 5 月 4 日 H 公司股东大会通过 2014 年度利润分配方案。该方案如下：按实现净利润的 10% 提取法定盈余公积；不分配现金股利。

（10）2015 年度，H 公司发生净亏损 200 万元。

（11）2015 年 12 月 31 日，鹭江公司对 H 公司投资的预计可收回金额为 254 万元。

（12）2016 年 1 月 5 日，鹭江公司将其持有的 H 公司股份全部对外转让，转让价款 250 万元，相关的股权划转手续已办妥，转让价款已存入银行，假定鹭江公司在转让股份过程中没有发生相关税费。

要求：

（1）确定鹭江公司收购 H 公司股权交易中的"股权转让日"；

（2）编制鹭江公司上述经济业务有关的会计分录（"长期股权投资"科目要

求列出明细科目，答案中的金额单位用万元表示，假设未发生内部交易，双方会计政策及会计期间相同）。

5. 鹭江公司于2016年1月1日以1 100万（含支付的相关费用1万元）购入Y公司股票300万股，每股面值1元，占Y公司实际发行在外普通股数的40%，鹭江公司采用权益法核算此项投资。

2016年1月1日Y公司可辨认净资产公允价值为3 000万元。取得投资时Y公司的某项固定资产公允价值为500万元，账面价值400万元，固定资产尚可使用年限为10年，净残值为零，按照直线法计提折旧。2016年1月1日Y公司某项无形资产公允价值为200万元，账面价值100万元，无形资产的尚可使用年限为5年，净残值为零，按照直线法摊销。

2016年12月15日，鹭江公司将其成本为100万元的某商品以120万元的价格出售给Y公司，至2016年的资产负债表日，该批存货尚未对外部第三方出售。

2016年Y公司实现净利润为230万元，提取盈余公积40万元，因可供出售金融资产公允价值下降变动计入其他综合收益50万元（借方）。2017年3月Y公司宣告分派现金股利每股0.2元，鹭江公司收到后存入银行。

要求：编制鹭江公司上述有关投资业务的会计分录（长期股权投资需写出明细科目，金额单位以万元表示）。

二、练习题参考答案

（一）单项选择题

1. A 2. A 3. C 4. D 5. A 6. A 7. D 8. A 9. C 10. A 11. B 12. A
13. B 14. D 15. C 16. C 17. C 18. C 19. D 20. C 21. B 22. C
23. D 24. D 25. A 26. D

（二）多项选择题

1. AC 2. BC 3. ACD 4. AB 5. AD 6. ABC 7. ABCD 8. AB 9. ACD
10. BD 11. AB 12. BCD 13. ACD 14. ABD 15. AD 16. AC 17. CD
18. ABCD

（三）判断题

1. √ 2. × 3. × 4. × 5. × 6. × 7. × 8. √ 9. √ 10. × 11. ×
12. √ 13. × 14. √ 15. ×

（四）计算及账务处理题

1. 鹭江公司的会计处理如下：
（1）取得投资时：

借：长期股权投资——A 公司 150
　　贷：银行存款 150

（2）A 公司 2015 年 3 月 1 日宣告分派现金股利 100 万元时：

借：应收股利 60
　　贷：投资收益 （100×60%）60

（3）A 公司 2016 年实现净利润 500 万元时，鹭江公司不作会计处理。

（4）A 公司 2016 年 3 月 2 日宣告分派现金股利时：

借：应收股利 120
　　贷：投资收益 （200×60%）120

2. 鹭江公司会计处理如下：

（1）借：长期股权投资——东方公司（投资成本） 1 900
　　　贷：银行存款 1900
　　借：长期股权投资——东方公司（投资成本） 100
　　　贷：营业外收入 100

（2）借：应收股利 60
　　　贷：长期股权投资——东方公司（损益调整）
　　　　　　　　　　　　　　　　　　（300×20%）60

（3）借：长期股权投资——东方公司（损益调整） 200
　　　贷：投资收益 （1 000×20%）200

（4）借：应收股利 80
　　　贷：长期股权投资——东方公司（损益调整）
　　　　　　　　　　　　　　　　　　（400×20%）80

（5）借：长期股权投资——东方公司（其他综合收益） 10
　　　贷：其他综合收益 （50×20%）10
　　借：长期股权投资——东方公司（其他权益变动） 6
　　　贷：资本公积——其他资本公积 （30×20%）6

（6）借：投资收益 120
　　　贷：长期股权投资——东方公司（损益调整）
　　　　　　　　　　　　　　　　　　（600×20%）120

（7）借：长期股权投资——东方公司（损益调整） 160
　　　贷：投资收益 （800×20%）160

3. 鹭江公司的会计处理如下：

（1）2014 年 1 月 1 日投资：

借：长期股权投资——B 公司（投资成本） 1 035
　　贷：银行存款 1 035

长期股权投资的初始投资成本 1 035 万元，大于投资时应享有被投资单位可辨认净资产公允价值份额 900 万元（3 000×30%），不调整长期股权投资的初始投资成本。

(2) 调整 2014 年 B 公司实现净利润：

2014 年 B 公司按固定资产和无形资产的公允价值计算的净利润
$$= 200 - (300 - 200) \div 10 - (100 - 50) \div 5 = 180（万元）$$

鹭江公司应确认的投资收益 $= 180 \times 30\% = 54$（万元）

借：长期股权投资——B 公司（损益调整）   54
    贷：投资收益   54

(3) B 公司提取盈余公积，A 公司不需要进行账务处理。

(4) B 公司增加其他综合收益 100 万元：

借：长期股权投资——B 公司（其他综合收益）   30
    贷：其他综合收益   30

(5) 调整 2015 年 B 公司亏损：

2015 年 B 公司按固定资产和无形资产的公允价值计算的净亏损
$$= 4\,000 + (300 - 200) \div 10 + (100 - 50) \div 5 = 4\,020（万元）$$

在调整亏损前，鹭江公司对 B 公司长期股权投资的账面余额 $= 1\,035 + 54 + 30 = 1\,119$（万元）。当被投资单位发生亏损时，投资企业应以投资账面价值减记至零为限，因此应调整的数额为 1 119 万元，而不是 1 206 万元（$4\,020 \times 30\%$）

借：投资收益   1 119
    贷：长期股权投资——B 公司（投资成本）   1 035
           ——B 公司（损益调整）   54
           ——B 公司（其他综合收益）   30

备查账中应记录未减记的长期股权投资 87 万元（$1\,206 - 1\,119$）。

(6) 调整 2016 年 B 公司实现净利润：

2016 年 B 公司按固定资产和无形资产的公允价值计算的净利润
$$= 520 - (300 - 200) \div 10 - (100 - 50) \div 5 = 500（万元）$$

借：长期股权投资——B 公司（损益调整）   63
    贷：投资收益   ($500 \times 30\% - 87$) 63

4.

(1) 鹭江公司收购 H 公司股权交易中的"股权转让日"为 2014 年 1 月 1 日。

(2) 鹭江公司的会计分录：

①借：长期股权投资——H 公司（投资成本）   270
    贷：银行存款   270

鹭江公司取得的被投资单位可辨认净资产份额 $= 800 \times 30\% = 240$ 万元，小于初始投资成本，不调整初始投资成本。

②借：应收股利   60
    贷：长期股权投资——H 公司（损益调整）   ($200 \times 30\%$) 60

③借：银行存款   60
    贷：应收股利   60

④借：长期股权投资——H公司（其他权益变动）　　　　　　24
　　贷：资本公积——其他资本公积　　　　　　（80×30%）24
⑤借：长期股权投资——H公司（损益调整）　　　　　　　120
　　贷：投资收益　　　　　　　　　　　　　（400×30%）120
⑥借：投资收益　　　　　　　　　　　　　　　　　　　　60
　　贷：长期股权投资——H公司（损益调整）　　（200×30%）60
⑦长期股权投资账面余额294万元（270-60+120-60+24），可收回金额254万元，需计提长期投资减值准备40万元。
　　借：资产减值损失　　　　　　　　　　　　　　　　　　40
　　　贷：长期股权投资减值准备　　　　　　　　　　　　　40
⑧借：银行存款　　　　　　　　　　　　　　　　　　　　250
　　　长期股权投资减值准备　　　　　　　　　　　　　　　40
　　　投资收益　　　　　　　　　　　　　　　　　　　　　4
　　贷：长期股权投资——H公司（投资成本）　　　　　　　270
　　　　　　　——H公司（其他权益变动）　　　　　　　　24
　　借：资本公积——其他资本公积　　　　　　　　　　　　24
　　　贷：投资收益　　　　　　　　　　　　　　　　　　　24

5. 鹭江公司的会计分录如下：

（1）2016年年初投资时：
借：长期股权投资——Y公司（投资成本）　　　　　　1 100
　贷：银行存款　　　　　　　　　　　　　　　　　　1 100

初始投资成本1 100万元，小于鹭江公司投资时享有的Y公司可辨认净资产公允价值的份额3 000×40%=1 200万元，差额应调整初始投资成本。

借：长期股权投资——Y公司（投资成本）　　　　　　　100
　贷：营业外收入　　　　　　　　　　　　　　　　　　100

（2）2016年年末：
调整后净利润=调整前净利润230-折旧调整（50-40）-摊销调整（40-20）
　　　　　　-未实现内部交易损益调整（120-100）=180（万元）
借：长期股权投资——Y公司（损益调整）　　　　　　　72
　贷：投资收益　　　　　　　　　　　　　　（180×40%）72
借：其他综合收益　　　　　　　　　　　　　　　　　　20
　贷：长期股权投资——Y公司（其他综合收益）（50×40%）20

（3）2017年3月分配现金股利时：
借：应收股利　　　　　　　　　　　　　　（300×0.2）60
　贷：长期股权投资——Y公司（损益调整）　　　　　　　60
借：银行存款　　　　　　　　　　　　　　　　　　　　60
　贷：应收股利　　　　　　　　　　　　　　　　　　　60

三、案例分析题

【案例】

长期股权投资核算方法的转换及重分类

鹭江公司和北海湾公司为增值税一般纳税企业，适用的增值税税率为17%，所得税采用资产负债表债务法核算，适用的所得税税率为25%。其他有关资料如下：

1. 鹭江公司于2014年1月1日取得北海湾公司10%的股权，成本为6 200万元，对被投资单位不具有重大影响，鹭江公司将其作为以公允价值计量且其变动计入其他综合收益的金融资产（可供出售金融资产）进行管理，2014年12月31日，该可供出售金融资产的账面价值为7 000万元。

2. 2015年7月1日，鹭江公司又以14 700万元的价格取得北海湾公司20%的股权，当日北海湾公司可辨认净资产公允价值总额为75 000万元。取得该部分股权后，按照北海湾公司章程规定，鹭江公司能够派人参与北海湾公司生产经营决策，能够对被投资单位施加重大影响。当日，可供出售金融资产的公允价值为8 000万元。2015年7月1日，北海湾公司除一批存货的公允价值和账面价值不同外，其他资产的公允价值和账面价值相等。该批存货的公允价值为1 500万元，账面价值为1 000万元，2015年北海湾公司将上述存货对外销售80%，剩余存货在2016年全部对外销售。

3. 2015年下半年北海湾公司实现净利润5 000万元。2015年11月北海湾公司向鹭江公司销售一批商品，售价为500万元，成本为300万元，鹭江公司购入后将其作为存货，至2015年12月31日，鹭江公司尚未将上述商品对外出售，2016年鹭江公司将上述商品全部对外出售。

4. 2016年北海湾公司实现净利润8 000万元，分派并支付现金股利3 000万元。

5. 2016年北海湾公司可供出售金融资产公允价值变动100万元（借方）。

6. 2017年1月1日，鹭江公司又以25 500万元的价款取得北海湾公司30%股权，假设投资方因追加投资形成非同一控制下的企业合并。

要求：
对上述案例进行分析并做出相应的会计处理。

【案例分析】

1. （1）2014年1月1日取得北海湾公司10%的股权
   借：可供出售金融资产——北海湾公司（成本）   62 000 000
       贷：银行存款   62 000 000

   （2）2014年12月31日，确认公允价值变动

借：可供出售金融资产——北海湾公司（公允价值变动）
　　　　　　　　　　　　　　　　　　　　　8 000 000
　　贷：其他综合收益　　　　　　　　　　　8 000 000

2. 追加投资形成重大影响，应将可供出售金融资产重新分类为长期股权投资，原持有的股权投资的公允价值加上新增投资成本之和，作为改按权益法核算的初始投资成本。原持有的股权投资分类为可供出售金融资产的，其公允价值与账面价值之间的差额，以及原计入其他综合收益的累计公允价值变动应当转入改按权益法核算的当期损益。

2015年7月1日，鹭江股份有限公司的账务处理如下：

借：长期股权投资——北海湾公司（投资成本）　　227 000 000
　　贷：可供出售金融资产——北海湾公司（成本）　62 000 000
　　　　　　　　　　　　——北海湾公司（公允价值变动）
　　　　　　　　　　　　　　　　　　　　　　　　8 000 000
　　　　投资收益　　　　　　　　　　　　　　　10 000 000
　　　　银行存款　　　　　　　　　　　　　　　147 000 000
借：其他综合收益　　　　　　　　　　　　　　　8 000 000
　　贷：投资收益　　　　　　　　　　　　　　　8 000 000

采用权益法核算的长期股权投资初始投资成本为22 700万元，大于重分类日按照持股比例计算确定应享有被投资单位可辨认净资产公允价值的份额22 500万元（75 000×30%），该差额为投资作价中体现出的商誉，该部分商誉不要求调整长期股权投资的成本。

3. 调整2015年北海湾公司下半年实现的净利润应确认投资收益
= [5 000 − (1 500 − 1 000) × 80% − (500 − 300)] × 30% = 1 320（万元）
借：长期股权投资——北海湾公司（损益调整）　　1 320
　　贷：投资收益　　　　　　　　　　　　　　　1 320

4. 2016年应确认投资收益
= [8 000 − (1 500 − 1 000) × 20% + (500 − 300)] × 30% = 2 430（万元）
借：长期股权投资——北海湾公司（损益调整）　　2 430
　　贷：投资收益　　　　　　　　　　　　　　　2 430
借：应收股利　　　　　　　　　　　　　　　　　900
　　贷：长期股权投资——北海湾公司（损益调整）　900
借：银行存款　　　　　　　　　　　　　　　　　900
　　贷：应收股利　　　　　　　　　　　　　　　900

5. 借：长期股权投资——B公司（其他综合收益）　300 000
　　贷：其他综合收益　　　　　　　　　　　　　300 000

6. 追加投资形成控制，长期股权投资由权益法转为成本法

追加投资形成非同一控制下企业合并的，应当按照原持有的股权投资账面价值加上新增投资成本之和，作为改按成本法核算的初始投资成本。购买日之前持

有的股权投资因采用权益法核算而确认的其他综合收益，暂时不进行会计处理，应当在处置该项投资时进行会计处理。

成本法下的初始投资成本 = 22 700 + 2 850 + 30 + 25 500 = 51 080（万元）

借：长期股权投资——B 公司　　　　　　　　　　　510 800 000
　　贷：长期股权投资——B 公司（投资成本）　　　227 000 000
　　　　　　　　　　——B 公司（损益调整）　　　 28 500 000
　　　　　　　　　　——B 公司（其他综合收益）　　　300 000
　　　　银行存款　　　　　　　　　　　　　　　　255 000 000

第六章 固定资产

一、练习题

(一) 单项选择题

1. 下列各项中，不属于固定资产特征的有(　　)。
   A. 为生产商品、提供劳务、出租或经营管理而持有
   B. 使用寿命超过一个会计年度
   C. 金额超过 2 000 元
   D. 属于有形资产

2. 外购的固定资产成本不包括以下哪个项目(　　)。
   A. 固定资产买价　　　　　　　　B. 可抵扣的增值税进项税额
   C. 固定资产运杂费　　　　　　　D. 固定资产安装成本

3. 企业购入固定资产如果超过正常信用条件延期支付价款，实质上具有融资性质的，按购买价款的现值，借记"固定资产"科目或"在建工程"科目，按应支付的金额，贷记"长期应付款"科目，按其差额，借记(　　)科目。
   A. "未确认融资费用"　　　　　　B. "财务费用"
   C. "销售费用"　　　　　　　　　D. "管理费用"

4. A 公司 2×16 年 1 月 1 日从 B 公司购买一台不需安装的设备，作为固定资产使用，合同约定该设备的总价款为 3 000 万元，分三年支付，每年的 12 月 31 日需要支付 1 000 万元，假设 A 公司三年期银行贷款利率为 5%，那么 2×16 年 1 月 1 日 A 公司应确认"未确认融资费用"金额为(　　)万元（已知：(P/A, 5%, 3) = 2.7232）。
   A. 278.6　　　　B. 286.7　　　　C. 276.8　　　　D. 268.7

5. A 公司 2×16 年 1 月 1 日从 B 公司购买一台不需安装的设备，作为固定资产使用，合同约定该设备的总价款为 3 000 万元，分三年支付，每年的 12 月 31 日需要支付 1 000 万元，假设 A 公司三年期银行贷款利率为 5%，那么 2×16 年 12 月 31 日 A 公司"未确认融资费用"的摊销金额为(　　)万元（已知：(P/A, 5%, 3) = 2.7232）。
   A. 136.16　　　　　　　　　　　B. 92.97

C. 276.8　　　　　　　　　　　　D. 105.87

6. 下列关于自行建造固定资产会计处理的表述中,正确的是(　　)。

　A. 为建造固定资产支付的职工薪酬,计入当期损益

　B. 企业自营方式建造固定资产,发生的工程成本通过"固定资产"科目核算

　C. 工程完工后发生的工程物资报废、毁损,冲减固定资产建造成本

　D. 已达到预定可使用状态但尚未办理竣工结算的固定资产按暂估价值入账

7. 2016年5月1日后发生的不动产在建工程,其进项税额从销项税额中抵扣的比例为(　　)。

　A. 第一年抵扣比例为60%,第二年抵扣比例为40%

　B. 第一年抵扣比例为40%,第二年抵扣比例为60%

　C. 第一年抵扣比例为70%,第二年抵扣比例为30%

　D. 视不同的情况而定

8. 甲公司自行建造某大型设备,建造过程中发生外购设备和材料费300万元,人工成本80万元,达到预定可使用状态前发生的借款费用60万元(达到预定可使用状态后发生的借款费用20万元),安装费用100万元,为达到正常运转发生测试费用30万元,外聘专业人员服务费用50万元,则建造该项固定资产的成本为(　　)万元(不考虑相关税费)。

　A. 640　　　　　　　　　　　　B. 620
　C. 570　　　　　　　　　　　　D. 580

9. 投资者投入固定资产的成本,应当按照(　　)作为固定资产的入账价值。

　A. 投资合同或协议约定的价格　　B. 固定资产原价
　C. 固定资产市场价值　　　　　　D. 固定资产净值

10. 以下关于固定资产盘盈的会计处理,正确的是(　　)。

　A. 按账面价值减去按新旧程度估计损耗后的余额计入"营业外收入"

　B. 按账面价值减去按新旧程度估计损耗后的余额计入"其他业务收入"

　C. 作为前期差错,通过"以前年度损益调整"科目核算

　D. 作为会计估计变更处理

11. 某核电站以10 000万元建造一项核设施,现已达到预定可使用状态,预计在使用寿命届满时,为恢复环境预计将发生弃置费用1 000万元,该弃置费用按实际利率折现后的金额为620万元。该核设施的入账价值为(　　)万元。

　A. 9 000　　　　　　　　　　　B. 9 380
　C. 10 620　　　　　　　　　　 D. 11 000

12. 下列各项固定资产中,应计提折旧的是(　　)。

　A. 当月购入的固定资产　　　　　B. 当月报废的固定资产
　C. 超龄使用的固定资产　　　　　D. 经营租入的固定资产

13. 某公司2×16年5月初固定资产原值为100 000元,5月增加固定资产12 000元,减少固定资产10 000元,若月折旧率为2%,则5月应计提的固定资产

折旧额为( )元。

A. 2 000
B. 2 400
C. 2 040
D. 2 240

14. 某项固定资产的原价为16 500元,预计使用年限为5年,预计净残值为500元,采用双倍余额递减法计提折旧,该固定资产第4年应计提的折旧额为( )元。

A. 1 782
B. 2 376
C. 1 532
D. 1 425.6

15. 甲公司一台设备的原价为300 000元,预计使用年限为5年,预计净残值率为3%,采用双倍余额递减法计提折旧。该设备在使用3年6个月后提前报废,报废时发生清理费用5 000元,取得残值收入8 000元。则该设备报废对企业报废当期税前利润的影响额为减少( )元。

A. 48 840
B. 47 850
C. 50 850
D. 31 900

16. 某项固定资产使用年限为5年,采用年数总和法计提折旧,第2年的年折旧率为( )。

A. 20%
B. 33.33%
C. 40%
D. 26.67%

17. 某公司2×16年9月20日自行建造的一条生产线投入使用。该生产线建造成本为740万元,预计使用年限为5年,预计净残值为20万元,采用年数和总和法计提折旧,2×17年该生产线应计提的折旧额为( )万元。

A. 224
B. 240
C. 228
D. 192

18. 某公司2×16年12月购入一项固定资产,原价为600万元,预计使用年限为10年,预计净残值为零,采用年限平均法计提折旧。2×20年1月,该公司对该固定资产的某一主要部件进行更换,被更换的部件原价为300万元,新部件购价为360万元,另需支付安装费用40万元,符合固定资产资本化条件。更换部件后,该项固定资产的入账价值为( )万元。

A. 1 000
B. 720
C. 820
D. 610

19. 某公司对一座建筑物进行改建。该建筑物的原价为120万元,已提折旧为70万元,改建过程中发生支出40万元,取得变价收入6万元。该建筑物改建后的入账价值为( )万元。

A. 160
B. 90
C. 154
D. 84

20. 某公司对一项固定资产进行清理,该固定资产原价为110万元,累计折旧为70万元,以银行存款支付清理费用5万元,收到残料变卖收入50万元,该固定资产的清理净收入为( )万元。

A. 2.5 B. 7.5
C. 5   D. -2.5

21. 企业处置固定资产一般通过(　　)科目。
    A. 营业外支出   B. 投资收益
    C. 营业外收入   D. 固定资产清理

22. 某公司2×16年5月一项设备发生毁损，共计损失360万元，收到保险公司赔款40万元，相关责任人甲赔款5万元。该公司由于这次损失计入营业外支出的金额为(　　)万元。
    A. 315   B. 320
    C. 325   D. 360

23. 关于固定资产处置，下列说法中正确的有(　　)。
    A. 当固定资产满足"处于处置状态"或"该固定资产预期通过使用或处置不能产生经济利益"条件时，应当予以终止确认
    B. 固定资产的账面价值是固定资产原价扣除累计折旧后的金额
    C. 固定资产清理完成，属于生产经营期间正常的处理损失，计入管理费用
    D. 划归为持有待售的固定资产照提折旧和计提减值准备

24. 某企业管理部门于2×16年12月2日增加一项固定资产，原始价值为75 000元，预计使用5年，预计净残值率4%，采用双倍余额递减法计提折旧。至2×18年年末，根据职业判断，该项固定资产发生减值，可回收金额为21 000元。该项固定资产对企业2×18年的损益影响金额为(　　)元。
    A. 18 000   B. 24 000
    C. 17 280   D. 25 200

(二) 多项选择题

1. 下列各项中，符合固定资产确认条件的有(　　)。
   A. 该固定资产的成本能够可靠的计量
   B. 该固定资产为生产商品、提供劳务、出租或经营管理而持有
   C. 与该固定资产有关的经济利益可能流入企业
   D. 与该固定资产有关的经济利益很可能流入企业

2. 企业外购不需安装的固定资产的成本，包括(　　)。
   A. 买价   B. 运杂费和保险费
   C. 进口关税   D. 可抵扣的增值税进项税额

3. 企业购入固定资产如果超过正常信用条件延期支付价款，实质上具有融资性质的，下列说法中正确的是(　　)。
   A. 固定资产的成本以各期付款额之和确定
   B. 固定资产的成本以各期付款额的现值之和确定
   C. 各期实际支付的价款之和与购买价款的现值之间的差额，在达到预计可使用状态之前，无论是否符合资本化条件，均应在信用期间内计入当期

损益

D. 各期实际支付的价款之和与购买价款的现值之间的差额,符合资本化条件的,应当通过在建工程计入固定资产成本,其余部分应当在信用期间内确认为财务费用,计入当期损益

4. 企业以自营方式建造的固定资产,有关工程物资的核算正确的是( )。

A. 工程完工后剩余的工程物资转作企业存货的,按其实际成本或计划成本进行结转

B. 高危行业企业按照国家规定提取的安全生产费,应当计入相关产品的成本或当期损益

C. 领用工程物资、原材料或库存商品,应按其实际成本转入所建工程成本

D. 发生的工程物资盘亏、报废、毁损的净损失,计入工程成本

5. 下列固定资产中,不需要计提折旧的有( )。

A. 单独估价入账的土地

B. 当月减少的固定资产

C. 当月增加的固定资产

D. 未提足折旧提前报废的固定资产

6. 下列固定资产中,不需要计提折旧的有( )。

A. 季节性停用的固定资产

B. 已提足折旧仍继续使用的固定资产

C. 当月增加的固定资产

D. 闲置的固定资产

7. 下列有关固定资产折旧的会计处理中,不正确的是( )。

A. 固定资产应当按年计提折旧

B. 提前报废的固定资产,要补提折旧

C. 已达到预定可使用状态但尚未办理竣工决算的固定资产,暂不计提折旧

D. 固定资产提足折旧后,不论是否继续使用,均不再计提折旧

8. 下列机器设备中,应计提折旧的有( )。

A. 融资租入的机器设备

B. 以经营租赁方式租出的机器设备

C. 季节性停用的机器设备

D. 已提足折旧但继续使用的机器设备

9. 下列项目中,属于影响固定资产计提折旧的因素的有( )。

A. 固定资产原价 B. 固定资产使用年限

C. 固定资产预计净残值 D. 固定资产减值准备

10. 下列关于固定资产的使用寿命、预计净残值和折旧方法的表述中,正确的是( )。

A. 企业至少应当于每年度终了对固定资产使用寿命、预计净残值进行复核

B. 使用寿命预计数与原先估计数有差异的,应调整固定资产使用寿命

C. 预计净残值预计数与原先估计数有差异的，应调整预计净残值

D. 企业应根据与固定资产有关的经济利益的预期实现方式，合理选择折旧方法

11. 下列各种折旧方法中，体现谨慎性原则的有（　　）。

   A. 双倍余额递减法　　　　　　　　B. 平均年限法
   C. 年数总和法　　　　　　　　　　D. 工作量法

12. 双倍余额递减法和年数总和法这两种固定资产折旧方法的共同点包括（　　）。

   A. 都属于加速折旧法　　　　　　　B. 每期折旧率固定
   C. 前期折旧高，后期折旧低　　　　D. 不考虑净残值

13. 下列有关固定资产会计处理的表述中，正确的是（　　）。

   A. 固定资产盘亏造成的损失，计入当期损益
   B. 固定资产日常维护发生的费用，计入当期损益
   C. 未使用的固定资产，计提的折旧计入其他业务成本
   D. 经营租出的固定资产，计提的折旧额计入其他业务成本

14. 下列有关固定资产后续支出的表述中，正确的是（　　）。

   A. 固定资产在定期大修理间隔期间，照提折旧
   B. 企业对固定资产进行定期检查发生的大修理费用，全部计入固定资产成本
   C. 不符合固定资产确认条件的后续支出，应计入当期损益
   D. 符合固定资产确认条件的后续支出，计入固定资产成本，被替代部分的账面价值，视具体情况决定是否扣除

15. 下列各项中，应通过"固定资产清理"科目核算的有（　　）。

   A. 固定资产的报废、毁损　　　　　B. 固定资产投资转出
   C. 固定资产的盘亏　　　　　　　　D. 固定资产的出售

16. "固定资产清理"账户借方的核算内容包括（　　）。

   A. 转入清理的固定资产的净值　　　B. 发生的清理费用
   C. 结转的固定资产清理净损失　　　D. 结转的固定资产清理净收益

17. 确定固定资产清理损益时，应考虑的因素有（　　）。

   A. 累计折旧　　　　　　　　　　　B. 营业税
   C. 固定资产减值准备　　　　　　　D. 清理费用

18. 同时满足下列（　　）条件的非流动资产（包括固定资产），应当划分为持有待售。

   A. 企业已经与受让方签订了可撤销的转让协议
   B. 根据类似交易中出售此类资产或处置组的惯例，在当前状况下即可立即出售
   C. 企业已经与受让方签订不可撤销的转让协议
   D. 企业已经就一项出售计划做出决议且获得确定的购买承诺，预计出售将

在一年内完成

19. 下列关于固定资产减值的表述中,错误的是( )。
   A. 固定资产减值是指固定资产的可回收金额低于其账面价值
   B. 可回收金额是指固定资产的公允价值减去处置费用后的净额与资产预计未来现金流量两者之间的较高者
   C. 可回收金额是指固定资产的公允价值减去处置费用后的净额与资产预计未来现金流量的现值两者之间的较高者
   D. 固定资产减值损失确认后,如影响固定资产减值的因素已经消除,可以在以后的会计期间转回

(三) 判断题

1. 企业对融资租入的固定资产虽然不拥有所有权,但能对其进行控制,应将其视同自有固定资产核算。( )
2. 固定资产成本包括直接发生的价款、运杂费、包装费和安装成本,也包括间接发生的应承担的借款利息等。( )
3. 企业购入固定资产如果超过正常信用条件延期支付价款,实质上具有融资性质的,按购买价款的现值,借记"固定资产"科目或"在建工程"科目,按应支付的金额,贷记"长期应付款"科目,按其差额,借记或贷记"未确认融资费用"科目。( )
4. 高危行业企业按照国家规定提取的安全生产费,应当计入相关产品的成本,不得计入当期损益。( )
5. 所建造的固定资产应当在办理竣工决算手续后转入固定资产并按有关规定开始计提折旧。( )
6. 已达到预定可使用状态,但尚未办理竣工结算的固定资产,应按估计价值暂估入账,但不计提折旧。( )
7. 融资租赁的固定资产,如果能够合理确定租赁期满时会取得租赁资产所有权的,应当在租赁期与租赁资产使用寿命两者中较短的期间内计提折旧。( )
8. 融资租赁的固定资产,如果无法确定租赁期满时会取得租赁资产所有权的,应当在租赁资产使用寿命内计提折旧。( )
9. 当月增加的固定资产,当月计提折旧,当月减少的固定资产,当月不计提折旧。( )
10. 固定资产提足折旧后,如果继续使用,应重新计算使用寿命,补提折旧。( )
11. 采用双倍余额递减法计提折旧的固定资产,不需要考虑预计净残值。( )
12. 采用双倍余额递减法计提的折旧额在任何时候都大于按平均年限法计提的折旧额。( )
13. 采用年数总和法计提折旧的固定资产,通常在其折旧年限到期前两年

内,将固定资产净值扣除预计净残值后的余额平均摊销。( )

14. 固定资产的净残值率由10%改为8%,属于会计估计变更。( )

15. 一般企业的固定资产发生的报废清理费用,可作为弃置费用,按其现值计入固定资产成本,并确认为预计负债。( )

16. 固定资产存在弃置义务的,应在取得固定资产时,按预计的弃置费用,计入固定资产的成本。( )

17. 固定资产清理净收益,属于生产经营期间的,应列入"其他业务收入"科目核算。( )

18. 年度资产负债表日,如果还有尚未清理完毕的固定资产净额,应在"固定资产清理"科目中列示。( )

(四) 计算及账务处理题

1. 鹭江公司于2×16年1月1日购入一台无须安装、可直接使用的机器作为固定资产使用。按照合约,鹭江公司可分三期付款,总价款为2 500万元(不考虑增值税),分别于2×16年12月31日支付1 000万元,2×17年12月31日支付1 000万元,2×18年12月31日支付500万元。假定实际利率为6%。

已知:(P/F,6%,1)=0.943 4;(P/F,6%,2)=0.890 0;(P/F,6%,3)=0.839 6

要求:根据上述资料进行下列会计处理:

(1) 编制2×16年1月1日购入固定资产的会计分录;

(2) 编制"未确认融资费用分摊表";

(3) 编制2×16年12月31日支付价款并分摊融资费用的会计分录;

(4) 编制2×17年12月31日支付价款并分摊融资费用的会计分录;

(5) 编制2×18年12月31日支付价款并分摊融资费用的会计分录。

2. 2×16年5月,鹭江公司自行建造厂房,5月2日以银行存款购入一批工程物资,价款450万元,进项税额76.5万元,5月20日全部领用;6月12日领用生产用原材料成本为7万元;建造期间发生的工程人员工资为11万元。2×16年9月2日该厂房完工并投入使用,预计使用年限为10年,预计净残值为4.38万元,采用双倍余额递减法计提折旧。鹭江公司的增值税税率为17%。

要求:根据上述资料进行下列会计处理。

(1) 编制有关固定资产业务的会计分录;

(2) 计算2×16年、2×17年应计提的折旧额。

3. 鹭江公司于2×16年9月5日对一条生产线进行改扩建,改扩建前该生产线账面原值为300 000元,已提折旧180 000元,已提减值准备10 000元。在扩建过程中以银行存款支付改扩建支出60 000元,另外领用工程物资24 850元,应付改扩建工程人员工资18 000元。残料变价收入50 000元,价款存入银行。该生产线于2×16年12月31日完工交付使用。该企业对改扩建后的生产线采用平均年限法计提折旧,预计尚可使用6年,预计净残值为6 850元。

2×17年12月31日,鹭江公司对该生产线进行检查时发现其已经发生减值。

鹭江公司预计该生产线未来5年现金流量的现值为130 000元;该生产线的公允价值减去处置费用后的净额为132 000元。该生产线预计尚可使用年限为5年,预计净残值为5 000元,仍采用平均年限法计提折旧。

要求:根据上述资料进行下列会计处理:
(1) 编制有关固定资产改扩建业务有关的会计分录;
(2) 计算改扩建后的固定资产每年应计提的折旧额;
(3) 2×17年12月31日,编制计提固定资产减值准备的会计分录;
(4) 计算2×18年该固定资产应计提的折旧额。

4. 鹭江公司有一台机器设备,原始价值200 000元,预计使用8年,预计净残值为10%。

要求:
(1) 采用双倍余额递减法计算该固定资产各年的折旧额;
(2) 采用年数总和法计算该固定资产各年的折旧额。

5. 鹭江公司2×16年8月发生有关固定资产的业务如下:
(1) 2×16年8月2日,鹭江公司发生火灾,一台设备烧毁,该设备原价100 000元,累计折旧24 000元,清理现场发生清理费用20 000元,收到保险公司赔款50 000元,残料变价收入5 000元。
(2) 2×16年8月19日,鹭江公司一台设备报废,该设备原价250 000元,累计折旧238 000元,报废时支付清理费用5 000元,残料作价1 000元,可验收入库作为原材料使用。
(3) 2×16年8月20日,鹭江公司出售一台设备,该设备于2×12年购入,原价3 500 000元,累计折旧1 800 000元,出售价款2 000 000元,发生清理费用5 000元,款项已收到并存入银行,适用的增值税率为17%。

要求:根据上述资料进行下列会计处理:
(1) 编制固定资产毁损的会计分录;
(2) 编制固定资产报废的会计分录;
(3) 编制固定资产出售的会计分录。

二、练习题参考答案

(一) 单项选择题

1. C 2. B 3. A 4. C 5. A 6. D 7. A 8. B 9. A 10. C 11. C 12. B
13. A 14. C 15. B 16. D 17. C 18. D 19. D 20. C 21. D 22. A
23. A 24. B

(二) 多项选择题

1. AD 2. ABC 3. BD 4. ABC 5. ACD 6. BC 7. ABC 8. ABC 9. ABCD

10. ABCD 11. AC 12. AC 13. ABD 14. AC 15. ABD 16. ABD 17. ACD
18. BD 19. BD

(三) 判断题

1. √ 2. √ 3. × 4. × 5. × 6. × 7. × 8. × 9. × 10. × 11. ×
12. × 13. × 14. √ 15. × 16. × 17. × 18. ×

(四) 计算及账务处理题

1.

(1) 编制 2×16 年 1 月 1 日购入固定资产的会计分录：

购买价款的现值：1 000×（P/F，6%，1）+1 000×（P/F，6%，2）+500×（P/F，6%，3）=2 253.20（万元）

未确认融资费用 = 2 500 - 2 253.20 = 246.80（万元）

借：固定资产　　　　　　　　　　　　　　　　22 532 000
　　未确认融资费用　　　　　　　　　　　　　 2 468 000
　　贷：长期应付款　　　　　　　　　　　　　 25 000 000

(2) 编制"未确认融资费用分摊表"，见表 6-1。

表 6-1　　　　　未确认融资费用分摊表
2×16 年 1 月 1 日　　　　　　　　　　　　　单位：元

日期 ①	分期付款额 ②	确认的融资费用 ③=期初⑤×6%	应付本金减少额 ④=②-③	应付本金余额 期末⑤=期初⑤-④
2×16 年 1 月 1 日				22 532 000
2×16 年 12 月 31 日	10 000 000	1 351 920	8 648 080	13 883 920
2×17 年 12 月 31 日	10 000 000	833 035.2	9 166 964.8	4 716 955.2
2×18 年 12 月 31 日	5 000 000	283 044.8*	4 716 955.2	0
合计	25 000 000	2 468 000	22 532 000	0

注：*尾数调整，283 044.8 = 5 000 000 - 4 716 955.2。

(3) 编制 2×16 年 12 月 31 日支付价款并分摊融资费用的会计分录：

借：财务费用　　　　　　　　　　　　　　　　 1 351 920
　　贷：未确认融资费用　　　　　　　　　　　 1 351 920
借：长期应付款　　　　　　　　　　　　　　　10 000 000
　　贷：银行存款　　　　　　　　　　　　　　10 000 000

(4) 编制 2×17 年 12 月 31 日支付价款并分摊融资费用的会计分录：

借：财务费用　　　　　　　　　　　　　　　　　833 035.2
　　贷：未确认融资费用　　　　　　　　　　　　 833 035.2
借：长期应付款　　　　　　　　　　　　　　　10 000 000
　　贷：银行存款　　　　　　　　　　　　　　10 000 000

(5) 编制 2×18 年 12 月 31 日支付价款并分摊融资费用的会计分录：

借：财务费用	283 044.8	
贷：未确认融资费用		283 044.8
借：长期应付款	5 000 000	
贷：银行存款		5 000 000

2.

（1）会计分录：

①购入工程物资：

借：工程物资	4 500 000	
应交税费——应交增值税（进项税额）	459 000	
应交税费——待抵扣进项税额	306 000	
贷：银行存款		5 265 000

②领用工程物资：

借：在建工程	4 500 000	
贷：工程物资		4 500 000

③领用原材料：

借：在建工程	70 000	
贷：原材料		70 000
借：应交税费——待抵扣进项税额	4 760	
贷：应交税费——应交增值税（进项税额转出）		4 760

④计提职工薪酬：

借：在建工程	110 000	
贷：应付职工薪酬		110 000

⑤固定资产完工投入使用：

借：固定资产	4 680 000	
贷：在建工程		4 680 000

（2）计算 2×16 年、2×17 年应计提的折旧额：

　　2×16 年应计提折旧额 = 4 680 000 × 20% × 3 ÷ 12 = 234 000（元）

2×17 年应计提折旧额 = 4 680 000 × 20% × 9 ÷ 12

$$+ (4\,680\,000 - 4\,680\,000 \times 20\%) \times 20\% \times 3 \div 12$$

$$= 889\,200（元）$$

3.

（1）会计分录：

①固定资产转入改扩建：

借：在建工程	110 000	
累计折旧	180 000	
固定资产减值准备	10 000	
贷：固定资产		300 000

②支付改扩建工程支出：
借：在建工程　　　　　　　　　　　　　　　　　60 000
　　贷：银行存款　　　　　　　　　　　　　　　　　60 000
③领用工程物资及库存商品：
借：在建工程　　　　　　　　　　　　　　　　　24 850
　　贷：工程物资　　　　　　　　　　　　　　　　　24 850
④计提改扩建工程人员职工薪酬：
借：在建工程　　　　　　　　　　　　　　　　　18 000
　　贷：应付职工薪酬　　　　　　　　　　　　　　　18 000
⑤残料变价收入：
借：银行存款　　　　　　　　　　　　　　　　　50 000
　　贷：在建工程　　　　　　　　　　　　　　　　　50 000
⑥改扩建工程完工：
借：固定资产　　　　　　　　　　　　　　　　　162 850
　　贷：在建工程　　　　　　　　　　　　　　　　　162 850

（2）改扩建后该固定资产的年折旧额＝（162 850－6 850）÷6＝26 000（元）

（3）2×17年12月31日：

该生产线未来5年现金流量的现值为130 000元；该生产线的公允价值减去处置费用后的净额为132 000元。

该生产线可回收金额为未来现金流量的现值与公允价值减去处置费用后的净额两者中较高者，即132 000元。

该生产线计提减值准备前的账面价值为：162 850－26 000＝136 850（元），高于可回收金额，故应该计提减值准备的金额＝136 850－132 000＝4 850（元）。

借：资产减值损失　　　　　　　　　　　　　　　4 850
　　贷：固定资产减值准备　　　　　　　　　　　　　4 850

（4）2×18年该固定资产应计提的折旧额＝（132 000－5 000）÷5＝25 400（元）

4.

（1）采用双倍余额递减法计算该固定资产各年的折旧额：

折旧率＝2/8＝25%

净残值＝200 000×10%＝20 000（元）

第一年折旧额＝200 000×25%＝50 000（元）

第二年折旧额＝（200 000－50 000）×25%＝37 500（元）

第三年折旧额＝（200 000－50 000－37 500）×25%＝28 125（元）

第四年折旧额＝（200 000－50 000－37 500－28 125）×25%＝21 093.75（元）

第五年折旧额＝（200 000－50 000－37 500－28 125－21 093.75）
　　　　　　×25%＝15 820.31（元）

第六年折旧额＝（200 000－50 000－37 500－28 125－21 093.75－15 820.31）
　　　　　　×25%＝11 865.24（元）

第七年折旧额 =（200 000 - 50 000 - 37 500 - 28 125 - 21 093.75
          - 15 820.31 - 11 865.24 - 20 000）÷ 2 = 7 797.85（元）

第八年折旧额 = 7 797.85（元）

（2）采用年数总和法计算该固定资产各年的折旧额：

第一年折旧额 =（200 000 - 200 000 × 10%）× 8 ÷ 36 = 40 000（元）

第二年折旧额 =（200 000 - 200 000 × 10%）× 7 ÷ 36 = 35 000（元）

第三年折旧额 =（200 000 - 200 000 × 10%）× 6 ÷ 36 = 30 000（元）

第四年折旧额 =（200 000 - 200 000 × 10%）× 5 ÷ 36 = 25 000（元）

第五年折旧额 =（200 000 - 200 000 × 10%）× 4 ÷ 36 = 20 000（元）

第六年折旧额 =（200 000 - 200 000 × 10%）× 3 ÷ 36 = 15 000（元）

第七年折旧额 =（200 000 - 200 000 × 10%）× 2 ÷ 36 = 10 000（元）

第八年折旧额 =（200 000 - 200 000 × 10%）× 1 ÷ 36 = 5 000（元）

5.
（1）编制固定资产毁损的会计分录

①注销毁损固定资产原价及累计折旧：

借：固定资产清理　　　　　　　　　　　　　　　　76 000
　　累计折旧　　　　　　　　　　　　　　　　　　24 000
　　　贷：固定资产　　　　　　　　　　　　　　　　　　100 000

②支付清理费用：

借：固定资产清理　　　　　　　　　　　　　　　　20 000
　　　贷：银行存款　　　　　　　　　　　　　　　　　　20 000

③收到保险赔款：

借：银行存款　　　　　　　　　　　　　　　　　　50 000
　　　贷：固定资产清理　　　　　　　　　　　　　　　　50 000

④残料变价收入存入银行：

借：银行存款　　　　　　　　　　　　　　　　　　5 000
　　　贷：固定资产清理　　　　　　　　　　　　　　　　5 000

⑤计算并结转毁损净损失：

　　毁损净损失 = -76 000 - 20 000 + 50 000 + 5 000 = -41 000（元）

借：营业外支出——处置非流动资产损失　　　　　　41 000
　　　贷：固定资产清理　　　　　　　　　　　　　　　　41 000

（2）编制固定资产报废的会计分录：

①注销报废固定资产原价及累计折旧：

借：固定资产清理　　　　　　　　　　　　　　　　12 000
　　累计折旧　　　　　　　　　　　　　　　　　　238 000
　　　贷：固定资产　　　　　　　　　　　　　　　　　　250 000

②支付清理费用:

借: 固定资产清理 5 000
    贷: 银行存款 5 000

③残料入库:

借: 原材料 1 000
    贷: 固定资产清理 1 000

④计算并结转报废净损失:

报废净损失 = -12 000 - 5 000 + 1 000 = -16 000（元）

借: 营业外支出——处置非流动资产损失 16 000
    贷: 固定资产清理 16 000

(3) 编制固定资产出售的会计分录:

①注销固定资产原价及累计折旧:

借: 固定资产清理 1 700 000
    累计折旧 1 800 000
    贷: 固定资产 3 500 000

②支付清理费用:

借: 固定资产清理 5 000
    贷: 银行存款 5 000

③收到出售设备价款:

借: 银行存款 2 340 000
    贷: 固定资产清理 2 000 000
        应交税费——应交增值税（销项税额） 340 000

④计算并结转出售净收益:

出售净收益 = -1 700 000 - 5 000 + 2 000 000 = 295 000（元）

借: 固定资产清理 295 000
    贷: 营业外收入——处置非流动资产利得 295 000

三、案例分析题

【案例】

固定资产的初始计量和后续计量

鹭江公司历年来与固定资产有关的业务资料如下:

（一）2×10年12月1日，鹭江公司购入一条需要安装的生产线，取得的增值税专用发票上注明的生产线价款为4 000万元，增值税额为680万元；发生保险费和安装费60万元，款项均以银行存款支付。当日，鹭江公司开始以自营方式安装该生产线。安装期间领用本企业生产的产品，成本为215.7万元，发生安装工人工资10万元。鹭江公司的增值税率为17%。2×10年12月31日，该生产线达到预定可使用状态，当日投入使用。该生产线预计使用年限为10年，预计净残值为85.7万元，采用年限平均法计提折旧。

（二）2×15年12月31日，因替代产品出现，鹭江公司在对该生产线进行检查时发现其已经发生减值。

鹭江公司预计该生产线在未来5年内产生的现金流量净额分别为600万元、500万元、400万元、300万元、200万元；该生产线的公允价值减去处置费用后的净额为1 800万元。

已知折现率为5%，相应的货币时间价值系数如下：（P/F，5%，1）= 0.9524；（P/F，5%，2）= 0.9070；（P/F，5%，3）= 0.8638；（P/F，5%，4）= 0.8227；（P/F，5%，5）= 0.7835。

（三）计提减值准备后，该生产线的预计尚可使用年限为5年，预计净残值为100万元，采用平均年限法计提折旧。2×16年6月30日，鹭江公司对该生产线进行改扩建。在改扩建工程中，领用工程物资240万元，应付在建工程人员职工薪酬50万元，支付安装费用30万元。

（四）2×16年9月10日，改扩建工程完工验收合格并于当日投入使用，预计尚可使用年限为8年，预计净残值为50万元，采用平均年限法计提折旧。2×16年12月31日，该生产线未发生减值。

要求：
根据上述资料进行以下会计处理：
1. 编制2×10年12月与生产线购建有关的会计分录；
2. 计算2×15年12月31日该生产线的可回收金额，并编制相应的会计分录；
3. 编制2×16年6月30日至9月10日与该生产线改扩建有关的会计分录；
4. 计算2×16年度该生产线改扩建后计提的折旧额。

【案例分析】
(1) 编制2×10年12月与生产线购建有关的会计分录：

借：在建工程		40 600 000
应交税费——应交增值税（进项税额）		6 800 000
贷：银行存款		47 400 000
借：在建工程		2 257 000
贷：库存商品		2 157 000
应付职工薪酬		100 000

借：固定资产 42 857 000
　　贷：在建工程 42 857 000

(2) 计算 2×15 年 12 月 31 日该生产线的可回收金额，并编制相应的会计分录：

该生产线未来现金流量的现值 = 600×(P/F,5%,1)
　　　　　　　　　　　　　　+500×(P/F,5%,2)+400×(P/F,5%,3)
　　　　　　　　　　　　　　+300×(P/F,5%,4)+200×(P/F,5%,5)
　　　　　　　　　　　　　　=1 773.97（万元）

该生产线的公允价值减去处置费用后的净额为 1 800 万元。

所以，该生产线的可回收金额为未来现金流量现值与公允价值减去处置费用的净额两者中的较高者，即 1 800 万元。

2×11~2×15 年，该生产线的年折旧额 =（4 285.7 – 85.7）
　　　　　　　　　　　　　　　　　　÷10 = 420（万元）

2×15 年 12 月 31 日计提减值准备前该生产线的账面价值 = 4 285.7 – 420
　　　　　　　　　　　　　　　　　　　　　　　　　　×5 = 2 185.7（万元）

应计提的减值准备 = 2 185.7 – 1 800 = 385.7（万元）

借：资产减值损失 3 857 000
　　贷：固定资产减值准备 3 857 000

(3) 编制 2×16 年 6 月 30 日至 9 月 10 日与该生产线改扩建有关的会计分录：

2×11~2×15 年，该生产线共计折旧：420×5 = 2 100（万元）

2×16 年改扩建前的折旧额 =（1 800 – 100）÷5÷2 = 170（万元）

借：在建工程 16 300 000
　　累计折旧 22 700 000
　　固定资产减值准备 3 857 000
　　贷：固定资产 42 857 000

借：在建工程 3 200 000
　　贷：工程物资 2 400 000
　　　　应付职工薪酬 500 000
　　　　银行存款 300 000

借：固定资产 19 500 000
　　贷：在建工程 19 500 000

(4) 计算 2×16 年度该生产线改扩建后计提的折旧额：

2×16 年度该生产线改扩建后计提的折旧额 =（1 950 – 50）÷8
　　　　　　　　　　　　　　　　　　　　×3÷12 = 59.375（万元）

第七章 无形资产

一、练习题

(一) 单项选择题

1. M 公司为 X、Y 两个股东共同投资设立的股份有限公司。经营一年后，X、Y 股东之外的另一个投资者 Z 要求加入 M 公司。经协商，X、Y 同意 Z 以非专利技术加入，三方确认该非专利技术的价值是 180 万元。该项非专利技术在 Z 公司的账面余额为 240 万元，市价为 180 万元，则该项非专利技术在 M 公司的入账价值是(　　)万元。
   A. 240　　　　　　　　　　　　B. 180
   C. 0　　　　　　　　　　　　　D. 60

2. 下列各项费用或支出中，应计入无形资产入账价值的是(　　)。
   A. 通过分期付款方式（具有融资性质）购入无形资产而发生的融资费用
   B. 商标注册后发生的广告费
   C. 接受捐赠无形资产时相关的税费
   D. 无形资产研究阶段发生的研发费用

3. 购买无形资产的价款超过正常信用条件延期支付，实质上具有融资性质的，无形资产的成本以(　　)为基础确定。
   A. 全部购买价款　　　　　　　　B. 全部购买价款的现值
   C. 对方提供的凭据上标明的金额　　D. 市场售价

4. 下列各项关于无形资产会计处理的表述中，正确的是(　　)。
   A. 内部产生的商誉应确认为无形资产
   B. 计提的无形资产减值准备在该资产价值恢复时应予转回
   C. 使用寿命不确定的无形资产账面价值均应按 10 年平均摊销
   D. 以支付土地出让金方式取得的自用土地使用权应单独确认为无形资产

5. 关于企业内部研究开发项目的支出，下列说法中不正确的是(　　)。
   A. 企业内部研究开发项目的支出，应区分研究阶段支出与开发阶段支出
   B. 企业内部研究开发项目研究阶段的支出，应于发生时计入当期损益
   C. 企业内部研究开发项目开发阶段的支出，均应确认为无形资产

D. 企业内部研究开发项目开发阶段的支出，可能确认为无形资产，也可能确认为费用

6. 2×16年5月，甲公司的董事会批准研发某项新型技术，在研究阶段发生材料费20 000元，人工费30 000元，使用其他无形资产的摊销费用15 000元，开发阶段发生材料费50 000元，人工费60 000元，其中符合资本化条件的支出为80 000元，为运行该无形资产发生培训费用10 000元。2×16年10月该项新型技术已达到预定可使用状态，该无形资产的成本为(　　)元。

A. 195 000　　　　　　　　　　B. 90 000
C. 110 000　　　　　　　　　　D. 80 000

7. 甲公司2×16年1月10日开始自行研究开发无形资产，12月31日达到预定用途。其中，研究阶段发生职工薪酬30万元，计提专用设备折旧40万元；进入开发阶段后，符合资本化条件的职工薪酬100万元，计提专用设备折旧200万元。不符合资本化条件的职工薪酬30万元，计提专用设备折旧30万元。假定不考虑其他因素，甲公司2×16年对上述研发支出进行的下列会计处理中，正确的是(　　)。

A. 确认管理费用70万元，确认无形资产360万元
B. 确认管理费用30万元，确认无形资产400万元
C. 确认管理费用130万元，确认无形资产300万元
D. 确认管理费用100万元，确认无形资产330万元

8. 关于无形资产的后续计量，下列说法中正确的是(　　)。

A. 使用寿命不确定的无形资产，应该按系统合理的方法摊销
B. 使用寿命不确定的无形资产，其应摊销金额应按10年摊销
C. 企业无形资产摊销方法，应反映与该项无形资产有关的经济利益的预期实现方式
D. 无形资产的摊销方法只有直线法

9. 甲公司于2×15年1月1日购入一项专利权，实际支付价款300万元，按8年的预计使用寿命摊销。2×16年末，该无形资产的可收回金额为200万元，对无形资产的使用寿命和摊销方法进行复核，该无形资产的尚可使用寿命为4年，摊销方法仍采用直线法。2×17年应摊销金额为(　　)万元。

A. 37.5　　　　　　　　　　　B. 50
C. 30　　　　　　　　　　　　D. 40

10. 某企业出售一项7年前取得的专利权，该专利权取得的成本为50万元，按10年摊销，出售时取得收入80万元，增值税率为6%，则出售该项专利时影响当期的损益为(　　)万元。

A. 76　　　　　　　　　　　　B. 65
C. 61　　　　　　　　　　　　D. 60.2

11. 企业出售无形资产发生的净损失，应计入(　　)。

A. 营业外支出　　　　　　　　B. 其他业务成本

C. 销售费用 D. 管理费用

12. 在会计期末，企业拥有的无形资产的账面价值低于其可收回金额的差额，应记入( )科目。
   A. "管理费用" B. "资产减值损失"
   C. "营业外支出" D. "其他业务成本"

13. 2×16年1月2日，Y公司自行研发的某项专利技术已经达到预计可使用状态，累计研究支出为120万元，累计开发支出为250万元（其中符合资本化条件的支出为190万元），该项专利技术的使用寿命不能合理地确定。2×16年12月31日，该项专利技术的可回收金额为178万元。假定不考虑相关税费，Y公司应该就该专利技术计提的减值准备为( )万元。
   A. 72 B. 22
   C. 27 D. 12

14. 下列有关无形资产的会计处理中，表述正确的有( )。
   A. 出租无形资产取得的收入，应计入营业外收入
   B. 出租无形资产的摊销，应计入管理费用
   C. 出售无形资产的损益，应计入其他业务收支
   D. 报废无形资产的净损失，应计入营业外支出

（二）多项选择题

1. 无形资产通常包括的项目有( )。
   A. 专利权 B. 非专利技术
   C. 商标权 D. 自创的商誉
   E. 土地使用权

2. 下列有关无形资产会计处理的表述中，正确的有( )。
   A. 自用的土地使用权应确认为无形资产
   B. 使用寿命不确定的无形资产应每年进行减值测试
   C. 无形资产均应确定预计使用年限并分期摊销
   D. 内部研发项目研究阶段发生的支出，不应确认为无形资产
   E. 内部研究开发项目开发阶段的支出，均应确认为费用

3. 关于无形资产的可辨认性，下列说法中正确的有( )。
   A. 能够从企业中分离或划分出来，并能单独或与相关合同、资产或负债一起，用于出售、转移、授予许可、租赁或者交换
   B. 源自合同性权利或其他法定权利，无论这些权利是否可以从企业或其他权利和义务中转移或者分离
   C. 商誉的存在无法与企业自身分离，不具有可辨认性
   D. 特殊的商誉可以与企业自身分离，具有可辨认性
   E. 要作为无形资产进行核算，该资产必须是能够区别于其他资产可单独辨认的

4. 下列各项中，会引起无形资产账面价值发生增减变动的有(   )。
   A. 转让无形资产所有权
   B. 无形资产计提的累计摊销
   C. 预期某项无形资产已不能再为企业带来经济利益
   D. 计提的无形资产减值准备
   E. 转让无形资产的使用权
5. 外购无形资产的成本包括(   )。
   A. 购买价款
   B. 进口关税
   C. 直接相关税费
   D. 直接归属于使该项资产达到预定用途所发生的专业服务费
   E. 直接归属于使该项资产达到预定用途所发生的测试费
6. 对使用寿命有限的无形资产，下列说法中不正确的是(   )。
   A. 无形资产的应摊销金额为其成本扣除预计残值后的金额，已计提减值准备的无形资产，还应扣除已计提的无形资产减值准备累计金额
   B. 无形资产一定没有净残值
   C. 应在使用寿命内系统、合理地摊销其应摊销金额
   D. 当月增加的无形资产，当月开始摊销；当月减少的无形资产，当月不再摊销
   E. 当月增加的无形资产，下月开始摊销；当月减少的无形资产，当月继续摊销
7. 企业确定无形资产的使用寿命时，应考虑的因素有(   )。
   A. 该资产产生的产品或提供的服务的市场需求情况
   B. 技术、工艺等方面的现阶段情况及对未来发展趋势的估计
   C. 为维持该资产带来经济利益能力的预期维护支出，以及企业预计支付有关支出的能力
   D. 对该资产控制期限的相关法律规定
   E. 对该资产控制期限的限制，如特许使用期、租赁期等
8. 下列各项支出，构成无形资产开发成本的有(   )。
   A. 为运行该无形资产发生的培训支出
   B. 开发无形资产过程中使用的其他专利权和特许权的摊销
   C. 用于无形资产开发的可予资本化的利息支出
   D. 无形资产达到预定用途前发生的可辨认的无效和初始运作损失
   E. 开发该无形资产时耗费的材料、劳务成本、注册费
9. 下列有关无形资产会计处理的表述中，正确的有(   )。
   A. 无形资产应按照成本进行初始计量
   B. 使用寿命不确定的无形资产应在每期末进行摊销
   C. 商誉属于无形资产的核算范围

D. 转让无形资产所有权的净收益应计入营业外收入

E. 转让无形资产所有权的净收益应计入其他业务收入

10. 企业内部研究开发项目开发阶段的支出，同时满足下列条件的，才能确认为无形资产(　　)。

　　A. 完成该无形资产以使其能够使用或出售在技术上具有可行性

　　B. 能证明无形资产产生经济利益的方式

　　C. 有足够的技术、财务和其他资源支持，并有能力使用或出售该无形资产

　　D. 归属于该无形资产开发阶段的支出能够可靠地计量

　　E. 具有完成该无形资产并使用或出售的意图

11. 有关内部研究开发费用的会计处理，下列表述中正确的有(　　)。

　　A. 企业自行开发无形资产发生的研发支出，无论是否满足资本化条件，均应先在"研发支出"科目中归集

　　B. 期末不符合资本化条件的研发支出，转入当期管理费用

　　C. 期末符合资本化条件，达到预定用途形成无形资产的，借记"无形资产"科目，贷记"研发支出——资本化支出"科目

　　D. 企业自行开发无形资产发生的研发支出，满足资本化条件，直接借记"无形资产"科目

　　E. 企业自行开发无形资产发生的研发支出，不满足资本化条件，直接借记"管理费用"科目

12. 有关无形资产使用寿命的说法中，下列说法中正确的有(　　)。

　　A. 企业以支付土地出让金方式取得一块土地50年的使用权，如果准备持续持有并不打算出售，则该项土地使用权的预计使用年限为50年

　　B. 企业取得一项专利权，法律规定的保护期为10年，预计该专利权在未来6年内会给企业带来经济利益，则该专利权的预计使用寿命为6年

　　C. 企业取得一项专利权，法律规定的保护期为10年，预计该专利权在未来6年内会给企业带来经济利益，则该专利权的预计使用寿命为10年

　　D. 企业取得一项商标权，法律规定还有5年的使用寿命，有证据表明在使用期结束时，企业有能力每10年以较低的手续费申请延期，经过判断该商标可在不确定的期限内为企业带来经济利益，可视为使用寿命不确定的无形资产

　　E. 如果合同性权利或其他法定权利能够在到期时因续约等延续，即使有证据表明企业续约不需要付出大额成本，也不能将续约期包括在使用寿命的估计中

13. 下列各项中，不会导致企业营业利润减少的有(　　)。

　　A. 出售无形资产发生的净损失　　B. 出租无形资产取得租金收入

　　C. 报废无形资产发生的净损失　　D. 计提无形资产减值准备

　　E. 无形资产的摊销

(三) 判断题

1. 无形资产是指企业拥有或控制的没有实物形态的非货币性资产，包括可辨认无形资产和不可辨认无形资产。（   ）

2. 无形资产能使企业获得高于一般盈利水平的额外经济利益。（   ）

3. 非专利技术与专利技术相同，都是有期限的。（   ）

4. 在我国研究与开发费用应在成功申请专利以后将其确认为无形资产。（   ）

5. 我国无形资产的摊销方法与固定资产的折旧方法相同。（   ）

6. 无形资产减值损失计入企业的管理费用。（   ）

7. 无形资产只能转让使用权，而不能转让所有权。（   ）

8. 无形资产的初始成本包括为引入新产品进行宣传发生的广告费、管理费用及其他间接费用。（   ）

9. 如果购入的无形资产超过正常信用条件延期支付（一般3年以上）价款，实质上具有融资性质的，应按所取得无形资产购买价款的现值计量其成本，现值与应付价款之间的差额作为未实现的融资收益。（   ）

10. 企业研究阶段的支出应全部计入当期损益。（   ）

11. 无法预见无形资产为企业带来经济利益的期限的，应按照不超过10年的期限摊销。（   ）

12. 内部开发无形资产的成本仅包括在满足资本化条件的时点至无形资产达到预定用途前发生的支出总和，对于同一项无形资产在开发过程中达到资本化条件之前已经费用化计入当期损益的支出，可以进行调整。（   ）

13. 通过政府补助取得的无形资产成本，应当按照公允价值计量。（   ）

14. 企业改变土地使用权的用途，将其用于出租或增值目的时，应将其转为投资性房地产。（   ）

15. 使用寿命有限的无形资产，其残值应当视为零。（   ）

16. 企业至少应当于每年年度终了，对使用寿命有限的无形资产的使用寿命及摊销方法进行复核，无形资产使用寿命及摊销方法与以前估计不同的，应当改变摊销期限和摊销方法。（   ）

17. 当月增加的无形资产，当月开始摊销；当月减少的无形资产，当月不再摊销。（   ）

18. 持有待售的无形资产不进行摊销。（   ）

19. 企业出售无形资产的增值税率为6%。（   ）

(四) 计算及账务处理题

1. 鹭江公司2×15年1月1日购入一项无形资产，初始入账价值为300万元。该无形资产预计使用所限为10年，采用直线法摊销。该无形资产2×15年12月31日预计可收回金额为260.82万元，2×16年12月31日预计可收回金额为224.016万元。假定该公司于每年年末计提无形资产减值准备，计提减值准备后该无形资产原预计使用年限、摊销方法不变。

要求：

（1）计算该无形资产在2×17年6月30日的账面价值；

（2）编制该无形资产相关会计分录。

2. 2×16年1月1日，鹭江公司以银行存款150万元购入一项专利权，预计使用年限为5年，该无形资产按直线法摊销。2×17年1月1日，鹭江公司将该专利权的使用权转让给丁公司，每年收取租金15万元，转让期为2年。转让期间鹭江公司不使用该项专利权。不考虑其他因素。

要求：编制鹭江公司该项业务的相关会计分录。

3. 鹭江公司2×15～2×17年与无形资产业务有关的资料如下：

（1）2×15年1月1日以分期付款方式从乙公司购买一项无形资产，购买合同注明该项无形资产总价款为1 400万元，当日支付200万元，其余款项从2×15年12月31日至2×17年12月31日每年年末支付400万元，假定鹭江公司贷款年利率为6%，（P/A，6%，3）=2.6730。相关手续已经于2×15年1月1日办理完备。

（2）该无形资产有效使用年限为10年，采用直线法摊销，无残值，其包含的经济利益与产品生产无关。

（3）2×17年1月1日，鹭江公司与丙公司签订技术转让协议，将该无形资产转让给丙公司，转让价款为1 000万元。同时，鹭江公司、丙公司与乙公司签订协议，约定鹭江公司因取得该专利技术尚未支付乙公司的款项400万元由丙公司负责偿还。2×17年1月5日，鹭江公司收到丙公司支付的款项600万元。同日，鹭江公司与丙公司办理完成了专利技术的所有权变更手续。

要求：

（1）计算该无形资产的入账价值以及未确认融资费用金额；

（2）编制鹭江公司2×15年与该无形资产相关的会计分录；

（3）编制鹭江公司2×16年与该无形资产相关的会计分录；

（4）编制鹭江公司2×17年1月5日转让该无形资产相关的会计分录。

4. 申原公司有关无形资产业务如下：

（1）2×16年1月，申原公司以银行存款2 400万元购入一项土地使用权（不考虑相关税费）。该土地使用年限为50年。

（2）2×16年6月，申原公司研发部门准备研究开发一项专利技术。在研究阶段，公司为了研究成果的应用研究、评价，以银行存款支付了相关费用600万元。

（3）2×16年8月，上述专利技术研究成功，转入开发阶段。企业将研究成果应用于该项专利技术的设计，直接发生的研发人员工资、材料费，以及相关设备折旧费分别为800万元、1 300万元和200万元，同时以银行存款支付了其他相关费用100万元。以上开发支出均满足无形资产的确认条件。

（4）2×16年10月，上述专利技术的研究开发项目达到预定用途，申原公司预计该专利技术的使用年限为10年。申原公司无法可靠确定与该专利技术有关的经济利益的预期实现方式。

要求：

(1) 编制申原公司2×16年1月购入土地使用权的会计分录；

(2) 计算申原公司2×16年12月31日土地使用权的账面价值，并编制2×16年摊销土地使用权的会计分录；

(3) 编制申原公司2×16年与研发专利技术有关的分录；

(4) 计算申原公司研发的专利技术至2×18年末累计摊销的金额。

二、练习题参考答案

（一）单项选择题

1. B   2. C   3. B   4. D   5. C   6. D   7. C   8. C   9. B   10. D   11. A   12. B
13. D   14. D

（二）多项选择题

1. ABCE   2. ABD   3. ABCE   4. ABCD   5. ABCDE   6. BE   7. ABCDE
8. BCE   9. AD   10. ABCDE   11. ABC   12. ABD   13. ABC

（三）判断题

1. ×   2. √   3. ×   4. ×   5. √   6. ×   7. ×   8. ×   9. ×   10. √   11. ×
12. ×   13. √   14. √   15. ×   16. √   17. √   18. √   19. ×

（四）计算及账务处理题

1.

(1) 计算该无形资产在2×17年6月30日的账面价值：

2×15年每月计提摊销额 = 3 000 000 ÷ (10 × 12) = 25 000（元）

2×16年每月计提摊销额 = 2 608 200 ÷ (9 × 12) = 24 150（元）

2×17年每月计提摊销额 = 2 240 160 ÷ (8 × 12) = 23 335（元）

累计摊销 = 25 000 × 12 + 24 150 × 12 + 23 335 × 6

= 300 000 + 289 800 + 140 010 = 729 810（元）

2×15年12月31日计提减值准备 = (3 000 000 − 25 000 × 12)

− 2 608 200 = 91 800（元）

2×16年12月31日计提减值准备 = (2 608 200 − 24 150 × 12)

− 2 240 160 = 78 240（元）

减值准备 = 91 800 + 78 240 = 170 040（元）

该无形资产在 2×17 年 6 月 30 日的账面价值 = 3 000 000
　　　　　　　　　　　　　　　　　－（729 810 + 170 040）
　　　　　　　　　　　　　　　　 = 2 100 150（元）

（2）编制该无形资产相关会计分录：

① 取得该无形资产时：

借：无形资产　　　　　　　　　　　　　　　　　3 000 000
　　贷：银行存款　　　　　　　　　　　　　　　　　　3 000 000

② 2×15 年每月计提摊销额 = 3 000 000 ÷（10×12）= 25 000（元）

借：管理费用　　　　　　　　　　　　　　　　　　25 000
　　贷：累计摊销　　　　　　　　　　　　　　　　　　　25 000

③ 2×15 年 12 月 31 日计提减值准备 = 2 700 000 - 2 608 200 = 91 800（元）

借：资产减值损失　　　　　　　　　　　　　　　　91 800
　　贷：无形资产减值准备　　　　　　　　　　　　　　　91 800

④ 2×16 年每月计提摊销额 = 2 608 200 ÷（9×12）= 24 150（元）

借：管理费用　　　　　　　　　　　　　　　　　　24 150
　　贷：累计摊销　　　　　　　　　　　　　　　　　　　24 150

⑤ 2×16 年 12 月 31 日计提减值准备 = 2 318 400 - 2 240 160 = 78 240（元）

借：资产减值损失　　　　　　　　　　　　　　　　78 240
　　贷：无形资产减值准备　　　　　　　　　　　　　　　78 240

⑥ 2×17 年每月计提摊销额 = 2 240 160 ÷（8×12）= 23 335（元）

借：管理费用　　　　　　　　　　　　　　　　　　23 335
　　贷：累计摊销　　　　　　　　　　　　　　　　　　　23 335

2.

① 2×16 年 1 月 1 日购入无形资产：

借：无形资产　　　　　　　　　　　　　　　　　1 500 000
　　贷：银行存款　　　　　　　　　　　　　　　　　　1 500 000

② 2×16 年每月摊销 = 1 500 000 ÷（5×12）= 25 000（元）

借：管理费用　　　　　　　　　　　　　　　　　　25 000
　　贷：累计摊销　　　　　　　　　　　　　　　　　　　25 000

③ 2×17 年使用权转让收取租金：

借：银行存款　　　　　　　　　　　　　　　　　　150 000
　　贷：其他业务收入　　　　　　　　　　　　　　　　150 000

④ 2×17 年每月摊销无形资产成本：

借：其他业务成本　　　　　　　　　　　　　　　　25 000
　　贷：累计摊销　　　　　　　　　　　　　　　　　　　25 000

3.

（1）该项无形资产的入账价值 = 200 + 400 ×（P/A，6%，3）
　　　　　　　　　　　　　 = 1 269.2（万元）

未确认融资费用 = 1 400 − 1 269.2 = 130.8（万元）

(2) 2×15 年 1 月 1 日：

借：无形资产   12 692 000
    未确认融资费用   1 308 000
  贷：长期应付款   12 000 000
    银行存款   2 000 000

2×15 年 12 月 31 日：

借：长期应付款   4 000 000
  贷：银行存款   4 000 000
借：管理费用   1 269 200
  贷：累计摊销   1 269 200
借：财务费用   641 520
  贷：未确认融资费用   641 520

(1 269.2 − 200) × 6% = 64.152（万元）

(3) 2×16 年 12 月 31 日：

借：长期应付款   4 000 000
  贷：银行存款   4 000 000
借：管理费用   1 269 200
  贷：累计摊销   1 269 200
借：财务费用   440 000
  贷：未确认融资费用   440 000

[(1 269.2 − 200) − (400 − 64.152)] × 6% = 44（万元）

(4) 2×17 年 1 月 5 日：

借：长期应付款   4 000 000
    银行存款   6 000 000
    营业外支出   380 080
    累计摊销   2 538 400
  贷：无形资产   12 692 000
    未确认融资费用   226 480

4.

(1) 2×16 年 1 月购入土地使用权

借：无形资产   24 000 000
  贷：银行存款   24 000 000

(2) 土地使用权年摊销额 = 2 400 ÷ 50 = 48（万元）

2×16 年 12 月 31 日土地使用权的账面价值 = 2 400 − 48 = 2 352（万元）

2×16 年摊销土地使用权

借：管理费用   480 000
  贷：累计摊销   480 000

(3) 2×16年8月发生研究阶段支出时
借：研发支出——费用化支出　　　　　　6 000 000
　　贷：银行存款　　　　　　　　　　　　　　6 000 000
2×16年12月
借：管理费用　　　　　　　　　　　　　　6 000 000
　　贷：研发支出——费用化支出　　　　　　6 000 000
2×16年8月发生符合资本化条件的开发阶段支出时
借：研发支出——资本化支出　　　　　　24 000 000
　　贷：应付职工薪酬　　　　　　　　　　　　8 000 000
　　　　原材料　　　　　　　　　　　　　　13 000 000
　　　　累计折旧　　　　　　　　　　　　　　2 000 000
　　　　银行存款　　　　　　　　　　　　　　1 000 000
2×16年10月，专利技术达到预定用途
借：无形资产　　　　　　　　　　　　　24 000 000
　　贷：研发支出——资本化支出　　　　　　24 000 000
（4）申原公司研发的专利技术至2×18年末累计摊销的金额＝（2 400÷10÷12）×（3+12+12）＝540（万元）

三、案例分析题

【案例】
注册会计师高原在审计银河公司2×16年度会计报表时，发现该公司从当年初开始研究开发一项专利技术，至2×16年10月10日开发成功并投入生产，共发生研究阶段支出30万元，开发阶段支出200万元。公司已将所有支出计入当年损益。经分析证实，开发阶段的支出符合资本化条件，该专利技术预计使用8年。

思考：注册会计师高原对银河公司有关研究开发专利技术的会计处理应作何调整？为什么？

【案例分析】
1. 确认无形资产价值
借：研发支出——资本化支出　　　　　　2 000 000
　　贷：管理费用　　　　　　　　　　　　　　2 000 000
借：无形资产——专利技术　　　　　　　2 000 000
　　贷：研发支出——资本化支出　　　　　　2 000 000

理由：
根据无形资产准则的规定，内部研究开发费用的处理原则是：企业研究阶段的支出全部费用化，计入当期损益；开发阶段的支出符合条件的才能资本化，不符合资本化条件的计入当期损益。如果确实无法区分研究阶段的支出和开发阶段的支出,发生的研发支出全部费用化,计入当期损益。

企业内部研究开发项目开发阶段的支出,同时符合下列条件时,应当予以资本化:

(1) 完成该无形资产以使其能够使用或出售在技术上具有可行性;

(2) 具有完成该无形资产并使用或出售的意图;

(3) 无形资产产生经济利益的方式,包括能够证明运用该无形资产生产的产品存在市场或无形资产自身存在市场;无形资产将在内部使用时,应当证明其有用性;

(4) 有足够的技术、财务资源和其他资源支持,以完成该无形资产的开发,并有能力使用或出售该无形资产;

(5) 归属于该无形资产开发阶段的支出能够可靠计量。

2. 补充摊销无形资产价值

$$当年应摊销额 = 2\,000\,000 \div (12 \times 8) \times 3 = 62\,500 \text{(元)}$$

借:管理费用　　　　　　　　　　　　　　　　　62 500
　　贷:累计摊销　　　　　　　　　　　　　　　　62 500

理由:

无形资产准则规定:使用寿命有限的无形资产,其应摊销金额应当在使用寿命内系统合理摊销。企业摊销无形资产,应当自无形资产可供使用时起,至不再作为无形资产确认时止。

第八章 投资性房地产

一、练习题

(一) 单项选择题

1. 下列关于投资性房地产核算的表述中，正确的有(　　)。
A. 采用成本模式计量的投资性房地产不需要确认减值损失
B. 采用公允价值模式计量的投资性房地产可转换为成本模式
C. 采用公允价值模式计量的投资性房地产，公允价值的变动金额应计入其他综合收益
D. 采用成本模式计量的投资性房地产，符合条件时可转换为公允价值模式计量

2. 有关投资性房地产后续计量的说法中，下列表述中不正确的有(　　)。
A. 企业通常应当采用成本模式对投资性房地产进行后续计量
B. 企业通常应当采用公允价值模式对投资性房地产进行后续计量
C. 对投资性房地产采用成本模式计量的，按期（月）计提折旧或摊销，发生减值的，还应计提减值准备
D. 无论采用成本模式还是公允价值模式，取得的租金收入均计入"其他业务收入"等科目

3. 有关投资性房地产后续计量模式的变更，下列说法中正确的有(　　)。
A. 企业对投资性房地产的计量模式一经确定，不得变更
B. 成本模式转为公允价值模式的，应当作为会计估计变更
C. 公允价值模式转为成本模式，应当作为会计政策变更，调整期初留存收益
D. 已采用公允价值模式计量的投资性房地产，不得从公允价值模式转为成本模式

4. 自用房地产转换为采用公允价值模式计量的投资性房地产，投资性房地产应当按照转换当日的公允价值计量。转换当日的公允价值小于原账面价值的差额通过(　　)科目核算。

A. 其他综合收益 B. 公允价值变动损益
C. 未分配利润 D. 营业外支出

5. 企业将作为存货的房地产转换为采用公允价值模式计量的投资性房地产时，转换日其公允价值大于账面价值的差额，应确认为（ ）。

A. 其他综合收益 B. 营业外收入
C. 其他业务收入 D. 公允价值变动损益

6. 2×16年1月1日，甲公司因租赁期满，将出租的写字楼收回作办公楼使用，相应由投资性房地产转为自用房地产，当日的公允价值为4 800万元，该房地产在转换前采用公允价值计量，原账面价值为4 750万元，其中成本4 500万元，公允价值变动为增值250万元，则转换日应确认的公允价值变动损益为（ ）万元。

A. 250 B. 0
C. 300 D. 50

7. 关于房地产转换的会计处理，下列表述中正确的有（ ）。

A. 企业将采用成本模式的投资性房地产转为自用房地产时，应当按该项投资性房地产在转换日的公允价值作为自用房地产的账面价值，公允价值与原账面价值的差额计入当期损益

B. 企业将采用公允价值模式计量的投资性房地产转换为自用房地产时，应当按该项投资性房地产在转换日的公允价值作为自用房地产的账面价值，公允价值与原账面价值的差额计入其他综合收益

C. 企业将自用房地产转换为采用公允价值模式计量的投资性房地产时，转换当日的公允价值小于账面价值的差额，计入当期损益

D. 企业将自用房地产转换为采用公允价值模式计量的投资性房地产时，转换当日的公允价值大于账面价值的差额，计入当期损益

8. 2×16年1月1日甲公司将一幢厂房出租并采用公允价值模式计量，租期5年，每年12月31日收取租金100万元，出租时该幢厂房的账面原值为3 000万元，累计折旧1 200万元，当日公允价值1 600万元，2×16年12月31日，该幢厂房的公允价值为1 700万元，甲公司2×16年应确认的公允价值变动损益为（ ）万元。

A. -100 B. 100
C. 200 D. 0

9. 甲公司于2×16年1月1日将一幢商品房对外出租并采用公允价值模式计量，租期为3年，每年收取租金150万元，出租时，该商品房的成本为3 000万元，公允价值为3 200万元，2×16年12月31日公允价值为3 350万元，甲公司2×16年应确认的公允价值变动损益为（ ）万元。

A. 350 B. 150
C. 300 D. 500

10. 甲公司将其一栋写字楼租赁给乙公司使用，采用成本模式进行后续计

量。2×16年2月1日,甲公司所在的房地产市场比较成熟,具备了采用公允价值模式计量的条件,决定对该项投资性房地产从成本模式转换为公允价值模式。该写字楼的原值为1 000万元,已提折旧400万元,已提减值准备100万元,该写字楼的公允价值为700万元,甲公司按净利润的10%计提盈余公积,以下会计处理中,正确的是(　　)。

A. 成本模式不得转换为公允价值模式,无须进行账务处理

B. 借:投资性房地产——写字楼——成本　　　　　　5 000 000
　　　投资性房地产累计折旧　　　　　　　　　　　　4 000 000
　　　投资性房地产减值准备　　　　　　　　　　　　1 000 000
　　　贷:投资性房地产　　　　　　　　　　　　　　　　　10 000 000

C. 借:投资性房地产——写字楼——成本　　　　　　7 000 000
　　　投资性房地产累计折旧　　　　　　　　　　　　4 000 000
　　　投资性房地产减值准备　　　　　　　　　　　　1 000 000
　　　贷:投资性房地产　　　　　　　　　　　　　　　　　10 000 000
　　　　利润分配——未分配利润　　　　　　　　　　　1 800 000
　　　　盈余公积　　　　　　　　　　　　　　　　　　　200 000

D. 借:投资性房地产——写字楼——成本　　　　　　7 000 000
　　　投资性房地产累计折旧　　　　　　　　　　　　4 000 000
　　　投资性房地产减值准备　　　　　　　　　　　　1 000 000
　　　贷:投资性房地产　　　　　　　　　　　　　　　　　10 000 000
　　　　公允价值变动损益　　　　　　　　　　　　　　2 000 000

11. 2×16年1月1日,甲公司将一栋精装修的写字楼于开发完成时出租给乙公司,租期10年,每年租金500万元,该写字楼的造价9 500万元,该写字楼所在城区有活跃的房地产交易市场,而且能够从房地产交易市场上取得同类房地产的市场报价,甲公司决定采用公允价值模式进行后续计量。2×16年年末,该写字楼的公允价值为9 800万元,2×17年年末,该写字楼的公允价值为9 700万元,不考虑相关税费的影响,至2×17年年末,出租该写字楼对企业损益的累计影响额为(　　)万元。

A. 1 000　　　　　　　　　　　　　B. 200
C. 1 200　　　　　　　　　　　　　D. 700

12. 下列各项中,说法不正确的是(　　)。

A. 采用成本模式计量的投资性房地产的折旧(或摊销)费用应计入其他业务成本

B. 企业处置投资性房地产时,应当将处置收入计入其他业务收入

C. 企业处置采用公允价值模式计量的投资性房地产时,原转换日计入其他综合收益的金额,应转入投资收益

D. 企业处置采用公允价值模式计量的投资性房地产时,应当将累计公允价值变动转入其他业务成本

(二) 多项选择题

1. 下列各项中,属于投资性房地产的有(   )。
   A. 企业拥有并自行经营的饭店
   B. 企业以经营租赁方式出租的写字楼
   C. 房地产开发企业正在开发的商品房
   D. 企业持有拟增值后转让的土地使用权

2. 下列各项中,属于投资性房地产的有(   )。
   A. 以经营租赁方式出租的设备
   B. 以经营租赁方式出租的土地使用权
   C. 计划出租但尚未出租的土地使用权
   D. 持有并准备增值后转让的土地使用权

3. 下列各项中,不属于投资性房地产的有(   )。
   A. 以出让方式取得的土地使用权
   B. 房地产开发企业在正常经营过程中销售的商品房
   C. 某项房地产,部分用于出租,部分自用,能够单独计量和出售的、用于赚取租金的房地产
   D. 某项房地产,部分用于出租,部分自用,不能够单独计量和出售的、用于赚取租金的房地产

4. 下列关于投资性房地产的表述中,不正确的是(   )。
   A. 不能单独计价和出售的房产、土地使用权不能作为投资性房地产核算
   B. 房地产开发公司的存货不属于投资性房地产
   C. 将建筑物出租并提供后续辅助服务的,一律不得将该建筑物确认为投资性房地产
   D. 预计以经营方式出租的房产应作为投资性房地产核算

5. 甲公司与乙公司签订了一项经营租赁合同,乙公司将其持有的土地使用权出租给甲公司,以赚取租金。甲公司又将这块土地使用权转租给丙公司,以赚取租金差价,假设不违反国家有关规定,以下说法中正确的有(   )。
   A. 甲公司应确认投资性房地产
   B. 乙公司应确认投资性房地产
   C. 甲公司在账簿中不反映该土地使用权
   D. 乙公司还应作为无形资产管理

6. 下列各项中,属于甲公司投资性房地产的有(   )。
   A. 甲公司将其持有产权的两间门市房以经营租赁方式出租给乙公司,租期5年
   B. 甲公司购买了一栋12层的写字楼,其中5层出租给了乙公司,6层出租给了丙公司,底层出租给了某家大型超市,租期2年,甲公司同时给整栋楼提供保安、清洁、维修服务

C. 甲公司将拥有产权的一幢临街建筑物，重新装修后开办了宾馆并已正式对外营业
D. 甲公司以竞拍方式取得了一块土地的使用权，并在这块土地上建造了一栋商铺，拟用于整体出租，但尚未找到合适的承租人

7. 下列有关投资性房地产确认和计量的表述中，正确的有(　　)。
A. 与该投资性房地产有关的经济利益可能流入企业
B. 该投资性房地产的成本能够可靠计量
C. 外购的房地产，只有在购入的同时开始对外出租，才能确认为投资性房地产
D. 外购的房地产，准备自用一段时间后再改为出租，可直接确认为投资性房地产

8. 下列关于投资性房地产核算的表述中，正确的有(　　)。
A. 已采用成本模式计量的投资性房地产，不得从成本模式转换为公允价值模式
B. 企业对投资性房地产采用成本模式计量的，应当对投资性房地产计提折旧或摊销
C. 采用公允价值模式计量的投资性房地产，公允价值的变动金额应当计入其他综合收益
D. 符合条件的情况下，企业可以采用公允价值模式对投资性房地产进行后续计量

9. 关于投资性房地产的后续计量，下列说法中正确的是(　　)。
A. 采用公允价值模式计量的，不对投资性房地产计提折旧
B. 采用公允价值模式计量的，应对投资性房地产计提折旧
C. 已采用公允价值模式计量的投资性房地产，不得从公允价值模式转为成本模式
D. 已采用成本模式计量的投资性房地产，不得从成本模式转为公允价值模式

10. 企业有确凿证据表明房地产用途发生改变，满足下列情况之一的，应当将投资性房地产转换为其他资产或者将其他资产转换为投资性房地产(　　)。
A. 投资性房地产开始自用
B. 作为存货的房地产改为出租
C. 自用建筑物或土地使用权停止自用改为出租
D. 自用土地使用权停止自用改用于资本增值

11. 下列关于投资性房地产后续计量会计处理的表述中，正确的有(　　)。
A. 不同企业可以分别采用成本模式或公允价值模式
B. 满足特定条件时可以采用公允价值模式
C. 同一企业可以分别采用成本模式和公允价值模式
D. 同一企业不得同时采用成本模式和公允价值模式

12. 关于投资性房地产转换日的确定，下列说法中正确的有（　　）。

A. 作为存货的房地产改为出租，或者自用建筑物或土地使用权停止自用改为出租，其转换日为租赁期开始日

B. 投资性房地产开始自用，其转换日为房地产达到自用状态，企业开始将房地产用于生产商品、提供劳务或者经营管理的日期

C. 自用土地使用权停止自用，改用于资本增值，其转换日为停止自用后确定用于资本增值的日期

D. 作为存货的房地产改为出租，或者自用建筑物或土地使用权停止自用改为出租，其转换日为承租人支付的第一笔租金的日期

13. 下列各项中，不影响企业当期损益的有（　　）。

A. 采用成本模式计量，期末投资性房地产的可收回金额高于账面价值

B. 投资性房地产处置时的收益

C. 公允价值模式下，自用房地产转换为投资性房地产时，公允价值大于账面价值

D. 公允价值模式下，自用房地产转换为投资性房地产时，公允价值小于账面价值

14. 对于采用公允价值模式计量的投资性房地产，下列表述中正确的有（　　）。

A. 企业只有存在确凿证据表明投资性房地产的公允价值能够持续可靠取得，才可以采用公允价值模式对投资性房地产进行后续计量

B. 按照固定资产或无形资产的有关规定，按月计提折旧或摊销

C. 资产负债表日，投资性房地产的公允价值高于原账面价值的差额，贷记"其他综合收益"科目

D. 资产负债表日，投资性房地产的公允价值低于原账面价值的差额，借记"公允价值变动损益"科目

15. 企业将自用房地产或存货转换为采用公允价值模式计量的投资性房地产，下列说法中正确的有（　　）。

A. 自用房地产或存货转换为采用公允价值模式计量的投资性房地产，该项投资性房地产应当按照转换日的公允价值计量

B. 自用房地产或存货转换为采用公允价值模式计量的投资性房地产，该项投资性房地产应当按照转换日的账面价值计量

C. 转换当日的公允价值小于原账面价值的，其差额计入当期损益

D. 转换当日的公允价值和原账面价值的差额计入公允价值变动损益

（三）判断题

1. 投资性房地产应当能够单独计量和出售。（　　）

2. 按照国家有关规定认定的闲置土地，属于投资性房地产。（　　）

3. 企业通过经营租赁方式租入的建筑物或土地使用权再次出租时，应作为

投资性房地产进行核算。（　　）

4. 作为存货的房地产改为出租，或者自用建筑物或土地使用权停止自用改为出租，转换日通常为租赁期开始日。（　　）

5. 企业将自行建造的房地产达到预计可使用状态时开始自用，之后改为对外出租，应当在该房地产达到预计可使用状态时确认为投资性房地产。（　　）

6. 外购投资性房地产的成本，包括购买价款、相关税费和可直接归属于该资产的其他支出。（　　）

7. 自行建造投资性房地产的成本，由建造该项资产达到预计可使用状态前发生的必要支出构成。（　　）

8. 已采用公允价值模式计量的投资性房地产，不得从公允价值模式转为成本计量模式。（　　）

9. 投资性房地产通常应当采用公允价值模式计量。（　　）

10. 同一企业可以根据各项投资性房地产的不同情况采用成本模式或公允价值模式，但不得随意变更。（　　）

11. 企业选择成本模式，就应当对其所有投资性房地产采用成本模式进行后续计量，即使之后期间取得的某项投资性房地产公允价值能够持续可靠地取得，也不得对其采用公允价值模式计量。（　　）

12. 投资性房地产无论成本模式还是公允价值模式，取得时均应当按照成本进行初始计量。（　　）

13. 采用公允价值模式进行后续计量的企业，其投资性房地产不计提折旧但应进行减值测试，如果可收回金额低于账面价值，应计提减值准备。（　　）

14. 投资性房地产的后续支出应当作为资本性支出，计入投资性房地产成本。（　　）

15. 采用公允价值模式计量的投资性房地产，应根据其预计使用寿命计提折旧或摊销。（　　）

16. 企业对投资性房地产无论采用何种计量模式，均应计提折旧或进行摊销。（　　）

17. 企业可以根据实际情况，对投资性房地产后续计量在成本模式和公允价值模式之间转换。（　　）

（四）计算及账务处理题

1. 鹭江公司以成本模式对投资性房地产进行后续计量。与固定资产和投资性房地产相关的业务如下：

（1）2×14年6月30日将一项自用房产转为经营性出租。该房产为2×13年以银行存款6 000万元购入，另发生相关税费及购入后的装修费用2 000万元（全部用银行存款支付），2×13年6月20日达到预定可使用状态，发生的符合资本化条件的借款费用250万元。该项房产作为办公用房，预计可使用40年，预计净残值250万元，采用直线法计提折旧。

(2) 2×14年12月31日取得半年的租金收入300万元存入银行,并计提投资性房地产折旧。

(3) 2×15年12月31日取得租金收入600万元存入银行并计提折旧,鹭江公司测试表明该房产公允价值减去处置费用后的净额为5 500万元,预计未来现金流量现值为5 000万元。

(4) 2×16年12月31日取得租金收入600万元存入银行并计提折旧,鹭江公司测试表明该房产公允价值减去处置费用后的净额为5 450万元,预计未来现金流量现值为5 200万元。

(5) 2×17年6月30日收取半年度租金300万元,该项投资性房地产停止出租,重新作为自用房产管理。

要求:

(1) 编制2×13年相关会计分录;

(2) 编制2×14年相关会计分录;

(3) 编制2×15年确认收入、计提减值准备的会计分录;

(4) 编制2×16年确认收入、计提减值准备的会计分录;

(5) 编制2×17年确认收入、投资性房地产转换的会计分录。

2. 海峡公司于2×14年1月1日将一幢商品房对外出租并采用公允价值模式计量,租期为3年,每年12月31日收取租金100万元,出租时该幢商品房的成本为2 000万元,公允价值为2 200万元。2×14年12月31日,该幢商品房公允价值为2 150万元;2×15年12月31日,该幢商品房公允价值为2 120万元;2×16年12月31日,该幢商品房公允价值为2 050万元;2×17年1月5日将该幢商品房对外出售,收到2 080万元存入银行。

要求:编制海峡公司上述经济业务的会计分录(假设按年确认公允价值变动损益和确认租金收入)。

3. 鹭江公司以成本模式对投资性房地产进行后续计量,与投资性房地产相关的业务如下:

鹭江公司拥有一项自用房产,原值5 200万元,预计使用20年,预计净残值200万元,采用直线法计提折旧。该项资产在2×12年6月达到可使用状态。2×13年12月31日,鹭江公司由于业务调整停止使用该房产,对外出租,租赁期3年,每年可获得租金收入600万元。2×13年12月31日经测算公允价值减去处置费用后的净额为4 640万元;2×14~2×16年每年12月31日收到该年租金600万元存入银行。2×17年3月,鹭江公司以3 800万元将该项房产出售。假设不考虑相关税费。

要求:

(1) 计算该房产2×13年12月31日的账面价值;

(2) 编制2×13年12月31日自用房产转换为投资性房地产、2×14年12月31日取得租金收入和2×17年3月出售该房产时的会计分录。

二、练习题参考答案

（一）单项选择题

1. D 2. B 3. D 4. B 5. A 6. D 7. C 8. A 9. B 10. C 11. C 12. C

（二）多项选择题

1. BD 2. BD 3. ABD 4. CD 5. BC 6. AB 7. BC 8. BD 9. AC
10. ABCD 11. ABD 12. ABC 13. AC 14. AD 15. AC

（三）判断题

1. √ 2. × 3. × 4. √ 5. × 6. √ 7. √ 8. √ 9. × 10. × 11. √
12. √ 13. × 14. × 15. × 16. × 17. ×

（四）计算及账务处理题

1.

（1）编制 2×13 年相关会计分录：

借：在建工程——房屋装修工程	80 000 000
贷：银行存款	80 000 000
借：在建工程——房屋装修工程	2 500 000
贷：长期借款——应计利息	2 500 000
借：固定资产——房屋建筑物	82 500 000
贷：在建工程——房屋装修工程	82 500 000

计提 2×13 年 7～12 月折旧额 =（8 250 − 250）÷ 40 ÷ 2 = 100（万元）

借：管理费用	1 000 000
贷：累计折旧	1 000 000

（2）编制 2×14 年相关会计分录：

① 计提 2×14 年 1～6 月折旧额

借：管理费用	1 000 000
贷：累计折旧	1 000 000

② 2×14 年 6 月 30 日自用房产转为经营性出租

借：投资性房地产——房屋	82 500 000
累计折旧	2 000 000
贷：固定资产——房屋建筑物	82 500 000
投资性房地产累计折旧	2 000 000

③ 2×14 年 12 月 31 日取得半年的租金收入

借：银行存款	3 000 000

　　　　贷：其他业务收入　　　　　　　　　　　　　　　　　　3 000 000
④计提投资性房地产 2×14 年 7~12 月折旧 100 万元
借：其他业务成本　　　　　　　　　　　　　　　　　　　　1 000 000
　　　　贷：投资性房地产累计折旧　　　　　　　　　　　　　1 000 000
（3）编制 2×15 年确认收入、计提减值准备的会计分录：
①编制 2×15 年确认收入
借：银行存款　　　　　　　　　　　　　　　　　　　　　　6 000 000
　　　　贷：其他业务收入　　　　　　　　　　　　　　　　　6 000 000
②计提 2×15 年投资性房地产折旧
借：其他业务成本　　　　　　　　　　　　　　　　　　　　2 000 000
　　　　贷：投资性房地产累计折旧　　　　　　　　　　　　　2 000 000
③计提减值准备 =（8 250 - 500）- 5 500 = 2 250（万元）
借：资产减值损失　　　　　　　　　　　　　　　　　　　　22 500 000
　　　　贷：投资性房地产减值准备　　　　　　　　　　　　　22 500 000
（4）编制 2×16 年确认收入、计提减值准备的会计分录：
①编制 2×16 年确认收入
借：银行存款　　　　　　　　　　　　　　　　　　　　　　6 000 000
　　　　贷：其他业务收入　　　　　　　　　　　　　　　　　6 000 000
②计提 2×16 年投资性房地产折旧 =（5 500 - 250）÷37.5 = 140（万元）
借：其他业务成本　　　　　　　　　　　　　　　　　　　　1 400 000
　　　　贷：投资性房地产累计折旧　　　　　　　　　　　　　1 400 000
③计提减值准备 =（5 500 - 140）- 5 450 = - 90（万元）资产价值恢复不需要计提减值准备。
（5）编制 2×17 年确认收入、投资性房地产转换的会计分录：
①编制 2×17 年确认收入
借：银行存款　　　　　　　　　　　　　　　　　　　　　　3 000 000
　　　　贷：其他业务收入　　　　　　　　　　　　　　　　　3 000 000
②计提 2×17 年 1~6 月投资性房地产折旧 70 万元
借：其他业务成本　　　　　　　　　　　　　　　　　　　　700 000
　　　　贷：投资性房地产累计折旧　　　　　　　　　　　　　700 000
③投资性房地产转换
借：固定资产——房屋建筑物　　　　　　　　　　　　　　　82 500 000
　　投资性房地产累计折旧　　　　　　　　　　　　　　　　7 100 000
　　投资性房地产减值准备　　　　　　　　　　　　　　　　22 500 000
　　　　贷：投资性房地产——房屋　　　　　　　　　　　　　82 500 000
　　　　　　累计折旧　　　　　　　　　　　　　　　　　　　7 100 000
　　　　　　固定资产减值准备　　　　　　　　　　　　　　　22 500 000

2.

(1) 2×14年1月1日将一幢商品房对外出租

借：投资性房地产——成本	22 000 000
贷：固定资产	20 000 000
其他综合收益	2 000 000

(2) 2×14年12月31日收到租金收入

借：银行存款	1 000 000
贷：其他业务收入	1 000 000

2×15年12月31日、2×16年12月31日租金收入分录同上

(3) 2×14年12月31日公允价值变动

借：公允价值变动损益	500 000
贷：投资性房地产——公允价值变动	500 000

(4) 2×15年12月31日公允价值变动

借：公允价值变动损益	300 000
贷：投资性房地产——公允价值变动	300 000

(5) 2×16年12月31日公允价值变动

借：公允价值变动损益	700 000
贷：投资性房地产——公允价值变动	700 000

(6) 2×17年1月5日出售商品房

借：银行存款	20 800 000
贷：其他业务收入	20 800 000
借：其他综合收益	2 000 000
投资性房地产——公允价值变动	1 500 000
其他业务成本	20 000 000
贷：投资性房地产——成本	22 000 000
公允价值变动损益	1 500 000

3.

(1) 计算该房产2×13年12月31日的账面价值：

该房产2×12年7月至2×13年12月已提折旧额 = (5 200 - 200)

$$\times (1.5 \div 20) = 375（万元）$$

该房产2×13年12月31日计提减值准备 = (5 200 - 375) - 4 640 = 185（万元）

该房产2×13年12月31日的账面价值 = 5 200 - 375 - 185 = 4 640（万元）

(2) 编制2×13年12月31日转换、2×14年12月31日取得租金和2×17年3月出售时的会计分录：

① 2×13年12月31日自用房产转换为投资性房地产的会计分录：

借：投资性房地产——房屋	52 000 000
累计折旧	3 750 000
固定资产减值准备	1 850 000

贷：固定资产　　　　　　　　　　　　　　　　　52 000 000
　　　　投资性房地产累计折旧　　　　　　　　　　　3 750 000
　　　　投资性房地产减值准备　　　　　　　　　　　1 850 000
② 2×14年12月31日取得租金会计分录：
　　借：银行存款　　　　　　　　　　　　　　　　　6 000 000
　　贷：其他业务收入　　　　　　　　　　　　　　　6 000 000
③ 2×17年3月出售时的会计分录：
　　2×14~2×16年计提折旧额=(4 640-200)÷18.5×3=720（万元）
　　2×12年7月至2×17年3月累计已提折旧=375+720+60=1 155（万元）
　　借：银行存款　　　　　　　　　　　　　　　　　38 000 000
　　贷：其他业务收入　　　　　　　　　　　　　　　38 000 000
　　借：其他业务成本　　　　　　　　　　　　　　　38 600 000
　　　　投资性房地产累计折旧　　　　　　　　　　　11 550 000
　　　　投资性房地产减值准备　　　　　　　　　　　1 850 000
　　贷：投资性房地产——房屋　　　　　　　　　　　52 000 000

三、案例分析题

【案例】

投资性房地产的转换对损益的影响

某上市公司由于产品的更新换代，预计将来两年公司的业绩将会大幅度下降。同时，由于房地产的价格持续上升，该公司的财务经理决定暂时缩减办公用楼，利用会计手段来润色业绩。2×15年1月1日，该公司将一幢办公楼对外出租并采用公允价值模式计量，租期2年，每年12月31日收取租金200万元，出租时，该办公楼的账面原值为8 000万元，已提折旧3 000万元，公允价值6 000万元，2×15年12月31日公允价值9 000万元，2×16年12月31日公允价值11 000万元。

要求：

（1）请问该财务经理的会计手段是否有效？改变办公楼用途对2×15年及2×16年税前利润的影响如何？

（2）编制与该办公楼2×15年及2×16年相关的会计分录。

【案例分析】

（1）该财务经理的会计手段是有效的，改变办公楼用途对2×15年税前利润的影响为增加税前利润3 200万元，对2×16年税前利润的影响为增加税前利润2 200万元。

（2）会计分录：

2×15 年 1 月 1 日

借：投资性房地产——成本 60 000 000
　　累计折旧 30 000 000
　　　贷：固定资产 80 000 000
　　　　　其他综合收益 10 000 000

2×15 年 12 月 31 日，收到租金时

借：银行存款 2 000 000
　　　贷：其他业务收入 2 000 000

资产负债表日公允价值的变动

借：投资性房地产——公允价值变动 30 000 000
　　　贷：公允价值变动损益 30 000 000

2×16 年 12 月 31 日，收到租金时

借：银行存款 2 000 000
　　　贷：其他业务收入 2 000 000

资产负债表日公允价值的变动

借：投资性房地产——公允价值变动 20 000 000
　　　贷：公允价值变动损益 20 000 000

第九章 资产减值

一、练习题

(一) 单项选择题

1. 下列资产中,确认的减值损失在以后会计期间不能转回的是( )。
   A. 应收账款   B. 存货
   C. 无形资产   D. 其他应收款

2. 按照资产减值准则的规定,资产减值损失的计提基础是( )。
   A. 单项资产   B. 多项资产
   C. 资产组   D. 单项资产或资产组

3. 按照我国会计准则的规定,下列资产确认减值损失后可以转回的是( )。
   A. 固定资产   B. 无形资产
   C. 在建工程   D. 存货

4. 企业确认并记录资产减值损失时,应借记的会计科目是( )。
   A. 营业外支出   B. 资产减值损失
   C. 资产减值准备   D. 管理费用

5. 下列资产中,其减值的会计处理不通过《企业会计准则第 8 号——资产减值》来规范的是( )。
   A. 金融资产   B. 固定资产
   C. 无形资产   D. 对子公司的长期股权投资

6. 资产发生减值时,企业应当确认资产减值损失,并把资产的账面价值减记至( )。
   A. 公允价值   B. 零
   C. 可收回金额   D. 现值

7. 对发生减值的资产确认其损失,并计提资产减值准备时,对企业的影响是( )。
   A. 只影响财务状况,不影响经营成果
   B. 不影响财务状况,只影响经营成果
   C. 既影响财务状况,又影响经营成果

D. 既不影响财务状况，也不影响经营成果

8. 资产负债表日，如果有确凿证据表明资产存在减值迹象时，应当进行减值测试，并要求估计的项目是(　　)。
   A. 预计净现金流量　　　　　　B. 可收回金额
   C. 现值　　　　　　　　　　　D. 重置成本

9. 根据资产减值准则的规定，资产的可收回金额是指(　　)。
   A. 资产的公允价值与资产预计未来现金流量两者之间的较高者
   B. 资产的公允价值减去处置费用后的净额与资产预计未来现金流量的现值两者之间的较高者
   C. 资产的公允价值与资产预计未来现金流量的现值两者之间的较高者
   D. 资产的公允价值与资产预计未来现金流量两者之间的较低者

10. 企业合并形成的商誉每年年末减值测试结合的项目是(　　)。
    A. 与其相关的资产组或者资产组组合　　B. 被合并企业的资产
    C. 被合并企业的资产减去负债后的净额　　D. 企业的总部资产

11. 企业资产减值是指资产的账面价值已经高于下列项目中的(　　)。
    A. 公允价值　　　　　　　　B. 可变现净值
    C. 预计未来现金流量的现值　　D. 可收回金额

12. 认定资产组的最关键的因素是(　　)。
    A. 资产组能否独立核算　　　　B. 资产组能否独立产生现金流入
    C. 资产组能否单独转让　　　　D. 资产组是否可辨认

13. 根据我国资产减值准则的规定，预计资产未来现金流量现值时，除了要考虑预计未来现金流量和折现率之外，还应考虑的因素是(　　)。
    A. 资产的公允价值　　　　　　B. 资产的售价
    C. 资产的预计残值　　　　　　D. 资产的使用寿命

14. 下列关于资产组的说法中，不正确的是(　　)。
    A. 资产组一经确定，在各个会计期间应当保持一致，不得随意变更
    B. 资产组是企业可以认定的最小资产组合
    C. 资产组由创造现金流入相关的资产组成
    D. 企业不能够以资产组为基础估计可收回金额

15. 下列资产中，无论是否存在减值迹象，每年都应进行减值测试的是(　　)。
    A. 固定资产　　　　　　　　　B. 长期股权投资
    C. 使用寿命确定的无形资产　　D. 使用寿命不确定的无形资产

16. 在减值测试过程中，计算资产未来现金流量的现值时所使用的折现率是税前利率，它应当反映当前市场货币时间价值和(　　)。
    A. 通货膨胀　　　　　　　　　B. 资产的使用寿命
    C. 资产的经营风险　　　　　　D. 资产的特有风险

17. 根据我国资产减值准则，企业为固定资产计提的减值准备可以转出的时间是(　　)。

A. 资产市价上升　　　　　　　　B. 资产市价下降
C. 资产被处置　　　　　　　　　D. 资产可收回金额大于账面价值

18. 资产负债表日资产存在减值迹象时，为了确定资产是否发生了减值，企业应当比较(　　)。

A. 资产的未来现金流量与公允价值
B. 资产的未来现金流量的现值与公允价值
C. 资产的可收回金额与账面价值
D. 资产的可收回金额与公允价值

19. 下列关于资产组的说法，不正确的是(　　)。

A. 资产组的认定应当以资产组产生的主要现金流入是否独立于其他资产或者资产组的现金流入为依据
B. 资产组的认定应当以资产组的产出是否独立于其他资产或者资产组的产出为依据
C. 资产组的认定应当考虑企业管理层对生产经营活动的管理或监控方式
D. 资产组的认定应当考虑企业管理层对资产的持续使用或处置的决策方式

20. 下列项目中，通常不可以认定为一个资产组的是(　　)。

A. 总部资产
B. 能够独立于其他部门产生现金流的营业网点
C. 能够独立于其他部门产生现金流的事业部
D. 相互关联和依存的、其使用和处置是一体化的一组设备

(二) 多项选择题

1. 资产负债表日对于存在减值迹象的资产，应当进行减值测试。资产可能发生减值的信息包括(　　)。

A. 资产已经或者将被闲置、终止使用或者计划提前处置
B. 资产的市价当期大幅度下跌，其跌幅明显高于因时间的推移或者正常使用而预计的下跌
C. 有证据表明资产已经陈旧过时或者实体已经损坏
D. 企业经营法律等环境以及资产所处的市场在当期或者将在近期发生重大变化
E. 市场利率在当期已经提高且影响企业计算资产预计未来现金流量现值的折现率，导致资产的可收回金额大幅度降低

2. 下列资产中，无论是否存在减值迹象均需于年末进行减值测试的有(　　)。

A. 自创商誉　　　　　　　　　　B. 企业合并形成的商誉
C. 对联营企业的长期股权投资　　D. 使用寿命不确定的无形资产
E. 对子公司的长期股权投资

3. 预计资产未来现金流量现值时，应考虑的因素主要有(　　)。

A. 资产的预计未来现金流量　　　　B. 资产的折旧额或摊销额
C. 资产的使用寿命　　　　　　　　D. 折现率
E. 资产的售价
4. 预计的资产未来现金流量应当包括的项目有(　　)。
A. 资产持续使用过程中预计产生的现金流入
B. 为实现资产持续使用过程中产生的现金流入所必需的预计现金流出
C. 与资产改良有关的预计未来现金流量
D. 资产使用寿命结束时所收到或支付的净现金流量
E. 资产使用寿命内支付所得税产生的现金流量
5. 企业在认定资产组时,应当考虑的因素有(　　)。
A. 资产组产生的主要现金流入是否独立于其他资产或资产组
B. 企业管理层对生产经营活动的管理或监控方式
C. 企业管理层对资产的持续使用或者处置的决策方式
D. 资产组与总部资产是否密切相关
E. 资产组是否为企业的一个部门或一条生产线
6. 对于固定资产和无形资产,其减值损失一经确认,在以后期间不得转回,其理由主要有(　　)。
A. 这些资产的减值通常属于永久性减值
B. 这些资产是长期资产
C. 这些资产在使用寿命内计提折旧或进行摊销
D. 可以避免确认资产重估增值和操纵利润
E. 可以避免低估资产的价值
7. 预计资产未来现金流量的现值时,下列关于折现率的说法正确的有(　　)。
A. 该折现率是税前利率
B. 该折现率是税后利率
C. 该折现率反映当前市场货币时间价值和资产特定风险
D. 该折现率是企业在购置或者投资资产时所要求的必要报酬率
E. 该折现率是企业在购置或者投资资产时所要求的计划报酬率
8. 下列关于资产组认定的说法中,正确的有(　　)。
A. 应当以资产组产生的主要现金流入是否独立于其他资产或资产组为依据
B. 应当考虑企业管理层对生产经营活动的管理或监控方式
C. 应当考虑企业管理层对资产的持续使用或者处置的决策方式
D. 资产组认定后不得随意变更
E. 资产组的认定就是商誉与其他资产的关系的认定
9. 关于预计资产未来现金流量的基础,下列说法中正确的是(　　)。
A. 应建立在企业管理层批准的最近财务预算或预测数据之上
B. 建立在预算或预测数据基础上的预计现金流量一般最多涵盖 10 年

C. 建立在预算或预测数据基础上的预计现金流量一般最多涵盖5年
D. 应以该预算或预测期之后年份稳定的或递增的增长率为基础进行估计
E. 应以该预算或预测期之后年份稳定的或递减的增长率为基础进行估计

10. 下列项目中，可以作为估计资产的可收回金额的基础的有（　　）。
    A. 单项资产　　　　　　　　　B. 单项资产减负债
    C. 单项资产和商誉　　　　　　D. 资产组
    E. 总部资产

11. 下列关于商誉减值的说法中，正确的有（　　）。
    A. 年末不存在减值迹象时，企业不需要进行商誉的减值测试
    B. 年末无论是否存在减值迹象，企业至少于每年年度终了进行减值测试
    C. 商誉应当结合企业全部的资产进行减值测试
    D. 商誉应当结合企业与其相关的资产组或资产组组合进行减值测试
    E. 商誉的账面价值应当自购买日起按照合理的方法分摊至相关的资产组或资产组组合

12. 计算资产的可收回金额涉及处置费用时，其处置费用包括的项目有（　　）。
    A. 相关税费　　　　　　　　　B. 财务费用
    C. 法律费用　　　　　　　　　D. 所得税费用
    E. 搬运费

13. 下列资产的减值处理通过资产减值准则规范的项目有（　　）。
    A. 以成本模式进行后续计量的投资性房地产
    B. 以公允价值模式进行后续计量的投资性房地产
    C. 无形资产
    D. 探明石油天然气矿区权益和井及相关设施
    E. 生产性生物资产

14. 企业在确定折现率时，如使用替代利率估计，其估计替代利率调整的根据有（　　）。
    A. 企业加权平均资金成本　　　B. 权益资金的成本
    C. 长期借款利率　　　　　　　D. 增量借款利率
    E. 其他相关市场借款利率

15. 下列关于资产组的说法中不正确的有（　　）。
    A. 资产组是企业认定的资产组合
    B. 资产组是企业可以认定的最小资产组合
    C. 资产组产生的现金流入应当完全独立于其他资产或资产组
    D. 资产组产生的现金流入应当基本上独立于其他资产或资产组
    E. 企业的资产组一经确定，在各个会计期间应当保持一致

16. 下列关于资产减值损失的说法中，正确的有（　　）。
    A. 企业所有资产的减值损失一经确定，在以后会计期间不得转回

B. 企业当期确认的资产减值损失应当反映在其利润表中

C. 企业在计提各项资产减值准备时,应借记"资产减值损失"科目

D. 当期确认的资产减值损失金额与应计提的减值数额是相同的

E. 企业的固定资产、无形资产的减值损失一经确认,在以后会计期间不得转回

17. 下列关于资产减值的论断中,正确的有(　　)。

A. 确认后的各类资产减值损失,不得在以后会计期间转回

B. 企业在利润表中,应当列示其当期确认的资产减值损失金额

C. 资产的可收回金额应当根据资产的出售净额来计算

D. 当期确认的资产减值损失是年末资产的可收回金额低于其账面价值的差距

E. 资产减值损失确认后,减值资产的折旧或摊销费用在未来期间需要作出调整

18. 预计资产未来现金流量时,不应包括(　　)。

A. 与尚未做出承诺的重组事项有关的预计未来现金流量

B. 与所得税收付有关的现金流量

C. 筹资活动产生的现金流入或流出

D. 为了维持资产正常运转或者原定正常产出水平所必需的未来发生的现金流出

E. 与资产改良有关的预计未来现金流量

(三) 判断题

1. 如果资产为企业带来的经济利益低于其账面价值,企业不能再以原账面价值予以确认,否则,会导致企业资产和利润虚增。(　　)

2. 资产发生减值时,企业应确认资产减值损失,并把资产的账面价值减记至可变现净值。(　　)

3. 由于有关资产特性不同,其减值会计处理也有所差别,因而适用的具体准则和会计处理也不尽相同。(　　)

4. 长期股权投资和投资性房地产如果发生减值,应按资产减值准则的规定进行会计处理。(　　)

5. 在资产负债表日,企业应当判断资产是否存在可能发生减值的迹象,主要从内部信息和外部信息两个方面加以判断。(　　)

6. 对于使用寿命不确定的无形资产,企业应当至少于每年年末进行减值测试,估计其可收回金额。(　　)

7. 总部资产是企业资产的有机组成部分,其显著特征是难以脱离其他资产或者资产组产生独立的现金流入,而且其账面价值难以完全归属于某一资产组。(　　)

8. 企业资产存在减值迹象的,应当估计资产可收回金额。资产可收回金额

必须以单项资产为基础进行估计。（   ）

9. 资产可收回金额的估计，应当按其公允价值减去处置费用后的净额与资产预计未来现金流量的现值，两者孰低确定。（   ）

10. 估计资产可收回金额时，资产的公允价值减去处置费用后的净额与资产预计未来现金流量的现值，只要有一项超过了资产的账面价值，就表明资产没有发生减值，不用再估计另一项金额。（   ）

11. 资产预计未来现金流量包括资产持续使用过程中预计产生的现金流入以及相应的预计现金流出，无须考虑资产使用寿命结束时处置资产产生的净现金流量。（   ）

12. 预计资产未来现金流量不应当包括筹资活动和所得税收付产生的现金流量。（   ）

13. 企业在预计资产未来现金流量和折现率时，如果折现率考虑了因一般通货膨胀而导致的物价上涨影响因素，则预计资产未来现金流量无须再考虑。（   ）

14. 企业未来发生的现金流出如果是为了维持资产正常运转或者资产正常产出水平而必要的支出或者属于资产维护支出，则应当在预计资产未来现金流量时将其考虑在内。（   ）

15. 在减值测试过程中，计算资产未来现金流量现值时所使用的折现率应当反映未来市场货币时间价值和资产特定风险的税后利率。（   ）

16. 对于固定资产、存货、无形资产等资产，企业的资产减值损失一经确认，在以后会计期间不得转回。（   ）

17. 估计资产可收回金额时，如果没有确凿证据或理由表明，资产预计未来现金流量的现值显著高于其公允价值减去处置费用后的净额，可以将资产的公允价值减去处置费用后的净额视为资产的可收回金额。（   ）

18. 企业的资产组一经确认后，在各个会计期间应保持一致，不得随意变更。如确实需要变更，应当在附注中予以说明。（   ）

19. 资产组的账面价值的确定基础应与其可收回金额的确定方式相一致，否则难以正确估算资产组的减值损失。（   ）

20. 由于总部资产难以单独进行减值测试，通常需要结合其他相关资产组或者资产组组合进行。（   ）

（四）计算及账务处理题

1. 2×13年7月1日，兴旺公司以600万元的价格购入一项自用的无形资产，该无形资产与特定产品的生产无关。其预计使用寿命为10年，预计净残值为零。企业按月进行无形资产摊销。2×16年年末企业判断该无形资产发生减值。经减值测试，该无形资产的可收回金额为300万元，预计尚可使用5年。

要求：

（1）计算2×16年年末企业为该无形资产计提的减值准备金额。（金额单位

以万元表示，下同）

（2）进行 2×16 年 12 月企业进行无形资产摊销以及计提无形资产减值准备的账务处理。

（3）进行 2×17 年 1 月企业进行无形资产摊销的账务处理。

2. 2×13 年 11 月 1 日，发达公司以 360 万元的价格购入一项自用的无形资产，该无形资产与特定产品的生产无关。其预计使用寿命为 10 年，预计净残值为零。企业按月进行无形资产摊销。2×15 年年末，企业判断该无形资产发生减值。经减值测试，该无形资产的可收回金额为 192 万元，预计尚可使用 5 年。2×16 年 12 月 31 日，企业将无形资产出售，取得价款 100 万元。假设不考虑相关税金的影响。金额单位均以万元表示。

要求：

（1）计算 2×15 年年末企业为该无形资产计提的减值准备金额。（金额单位以万元表示，下同）

（2）进行 2×15 年 12 月无形资产摊销和计提无形资产减值准备的账务处理。

（3）做出 2×16 年每月进行无形资产摊销的账务处理。

（4）进行出售无形资产的账务处理。

3. 2×12 年 12 月 16 日，西北公司购入一条生产线，其入账价值为 12 000 000 元，预计使用年限为 6 年，预计净残值为 360 000 元，企业采用直线法计提折旧。2×15 年 12 月 31 日，由于市场需求发生不利的变化，估计其可收回金额为 2 500 000 元，预计尚可使用寿命为 2 年，预计净残值不变，企业仍采用直线法计提折旧。为简化计算，假设公司按年计提折旧。

要求：

（1）计算 2×13~2×15 年每年应提的折旧额，并进行每年末计提折旧的账务处理。

（2）计算 2×15 年西北公司应计提的固定资产减值准备金额，并进行计提减值准备的账务处理。

（3）计算 2×16 年应提折旧额，并进行计提折旧的账务处理。

（4）2×16 年财务报表附注中应披露会计估计变更的影响。请问：由于固定资产预计使用寿命变更导致当年净利润减少多少？（计算数值保留到整位数）

4. 同安公司于 2×14 年 3 月 18 日以 4 610 万元的价格购入一幢办公楼，用于对外出租（后续计量采用成本模式），另支付相关税费 20 万元，全部款项已用银行存款支付。办公楼的预计使用寿命为 50 年，预计净残值为 30 万元，同安公司采用年限平均法计提折旧。办公楼于 2×14 年 4 月 1 日开始出租，年租金为 400 万元，于年末一次结清。2×16 年年末，同安公司判断该办公楼发生减值，经过计算，其可收回金额低于账面价值 300 万元。

要求：

（1）进行同安公司购入办公楼的账务处理。（金额单位以万元表示，下同）

（2）计算 2×14 年至 2×16 年办公楼每年折旧额。（为简化计算，假设公司

按年计提折旧)

(3) 进行各年收取租金和计提折旧的账务处理。

(4) 进行2×16年年末同安公司计提资产减值准备的账务处理。

5. 2×12年12月31日,路遥公司对下列出现减值迹象的资产进行减值测试,有关资料如下:

(1) 路遥公司于2×11年3月31日以一批库存商品作为对价,取得马力公司70%的股权,该批存货的成本为2 100万元,已计提存货跌价准备150万元,公允价值及计税价格均为2 000万元。合并前路遥公司与马力公司不存在关联方关系。

2×11年6月26日,马力公司分配现金股利500万元;2×11年马力公司实现净利润900万元。2×12年5月10日,马力公司宣告分配现金股利700万元。2×12年马力公司因经营不善,发生严重亏损,经减值测试,该项长期股权投资的可收回金额为1 600万元。

(2) 对某项投资性房地产进行减值测试,路遥公司对该项投资性房地产采用成本模式计量,每年的租金收入均于年末收取,账面原价为8 000万元,累计折旧为5 248.36万元,此前未计提减值准备,剩余使用寿命为4年。路遥公司管理层批准的财务预算显示,公司将于2×14年对该项投资性房地产进行装修,预计经过装修后,该项投资性房地产的租金收入将得到显著提高。路遥公司管理层批准的2×12年年末该项投资性房地产的预计未来现金流量如表9-1所示(假定有关现金流量均发生于每年年末,租金收入均按期收到现金)。

表9-1 预计未来现金流量 单位:万元

项目	2×13年	2×14年 不考虑装修	2×14年 考虑装修	2×15年 不考虑装修	2×15年 考虑装修	2×16年 不考虑装修	2×16年 考虑装修
租金收入	650	820	900	780	1 070	630	1 020
日常维护支出	40	55	30	45	63	41	52
其他现金支出	10	15	10	15	7	9	18
改良支出	—	—	350	—	—	—	—

在计算未来现金流量现值时,该项投资性房地产适用的折现率(税前)为10%,已知部分时间价值系数如表9-2所示。

表9-2 相关时间价值系数

年数	1	2	3	4
10%的复利现值系数	0.909 1	0.826 4	0.751 3	0.683 0

该项投资性房地产所在地不存在活跃的房地产市场,无法可靠估计其公允价值减去处置费用后的净额。

(3) 一项专利技术的账面余额为200万元,已累计摊销100万元,未计提减值准备,该专利技术已被其他新的技术所替代,其为企业创造经济利益的能力受到重大不利影响。公司经分析,认定该专利技术虽然价值受到重大影响,但仍有 40 万元的剩余价值。

要求:

(1) 编制 2×11 年 3 月 31 日路遥公司对马力公司进行股权投资的有关会计分录。(金额单位以万元表示,下同)

(2) 对上述交易或事项是否计提减值准备进行判断;对于需要计提减值准备的交易或事项,进行相应的资产减值处理。(计算结果保留两位小数)

6. 聚泰公司有一条生产线,生产甲产品,由 A、B、C、D 四台机器构成,这四台机器均无法产生独立的现金流入,但组成生产线后构成完整的产销单位,可以独立地产生现金流入,构成资产组。A、B、C、D 四台机器均系聚泰公司于 2×09 年 12 月购入的,成本分别为 400 万元、700 万元、600 万元、800 万元,预计使用年限均为 10 年,预计净残值为零,采用直线法计提折旧。购入当月该生产线达到预订可使用状态。

2×16 年,市场上出现了甲产品的替代产品,甲产品市场大幅萎缩,出现减值迹象。2×16 年 12 月 31 日,聚泰公司对该生产线进行减值测试。

2×16 年 12 月 31 日,A 机器的公允价值为 97 万元,如将其处置,预计将发生相关费用 22 万元;B、C 机器的公允价值减去处置费用后的净额无法合理估计;D 机器的公允价值为 245 万元,如将其处置,预计将发生相关费用 15 万元;四台机器均无法独立确定其未来现金流量现值。

该生产线预计未来现金流量的现值为 550 万元。

要求:

(1) 确定该资产组的减值损失。(金额单位以万元表示,下同)

(2) 将该资产组的资产减值损失分摊至各个资产,进行相关的账务处理。(保留两位小数)

二、练习题参考答案

(一) 单项选择题

1. C　2. D　3. D　4. B　5. A　6. C　7. C　8. B　9. B　10. A　11. D　12. B
13. D　14. D　15. D　16. D　17. C　18. C　19. B　20. A

(二) 多项选择题

1. ABCE　2. BD　3. ACD　4. ABD　5. ABC　6. AD　7. ACD　8. ABCD
9. ACE　10. AD　11. BDE　12. ACE　13. ACDE　14. ADE　15. AC
16. BCE　17. BCDE　18. ABCE

（三）判断题

1. √ 2. × 3. √ 4. × 5. √ 6. √ 7. √ 8. × 9. × 10. √ 11. ×
12. √ 13. × 14. √ 15. × 16. × 17. √ 18. √ 19. √ 20. √

（四）计算及账务处理题

1. 具体计算及处理过程如下：

(1) 未计提减值准备前该无形资产的账面价值 = 600 − 600 ÷ 10 × 3.5 = 600 − 210 = 390（万元）

应计提减值准备金额 = 390 − 300 = 90（万元）

(2) 2×16年12月该无形资产摊销金额 = 600 ÷ 10 ÷ 12 = 5（万元）

借：管理费用　　　　　　　　　　　　　　　　　　5
　　贷：累计摊销　　　　　　　　　　　　　　　　　　5

计提无形资产减值准备：

借：资产减值损失　　　　　　　　　　　　　　　　90
　　贷：无形资产减值准备　　　　　　　　　　　　　90

(3) 2×17年1月该无形资产应摊销金额 = 300 ÷ 5 ÷ 12 = 5（万元）

借：管理费用　　　　　　　　　　　　　　　　　　5
　　贷：累计摊销　　　　　　　　　　　　　　　　　　5

2. 具体计算及处理过程如下：

(1) 未计提减值准备前资产的账面价值 = 360 − 360 ÷ 10 ÷ 12 × 26 = 282（万元）

应计提减值准备金额 = 282 − 192 = 90（万元）

(2) 无形资产摊销金额 = 360 ÷ 10 ÷ 12 = 3（万元）

借：管理费用　　　　　　　　　　　　　　　　　　3
　　贷：累计摊销　　　　　　　　　　　　　　　　　　3

计提无形资产减值准备：

借：资产减值损失　　　　　　　　　　　　　　　　90
　　贷：无形资产减值准备　　　　　　　　　　　　　90

(3) 应摊销金额 = 192 ÷ 5 ÷ 12 = 3.2（万元）

借：管理费用　　　　　　　　　　　　　　　　　　3.2
　　贷：累计摊销　　　　　　　　　　　　　　　　　　3.2

(4) 出售无形资产时：

出售无形资产时已累计摊销金额 = 3 × 26 + 3.2 × 12 = 116.4（万元）

借：银行存款　　　　　　　　　　　　　　　　　　100
　　累计摊销　　　　　　　　　　　　　　　　　　116.4
　　无形资产减值准备　　　　　　　　　　　　　　90
　　营业外支出　　　　　　　　　　　　　　　　　53.6
　　　贷：无形资产　　　　　　　　　　　　　　　　　360

3. 计算过程及账务处理如下：

(1) 每年应提折旧额 =（12 000 000 - 360 000）÷ 6 = 1 940 000（元）

借：制造费用　　　　　　　　　　　　　　　　1 940 000
　　贷：累计折旧　　　　　　　　　　　　　　　　　　1 940 000

(2) 2×13~2×15 年，公司每年计提折旧 1 940 000 万元，三年累计计提折旧 5 820 000 元。2×15 年年末，在不考虑计提减值准备的情况下，固定资产的账面价值为 6 180 000 元（12 000 000 - 5 820 000）。固定资产的可收回金额为 2 500 000 元，公司应计提固定资产减值准备 3 680 000 元（6 180 000 - 2 500 000）。

借：资产减值损失　　　　　　　　　　　　　　3 680 000
　　贷：固定资产减值准备　　　　　　　　　　　　　　3 680 000

(3) 2×16 年应提折旧额 =（2 500 000 - 360 000）÷ 2 = 1 070 000（元）

借：制造费用　　　　　　　　　　　　　　　　1 070 000
　　贷：累计折旧　　　　　　　　　　　　　　　　　　1 070 000

(4) 如果固定资产的预计使用寿命未变更，2×16 年应计提折旧 713 333 元（(2 500 000 - 360 000) ÷ 3）。固定资产的预计使用寿命变更影响本年度净利润减少数为 267 500 元（(1 070 000 - 713 333) ×（1 - 25%））。

4. 具体计算及账务处理过程如下：

(1) 购入办公楼：

借：投资性房地产　　　　　　　　　　　　　　4 630
　　贷：银行存款　　　　　　　　　　　　　　　　　　4 630

(2) 2×14 年折旧额 =（4 630 - 30）÷ 50 ÷ 12 × 9 = 69（万元）

　　　　2×15 年和 2×16 年的年折旧额 = 92 万元

(3) 2×14 年收取租金和计提折旧的账务处理：

借：银行存款　　　　　　　　　　　　　　　　300
　　贷：其他业务收入　　　　　　　　　　　　　　　　300

借：其他业务成本　　　　　　　　　　　　　　69
　　贷：投资性房地产累计折旧　　　　　　　　　　　　69

2×15 年收取租金和计提折旧的账务处理：

借：银行存款　　　　　　　　　　　　　　　　400
　　贷：其他业务收入　　　　　　　　　　　　　　　　400

借：其他业务成本　　　　　　　　　　　　　　92
　　贷：投资性房地产累计折旧　　　　　　　　　　　　92

2×16 年收取租金和计提折旧的账务处理同 2×15 年。

(4) 2×16 年年末计提资产减值准备的账务处理：

借：资产减值损失　　　　　　　　　　　　　　300
　　贷：投资性房地产减值准备　　　　　　　　　　　　300

5. 具体计算及账务处理过程如下：

(1) 2×11 年 3 月 31 日路遥公司对马力公司进行股权投资的有关会计分录：

借：长期股权投资 2 340
　　贷：主营业务收入 2 000
　　　　应交税费——应交增值税（销项税额） 340
借：主营业务成本 1 950
　　存货跌价准备 150
　　贷：库存商品 2 100

（2）各项资产减值的处理如下：

①长期股权投资：

马力公司分配现金股利及实现净利润并不影响路遥公司长期股权投资的账面价值。

　　2×12年年末该项长期股权投资的账面价值 = 2 340万元

　　　　长期股权投资的可收回金额 = 1 600万元

可收回金额小于账面价值，因此需要计提减值准备。

　　　应计提的减值准备 = 2 340 - 1 600 = 740（万元）

②投资性房地产：

该项投资性房地产的预计未来现金流量的现值 = (650 - 40 - 10) × 0.909 1 + (820 - 55 - 15) × 0.826 4 + (780 - 45 - 15) × 0.751 3 + (630 - 41 - 9) × 0.683 0 = 2 102.34（万元）

　　　账面价值 = 8 000 - 5 248.36 = 2 751.64（万元）

可收回金额小于账面价值，因此需要计提减值准备。

　　　应计提的减值准备 = 2 751.64 - 2 102.34 = 649.30（万元）

③专利技术：

由于企业的该项无形资产创造经济利益的能力受到重大影响而仍有一定价值时，则应当分析其剩余价值，认定其本期应计提的减值准备。

　　　无形资产应计提的减值准备 = (200 - 100) - 40 = 60（万元）

综上所述，编制会计分录如下：

借：资产减值损失 1 449.30
　　贷：长期股权投资减值准备 740
　　　　投资性房地产减值准备 649.30
　　　　无形资产减值准备 60

6. 具体计算及处理过程如下：

（1）确定该资产组的减值损失：

2×16年12月31日该资产组的账面价值 = (400 - 400 ÷ 10 × 7) + (700 - 700 ÷ 10 × 7) + (600 - 600 ÷ 10 × 7) + (800 - 800 ÷ 10 × 7)

= 120 + 210 + 180 + 240

= 750（万元）

由于公司无法估计 B、C 机器的公允价值减去处置费用后的净额，因此该资产组的可收回金额即等于该生产线的预计未来现金流量的现值，为 550 万元。

该资产组的减值损失 = 750 - 550 = 200（万元）

（2）将该资产组的资产减值损失分摊至各个资产，如表 9 - 3 所示。

表 9 - 3　　　　　　　资产减值分摊计算表　　　　　金额单位：万元

项目	A 机器	B 机器	C 机器	D 机器	资产组
账面价值	120	210	180	240	750
可收回金额					550
减值损失					200
减值损失分摊比例	16%	28%	24%	32%	
分摊减值损失	32	56	48	10 *	146
分摊后的账面价值	88	154	132	230	
尚未分摊的减值损失					54
二次分摊比例	23.53%	41.18%	35.29%		
二次分摊的减值损失	12.71	22.24	19.05		
二次分摊后应确认减值损失总额	44.71	78.24	67.05	10	200
二次分摊后的账面价值	75.29	131.76	112.95	230	550

注：* 按照分摊比例，机器 D 应当分摊减值损失 64 万元（200×32%），但由于机器 D 的公允价值减去处置费用后的净额为 230 万元，因此机器 D 最多只能确认减值损失 10 万元（240 - 230），未能分摊的减值损失 54 万元（64 - 10），应当在机器 A、B 和 C 之间进行再分摊。

相关的账务处理为：

借：资产减值损失——A 机器　　　　　　　　　　44.71
　　　　　　　　　——B 机器　　　　　　　　　　78.24
　　　　　　　　　——C 机器　　　　　　　　　　67.05
　　　　　　　　　——D 机器　　　　　　　　　　10
　　贷：固定资产减值准备——A 机器　　　　　　　44.71
　　　　　　　　　　　　——B 机器　　　　　　　78.24
　　　　　　　　　　　　——C 机器　　　　　　　67.05
　　　　　　　　　　　　——D 机器　　　　　　　10

三、案例分析题

【案例 1】

苍松公司专利权减值处理

苍松公司于 2×12 年 7 月 1 日以 540 万元的价格购入一项专利权，全部款项已用银行存款支付。专利权的预计使用寿命为 6 年。2×14 年 12 月 31 日，由于市场技术条件发生较大不利变动，苍松公司判断该专利权发生减值，经过减值测试，专利权的公允价值为 190 万元，预计未来现金流量的现值为 175 万元。苍松公司认为，该专利权的预计未来现金流量的现值低于公允价值，所以专利权的可收回金额为175万元,并以此为依据计提了无形资产减值准备140万元。2×16年12月31日,由于市场技术条件发生较大有利变动,苍松公司预计专利权的可收回金额为265万元,因此将已计提的无形资产减值准备140万元全部转回。

讨论:苍松公司对专利权减值的计算和会计处理是否正确,为什么?

【案例分析】

苍松公司对专利权减值的计算和会计处理不正确。

第一,对专利权减值的计算不正确。资产的可收回金额的估计应当根据其公允价值减去处置费用后的净额与资产预计未来现金流量的现值两者之间的较高者确定。该企业没有计算处置费用而只考虑公允价值是错误的。此外,按照两者较低者进行选择确定可收回金额也是错误的。

第二,2×16年年末对已计提的无形资产减值准备转回是错误的。因为根据资产减值准则的规定,已计提的无形资产等非流动资产的减值准备在以后会计期间不得转回。

【案例2】

翠柏公司资产减值处理

翠柏公司的一条生产线由A、B、C三台设备组成,翠柏公司将该生产线认定为一个资产组。假设2×16年年末A、B、C三台设备的账面价值分别为400万元、600万元和200万元。2×16年年末翠柏公司根据有关信息判断该资产组发生了减值,对该资产组进行了减值测试。预计该生产线尚可使用5年,经估计生产线未来5年现金流量及其折现率,得到其预计未来现金流量的现值为600万元。该生产线的公允价值无法合理估计。A、B、C三项资产预计未来现金流量的现值均无法合理估计,设备B的公允价值减去处置费用后的净额为420万元,A和C两台设备的公允价值无法合理估计。2×16年以前该资产组未发生减值。

思考:根据资产减值准则,翠柏公司应为该资产组确认的减值损失为多少?2×16年年末企业进行资产减值处理后,A、B、C三项资产的账面价值分别为多少?

【案例分析】

资产组的账面价值 = 400 + 600 + 200 = 1 200(万元)

资产组的可收回金额 = 600万元

资产组减值损失 = 1 200 - 600 = 600(万元)

将600万元在A、B、C三项资产之间分配的结果如表9-4所示。

表9-4　　　　　　　　　资产减值分摊计算表　　　　　　　金额单位:万元

项目	A	B	C	资产组
原账面价值	400	600	200	1 200
各资产所占比例	1/3	1/2	1/6	
资产组减值损失				600
分配给各资产的减值损失	200	300	100	600
抵减后的账面价值	200	300	100	600

由于抵减后设备 B 的账面价值不应低于公允价值减去处置费用后的净额 420 万元，所以设备 B 应提取 180 万元的减值准备，而不是 300 万元。两者的差额 120 万元应由该 A、C 两项资产负担。

设备 A 应提减值准备 $= 200 + 120 \times 400 \div 600 = 280$（万元）

或设备 A 应提减值准备 $= (600 - 180) \times 400 \div 600 = 280$（万元）

设备 C 应提减值准备 $= 100 + 120 \times 200 \div 600 = 140$（万元）

或设备 C 应提减值准备 $= (600 - 180) \times 200 \div 600 = 140$（万元）

计提减值准备后各设备的账面价值分别为：

设备 A 的账面价值 $= 400 - 280 = 120$（万元）

设备 B 的账面价值 $= 420$ 万元

设备 C 的账面价值 $= 200 - 140 = 60$（万元）

第十章 流动负债与或有负债

一、练习题

（一）单项选择题

1. 企业签发并承兑的商业汇票如果到期无法支付，则应将应付票据的账面价值结转至（　　）。
   A. 短期借款　　　　　　　　　　B. 应收账款
   C. 坏账准备　　　　　　　　　　D. 应付账款

2. 如果企业预收账款业务不多的，也可以不设置"预收账款"科目，直接记入（　　）。
   A. "应收账款"科目的借方　　　　B. "应收账款"科目的贷方
   C. "应付账款"科目的借方　　　　D. "应付账款"科目的贷方

3. 下列项目中，不属于职工薪酬的是（　　）。
   A. 职工工资　　　　　　　　　　B. 职工福利费
   C. 医疗保险费　　　　　　　　　D. 职工出差报销的火车票

4. 下列项目中，不属于企业职工范围的是（　　）。
   A. 临时职工　　　　　　　　　　B. 监事会成员
   C. 为企业提供审计服务的注册会计师　D. 内部审计委员会成员

5. 由生产产品、提供劳务负担的职工薪酬，应当（　　）。
   A. 计入管理费用　　　　　　　　B. 计入存货成本或劳务成本
   C. 确认为当期费用　　　　　　　D. 计入销售费用

6. 下列项目中，不属于短期薪酬的是（　　）。
   A. 非货币性福利　　　　　　　　B. 短期带薪缺勤
   C. 短期利润分享计划　　　　　　D. 辞退福利

7. 甲公司2×16年1月1日聘请副总经理一名，确定该副总经理的薪酬计划如下：①月薪6万元；②免费提供一套200平方米的公寓供其使用，月租金1万元由公司支付；③免费提供一辆价值为25万元的小汽车供其自用。该小汽车购置于2×15年12月30日，预计使用年限为5年，预计净残值为1万元，采用年限平均法计提折旧。该公司外聘副总经理的每月薪酬总额为（　　）万元。

A. 6　　　　　B. 6.4　　　　　C. 7　　　　　D. 7.4

8. 甲公司为增值税一般纳税人，适用的增值税税率为17%。2×16年1月甲公司董事会决定将本公司生产的500件产品作为福利发放给公司管理人员，该批产品单件成本为1.2万元，市场销售价格为每件2万元（不含增值税），不考虑其他相关税费，甲公司在2×16年因该项业务应计入管理费用的金额为（　　）万元。

A. 600　　　　　B. 770　　　　　C. 1 000　　　　　D. 1 170

9. 企业因提前解除与车间职工劳动关系而给予的补偿，应当借记（　　）科目。

A. 管理费用　　　　　B. 制造费用
C. 生产成本　　　　　D. 应付职工薪酬

10. 2009年我国增值税转型改革后，我国增值税的类型是（　　）。

A. 生产型增值税　　　　　B. 营业型增值税
C. 消费型增值税　　　　　D. 收入型增值税

11. 下列关于增值税专用发票的说法中，错误的是（　　）。

A. 专用发票由基本联次或基本联次附加其他联次构成
B. 基本联次分为三联：发票联、抵扣联、存根联
C. 基本联次分为三联：发票联、抵扣联、记账联
D. 其他联次的用途由一般纳税人自行确定

12. 自2017年7月1日起，我国增值税税率不包括（　　）。

A. 13%　　　　　B. 11%　　　　　C. 6%　　　　　D. 17%

13. 下列税金与企业损益无关的是（　　）。

A. 城市维护建设税　　　　　B. 消费税
C. 增值税　　　　　D. 所得税

14. 某增值税一般纳税人企业发生的下列业务中，应将增值税进项转出的是（　　）。

A. 销售代销货物　　　　　B. 向其他单位无偿提供服务
C. 将自产的货物分配给股东　　　　　D. 非正常损失的购进货物

15. 加一公司为增值税一般纳税人，2×16年5月，缴纳上个月未交的增值税30 000元，应借记（　　）科目。

A. 应交税费——应交增值税（已交税金）
B. 应交税费——应交增值税（销项税额）
C. 应交税费——应交增值税（未交税金）
D. 应交税费——未交增值税

16. 甲公司委托乙公司加工一批应税消费品，甲公司加工完毕收回该应税消费品后，继续生产应税消费品，则甲公司支付给乙公司的价款中的消费税部分应当借记（　　）科目。

A. 委托加工物资　　　　　B. 税金及附加

C. 应交税费——应交消费税　　　　D. 原材料

17. 接上题，如果甲公司加工完毕收回该应税消费品后，直接以不高于组成计税价格对外销售，则甲公司支付给乙公司的价款中的消费税部分应当借记（　　）科目。

　　A. 委托加工物资　　　　　　　　B. 税金及附加
　　C. 应交税费——应交消费税　　　　D. 原材料

18. 自2016年7月1日起，我国推行资源税的改革，改革后的资源税实行（　　）。

　　A. 从价计征
　　B. 从量计征
　　C. 混合计征
　　D. 多数项目从价计征，少数项目从量计征

19. 下列税种的会计核算中，不通过"税金及附加"科目的有（　　）。

　　A. 房产税　　　　　　　　　　　　B. 土地增值税
　　C. 城镇土地使用税　　　　　　　　D. 车船税

20. 企业缴纳印花税，借记的会计科目是（　　）。

　　A. 税金及附加　　　　　　　　　　B. 其他应收款
　　C. 应交税费——应交印花税　　　　D. 其他应付款

21. M公司本期应交房产税2.5万元，印花税2万元，应交城镇土地使用税3万元，城市维护建设税7万元，教育费附加3万元，则本期影响"应交税费"科目的金额是（　　）万元。

　　A. 17.5　　　　B. 15.5　　　　C. 14.5　　　　D. 7.5

22. 下列事项中不属于或有事项的是（　　）。

　　A. 债务担保　　　　　　　　　　　B. 计提坏账准备
　　C. 未决诉讼　　　　　　　　　　　D. 质量保证

23. 下列关于或有事项的说法中正确的是（　　）。

　　A. 或有事项的不确定性是指或有事项的结果预计将会发生，但发生的具体时间或金额可能确定也可能不确定
　　B. 或有事项虽然具有不确定性，但该不确定性能由企业控制
　　C. 或有事项的结果需由未来事项的发生或不发生来决定
　　D. 固定资产计提折旧时，对其残值和使用年限的估计具有一定的不确定性，这种不确定性与或有事项具有的不确定性是相同的

24. 或有事项的特征不包括（　　）。

　　A. 属于一种潜在义务
　　B. 由过去的交易或事项形成
　　C. 结果具有不确定性
　　D. 由未来事项的发生或不发生来决定

25. 或有事项的结果，不可能产生下列哪个项目（　　）。

A. 预计负债 B. 或有负债
C. 或有资产 D. 预计资产

26. 下列关于不确定事项发生的可能性的说法中，错误的是( )。
    A. "极小可能"指发生的可能性大于0但小于或等于5%
    B. "可能"指发生的可能性大于5%但小于或等于50%
    C. "很可能"指发生的可能性大于50%但小于或等于95%
    D. "基本确定"指发生的可能性大于95%但小于或等于100%

27. 下列关于预计负债清偿过程中预期得到补偿的处理方法中，说法正确的是( )。
    A. 如果预期经济利益很可能流入企业，应当单独作为资产确认
    B. 如果预期经济利益基本确定，应当在收到时确认为当期损益
    C. 如果预期经济利益基本确定，应当单独作为资产确认
    D. 如果预期经济利益基本确定，应当从预计负债的金额中予以抵销

28. 下列关于最佳估计数的说法中，错误的是( )。
    A. 所需支出存在一个连续范围，且该范围内各种结果发生的可能性相同，最佳估计数应当按照上下限金额的平均数确定
    B. 所需支出不存在一个连续范围，涉及单个项目，最佳估计数按照最可能发生金额确定
    C. 所需支出不存在一个连续范围，涉及单个项目，最佳估计数应当按照上下限金额的平均数确定
    D. 所需支出不存在一个连续范围，涉及多个项目，最佳估计数按照各种可能结果及相关概率加权计算确定

29. X公司于2×16年10月20日收到法院通知，被告知Y公司状告其侵权，要求赔偿300万元。该公司在应诉中发现Z公司应当承担连带责任，要求其进行补偿。企业在年末编制会计报表时，根据案件的进展情况以及法律专家的意见，认为对原告进行赔偿的可能性在65%以上，最有可能发生的赔偿金额为300万元，从第三方很可能得到补偿350万元，为此，X公司在年末应确认的资产和负债金额分别为( )万元。
    A. 350，300 B. 300，300
    C. 0，300 D. 0，350

30. 甲公司因污水排放对环境造成污染被周围居民提起诉讼。截至2×16年12月31日，公司尚未接到人民法院的判决。根据法律顾问估计，赔偿2万元的可能性为10%，赔偿10万元的可能性为90%，甲公司应确认的预计负债的金额为( )万元。
    A. 2 B. 6 C. 9.2 D. 10

31. 接上题，假设根据律师估计，判决很可能对公司不利。假定预计将要支付的赔偿金额为2万~10万元，而且这个区间内每个金额的可能性都大致相同。甲公司应确认的预计负债的金额为( )万元。

A. 2　　　　　　B. 6　　　　　　C. 9.2　　　　　　D. 10

32. 2×16年12月10日，甲公司因合同违约而涉及一桩诉讼案。根据企业的法律顾问判断，最终的判决可能对甲公司不利。2×16年12月31日，甲公司尚未接到法院的判决，因诉讼需承担的赔偿的金额也无法准确地确定。不过，据专业人士估计，赔偿金额可能在100万元至120万元之间的某一金额。甲公司应在2×16年12月31日资产负债表中确认负债的金额为(　　)万元。

A. 100　　　　　B. 110　　　　　C. 120　　　　　D. 0

33. 甲公司为2×16年新成立的企业。2×16年该公司分别销售A、B产品1万件和2万件，销售单价分别为100元和50元。公司向购买者承诺提供产品售后2年内免费保修服务，预计保修期内将发生的保修费在销售额的2%～8%。2×16年实际发生保修费1万元。假定无其他或有事项，则甲公司2×16年年末资产负债表"预计负债"项目的金额为(　　)万元。

A. 3　　　　　　B. 9　　　　　　C. 1　　　　　　D. 1

34. 2×16年10月X公司与Y公司签订合同，X公司于2×17年1月销售商品给Y公司，合同价格为1 600万元，如X公司单方面撤销合同，应支付违约金为400万元。至2×16年12月31日商品尚未购入，但是市场价格大幅度地上升，X公司预计购买商品成本总额为2 200万元，则X公司确认预计负债的金额为(　　)万元。

A. 200　　　　　B. 600　　　　　C. 400　　　　　D. 0

（二）多项选择题

1. 下列各项中，属于负债特征的有(　　)。
   A. 负债是由于过去的交易或事项形成的
   B. 负债是企业承担的现时义务
   C. 负债是企业承担的潜在的现时义务
   D. 负债预期会导致经济利益流出企业

2. 下列各项中，应纳入职工薪酬核算的有(　　)。
   A. 工会经费　　　　　　　　B. 职工养老保险费
   C. 职工住房公积金　　　　　D. 辞退职工经济补偿

3. 下列项目中，企业应当纳入职工薪酬核算的有(　　)。
   A. 向公司董事支付的薪金
   B. 向公司管理人员发放的交通补贴
   C. 向困难职工支付的生活补助
   D. 向兼职的员工支付的奖金

4. 下列职工薪酬中，可以计入产品成本的有(　　)。
   A. 住房公积金　　　　　　　B. 非货币性福利
   C. 职工工资　　　　　　　　D. 辞退福利

5. 下列项目中，应按国家规定的计提基础和计提比例，确认为应付职工薪酬的有( )。
A. 养老保险费 B. 医疗保险费
C. 住房公积金 D. 职工教育经费

6. 关于非货币性职工薪酬，下列说法正确的有( )。

A. 企业将拥有的房屋等资产无偿提供给职工使用的，应当根据受益对象，按照该住房的公允价值计入相关资产成本或当期损益，同时确认应付职工薪酬

B. 企业以其自产产品作为非货币性福利发放给职工的，应当根据受益对象，按照产品的账面价值，计入相关资产成本或当期损益，同时确认应付职工薪酬

C. 企业租赁住房等资产供职工无偿使用的，应当根据受益对象，将每期应付的租金计入相关资产成本或当期损益，并确认应付职工薪酬

D. 企业以外购商品作为非货币性福利提供给职工的，应当按照该商品的公允价值和相关税费计入相关资产成本或当期损益，同时确认应付职工薪酬

7. 企业应当在同时满足以下( )条件时将辞退福利确认为一项应付职工薪酬。

A. 企业已经制定正式的解除劳动关系计划或提出自愿裁减建议，并即将实施

B. 企业不能单方面撤回解除劳动关系计划或裁减建议

C. 企业可以单方面撤回解除劳动关系计划或裁减建议

D. 企业已经制定正式的解除劳动关系计划或提出自愿裁减建议，但在两年后实施

8. 自2016年5月1日起，"营改增"将试点范围扩大到( )行业。
A. 建筑业 B. 房地产业 C. 交通运输业 D. 金融业

9. 下列项目中，属于增值税纳税范围的有( )。
A. 销售商品 B. 提供修配劳务
C. 进口货物 D. 转让固定资产

10. 下列项目中，属于增值税视同销售的有( )。
A. 将自产的货物用于集体福利
B. 将委托加工的货物无偿赠送给他人
C. 将资产用于交际应酬
D. 向其他单位或者个人无偿转让不动产，用于公益事业

11. 在应税消费品中，采用定额税率的有( )。
A. 啤酒 B. 白酒 C. 汽油 D. 柴油

12. 增值税发票包括( )。
A. 增值税专用发票 B. 增值税普通发票
C. 增值税电子普通发票 D. 增值税交通运输业发票

13. 下列资源税应税产品中,实行从价定率计征资源税的有( )。
   A. 原油 B. 砂石 C. 煤炭 D. 黏土

14. 城市维护建设税的计税依据有( )。
   A. 增值税 B. 消费税
   C. 土地增值税 D. 企业所得税

15. 企业发生的下列税费中,应当通过"应交税费"科目核算的有( )。
   A. 增值税 B. 个人所得税
   C. 房产税 D. 企业所得税

16. 下列各项中,属于或有事项的有( )。
   A. 某公司为其子公司的贷款提供担保
   B. 某单位为其他企业的贷款提供担保
   C. 某企业以财产作抵押向银行借款
   D. 某公司被国外企业提起诉讼

17. 下列关于或有事项会计处理的表述中,正确的有( )。
   A. 重组计划对外公告前不应就重组义务确认预计负债
   B. 因或有事项产生的潜在义务不应确认为预计负债
   C. 在或有事项存在风险和不确定性的情况下,不得低估负债和费用
   D. 对期限较长预计负债进行计量时应考虑货币时间价值的影响

18. 如果将或有事项相关的义务确认为预计负债,应同时符合的条件有( )。
   A. 该义务是企业承担的现时义务
   B. 履行该项义务很可能导致经济利益流出企业
   C. 该义务是企业承担的潜在义务
   D. 该义务的金额能够可靠地计量

19. 下列事项中,应确认为预计负债的有( )。
   A. 甲公司将未到期商业汇票贴现
   B. 甲公司与某企业发生经济纠纷,调解无效。该企业遂于本年10月18日向法院提起诉讼。至年末,法院尚未判决,但法庭调查表明,甲公司的行为违反了国家的有关经济法规。甲公司的律师认为,可以合理估计败诉将发生10万元的赔偿金
   C. 甲公司因与乙公司签订了互相担保协议,而成为相关诉讼的第二被告。诉讼尚未判决。由于乙公司经营困难,甲公司很可能需要承担还款连带责任。根据公司法律顾问的职业判断,甲公司很可能需要承担100万元的还款连带责任
   D. 甲公司为一家中型塑料加工企业,由于没有注意污染整治致使周围村镇居民身体健康和生产生活造成严重损害。为此周围村镇集体向法院提起诉讼,要求赔偿损失500万元。该诉讼案尚未判决。根据公司法律顾问的职业判断,由于此案涉及的情况比较复杂还不能可靠地估计赔偿损失金额

20. 关于最佳估计数，下列说法中正确的有(　　)。

A. 企业在确定最佳估计数时，应当综合考虑与或有事项有关的风险因素

B. 所需支出存在一个连续范围，且该范围内各种结果发生的可能性相同的，最佳估计数应当按照该范围内的中间值确定

C. 企业在确定最佳估计数时，不应当综合考虑与或有事项有关的货币时间价值因素

D. 货币时间价值影响重大的，应当通过对相关未来现金流出进行折现后确定最佳估计数

21. 下列说法中错误的有(　　)。

A. 如果所需支出存在一个连续的金额范围，且在该范围内各种结果发生的可能性相同，则最佳估计数应按该范围的上、下限金额的平均数确定

B. 如果所需支出不存在一个连续的金额范围，或有事项涉及多个项目时，最佳估计数按各种可能发生额的算术平均数确定

C. 如果所需支出不存在一个连续的金额范围，或有事项涉及单个项目时，最佳估计数按最可能发生金额确认

D. 如果所需支出存在一个连续的金额范围，则最佳估计数应按该范围的上、下限金额中的较小者确定

22. 下列关于或有事项的表述中，正确的有(　　)。

A. 或有事项的结果具有较大的不确定性

B. 或有负债应当在资产负债表中报告

C. 或有资产不应当在资产负债表中报告

D. 或有资产应当在财务报表附注中披露

（三）判断题

1. 企业开出的银行承兑汇票到期无法支付款项的，承兑银行应凭票向持票人无条件付款，并将出票人尚未支付的汇票金额转作逾期贷款处理，借记"应付票据"科目，贷记"应付账款"科目。(　　)

2. 企业开出的商业承兑汇票到期无法支付款项的，应将"应付票据"账面价值转入"应付账款"科目，待协商后再行处理。(　　)

3. 预收账款不多的企业，可不设置"预收账款"账户，将预收的货款直接记入"应付账款"科目的贷方。(　　)

4. 职工薪酬是指为获得职工提供的服务而给予各种形式的报酬和其他相关支出，包括提供给职工的全部货币性薪酬和非货币性福利。(　　)

5. 企业生产工人的医疗保险费、养老保险费、失业保险费、工伤保险费和生育保险费等社会保险费应计入当期管理费用。(　　)

6. 带薪缺勤，是指职工虽然缺勤但企业仍向其支付报酬的安排，属于短期薪酬。(　　)

7. 预期在年度报告期末后十二个月内不能完全支付的辞退福利，企业应当

选择恰当的折现率,以折现后的金额计量应计入当期损益的辞退福利金额。(   )

8. 设定受益计划,是指企业向独立的基金缴存固定费用后,不再承担进一步支付义务的离职后福利计划。(   )

9. 非累积带薪缺勤,是指带薪权利不能结转下期的带薪缺勤,本期尚未用完的带薪缺勤权利将予以取消,并且职工离开企业时也无权获得现金支付。(   )

10. 带薪缺勤根据其性质及其职工享有的权利,分为累积带薪缺勤和非累积带薪缺勤,其中,职工病假期间的工资属于累积带薪缺勤;婚假、产假的工资属于非累积带薪缺勤。(   )

11. 辞退福利应按受益对象分别计入成本费用。(   )

12. 2012 年营业税改征增值税试点至今,增值税已经覆盖原营业税所有行业。(   )

13. 视同销售行为的会计处理,不能通过收入账户核算,应直接按成本结转,同时按市价或公允价值计提销项税额,期末还应该进行所得税纳税调整。(   )

14. 增值税小规模纳税人适用 4% 的征收率。(   )

15. 小规模纳税企业只需设置"应交增值税"明细科目,不需要在"应交增值税"明细科目下设专栏三级明细科目。(   )

16. 在消费税的计征中,卷烟、白酒、啤酒采用复合计税方法。(   )

17. 自 2016 年 7 月 1 日起,我国全面推行资源税改革,实施矿产资源税从价计征改革,并在河北省实施水资源税征收试点。(   )

18. 企业转让国有土地使用权与其地上建筑物及其附着物,应当通过"固定资产清理"核算。(   )

19. 企业股东大会或类似机构审议批准的利润分配方案、宣告分派的现金股利或利润,在实际支付前,形成企业的负债,即应付股利。(   )

20. 企业为核算其按照合同约定应支付的各类利息,如分期付息到期还本的长期借款、企业债券等应支付的利息,应当记入"应付利息"科目。(   )

21. 会计处理过程中存在的不确定性事项均应由《企业会计准则第 13 号——或有事项》规范。(   )

22. 或有事项只与潜在义务有关。(   )

23. 或有事项是指未来的交易或者事项形成的,其结果需由某些未来事项的发生或不发生才能决定的不确定事项。(   )

24. 或有负债是指过去的交易或者事项形成的潜在义务,不会涉及现时义务。(   )

25. 对极小可能导致经济利益流出企业的或有负债可以不予披露。(   )

26. 亏损合同是指履行合同义务不可避免会发生的成本超过预期经济利益的合同。(   )

27. 企业未来经营亏损不能确认为一项预计负债。(   )

28. 企业应当在资产负债表日对预计负债的账面价值进行复核。（   ）

29. 企业在确定最佳估计数时应当综合考虑与或有事项有关的风险、不确定性、货币时间价值和未来事项等因素。（   ）

（四）计算及账务处理题

1. 鹭江公司 2×16 年 1 月 1 日向银行借入 120 万元，期限 9 个月，年利率 8%，该借款到期后按期如数归还，利息分月预提，按季支付。

要求：编制借入款项、按月预提利息、按季支付利息和到期时归还本金的会计分录。

2. 2×16 年 6 月，鹭江公司当月应发工资 1 000 万元，其中：生产部门直接生产人员工资 500 万元；生产部门管理人员工资 100 万元；公司管理部门人员工资 180 万元；公司专设产品销售机构人员工资 50 万元；建造厂房人员工资 110 万元；内部开发存货管理系统人员工资 60 万元。

根据所在地政府规定，公司分别按照职工工资总额的 8%、14%、2% 和 12% 计提医疗保险费、养老保险费、失业保险费和住房公积金，缴纳给当地社会保险经办机构和住房公积金管理机构。根据 2×15 年实际发生的职工福利费情况，公司预计 2×16 年应承担的职工福利费义务金额为职工工资总额的 2%，职工福利的受益对象为上述所有人员。公司分别按照职工工资总额的 2% 和 1.5% 计提工会经费和职工教育经费。

假定公司存货管理系统已处于开发阶段、并符合《企业会计准则第 6 号——无形资产》资本化为无形资产的条件。不考虑所得税影响。

要求：根据上述资料进行鹭江公司职工薪酬分配的会计处理。

3. 中佳公司为一家生产洗衣机的企业，共有职工 200 名（170 名为直接参加生产的职工，30 名为管理人员），2×16 年 1 月，公司以其生产的成本为 900 元的洗衣机和外购的售价为 300 元（不含税）的电烤箱作为春节福利发放给公司职工。该型号洗衣机的售价为每台 1 000 元（不含税），中佳公司适用的增值税率为 17%。

要求：根据上述资料，为中佳公司编制相应的会计分录。

4. 鹭江公司为总部各部门经理级别以上职工（共 50 名）提供一辆福特汽车免费使用，同时为副总裁以上高级管理人员（共 10 名）每人租赁一套住房。假定每辆福特汽车价格为 15 万元，使用年限为 8 年，无残值，采用直线法计提折旧。租赁住房每套月租金为 8 000 元。

要求：根据上述资料，为鹭江公司编制相应的会计分录。

5. 2×16 年 5 月，鹭江公司购买了 15 套全新的公寓拟以优惠价格向优秀车间一线工人（6 名）和高级管理人员（9 名）出售，该公寓平均每套购买价为 300 万元，向职工出售的价格为每套 250 万元。假定该 15 名职工均在 2×16 年度中陆续购买了公司出售的住房，售房协议规定，职工在取得住房后必须在公司服务 15 年。假设不考虑相关税费。

要求：根据上述资料，为鹭江公司编制相应的会计分录。

6. 西海公司为一家食品制造企业，2×16年9月，为了能够在下一年度顺利实施转产，该公司管理层制订了一项辞退计划，计划规定，自2×17年1月1日起，企业将以职工自愿方式，辞退其威化饼干生产车间的职工。辞退计划的详细内容，包括拟辞退的职工所在部门、数量、各级别职工能够获得的补偿以及计划大体实施的时间等均已与职工沟通，并达成一致意见，辞退计划已于2×16年12月10日经董事会正式批准，将于下一个年度内实施完毕。该项辞退计划的详细内容如表10-1所示。

2×16年12月31日，公司预计各级别职工拟接受辞退职工数量的最佳估计数（最可能发生数）及其应支付的补偿如表10-2所示。

表10-1　　　　　西海公司2×16年辞退计划一览表

所属部门	职位	拟辞退数量（人）	工龄（年）	每人补偿（万元）
威化饼干车间	车间主任副主任	10	1~10	5
			10~20	10
			20~30	20
	高级技工	50	1~10	4
			10~20	8
			20~30	16
	一般技工	100	1~10	3
			10~20	6
			20~30	12
小计		160		

表10-2　　　　　拟接受辞退职工数量的最佳估计

所属部门	职位	拟辞退数量（人）	工龄（年）	接受数量（人）	每人补偿额（万元）	补偿金额（万元）
威化饼干车间	车间主任副主任	10	1~10	5	5	25
			10~20	2	10	20
			20~30	1	20	20
	高级技工	50	1~10	20	4	80
			10~20	10	8	80
			20~30	5	16	80
	一般技工	100	1~10	50	3	150
			10~20	20	6	120
			20~30	10	12	120
小计		160		123		695

要求：根据上述资料为西海公司编制相应的会计分录。

7. 鹭江公司为增值税一般纳税企业，材料按实际成本核算，适用的增值税率为17%，2×16年3月发生以下经济业务：

（1）购入一批原材料，增值税专用发票上注明的材料价款为200万元，增值税为 34 万元，货款已付，材料已验收入库。

（2）购进免税农产品一批，买价 100 万元，已用银行存款支付，材料已到达并验收入库。

（3）购入一台设备，增值税专用发票上记载的设备价款 200 万元，支付的增值税额为 34 万元，款项已由银行支付。

（4）库存材料因意外火灾毁损一批，有关增值税专用发票确认的成本为 20 万元，增值税额为 3.4 万元。

（5）生产车间委托外单位修理机器设备，对方开来的专用发票上注明修理费用 1 万元，增值税额 0.17 万元，款项已用银行存款支付。

（6）为甲企业代加工木箱 400 个，每个收取加工费 100 元，适用的增值税税率为 17%。款项已收到并存入银行。

（7）销售产品一批给帝豪公司，销售收入为 300 万元（不含税），货款尚未收到。

（8）销售一批产品给中钧公司，销售收入为 58.5 万元（含税），已由银行收妥。

（9）从小规模纳税企业购入一批材料，发票上记载的货款 175.5 万元，材料已经验收入库，款项尚未支付。

（10）出售厂房一栋，原价 1 000 万元，已提折旧 700 万元，出售所得收入 600 万元，适用的增值税率为 17%，清理费用支出 3 万元，厂房已清理完毕，款项均已由银行收付。

要求：

（1）根据上述资料，为鹭江公司编制相应的会计分录（为简化核算，不考虑城建税和教育费附加）。

（2）计算鹭江公司当期应交增值税。

8. 诚信公司 2×16 年销售收入 1 500 万元，产品质量保证条款规定，产品售出后，如果一年内发生正常质量问题，诚信公司将负责免费维修。根据以往经验，如果发生较小质量问题，修理费用为销售收入的 1%，发生较大问题的修理费用为销售收入的 3%~5%，发生特大质量问题的修理费用为销售收入的 8%~10%。公司考虑各种因素，预测 2×16 年所售商品中，有 10% 将发生较小质量问题，5% 将发生较大质量问题，2% 将发生特大质量问题。

要求：根据上述资料计算确定 2×16 年年末诚信公司应确认的预计负债金额并做会计分录。

二、练习题参考答案

（一）单项选择题

1. D　2. B　3. D　4. C　5. B　6. D　7. D　8. D　9. A　10. C　11. B　12. A

13. C 14. D 15. D 16. C 17. A 18. D 19. B 20. A 21. B 22. B
23. C 24. A 25. D 26. D 27. C 28. C 29. C 30. D 31. B 32. D
33. B 34. C

(二) 多项选择题

1. ABD 2. ABCD 3. ABCD 4. ABC 5. ABCD 6. CD 7. AB 8. ABD
9. ABCD 10. ABC 11. ACD 12. ABC 13. AC 14. AB 15. ABCD
16. ABD 17. ABCD 18. ABD 19. BC 20. ABD 21. BD 22. AC

(三) 判断题

1. × 2. √ 3. × 4. √ 5. × 6. × 7. √ 8. × 9. √ 10. × 11. ×
12. √ 13. × 14. × 15. √ 16. × 17. √ 18. √ 19. √ 20. √
21. × 22. × 23. × 24. × 25. √ 26. √ 27. √ 28. √ 29. √

(四) 计算及账务处理题

1.
(1) 借入时：

借：银行存款　　　　　　　　　　　　　　　　1 200 000
　　贷：短期借款　　　　　　　　　　　　　　　　　1 200 000

(2) 第一季度：

1、2月末：

借：财务费用　　　　　　　　　　　　　　　　　8 000
　　贷：应付利息　　　　　　　　　　　　　　　　　　8 000

3月末：

借：应付利息　　　　　　　　　　　　　　　　　16 000
　　财务费用　　　　　　　　　　　　　　　　　　8 000
　　贷：银行存款　　　　　　　　　　　　　　　　　24 000

(3) 第二、三季度会计处理同第一季度。

(4) 还本：

借：短期借款　　　　　　　　　　　　　　　　1 200 000
　　贷：银行存款　　　　　　　　　　　　　　　　　1 200 000

2. 计算：

应计入生产成本的职工薪酬金额 = 500 + 500
　　　　　　　　　　　　　　× (8% + 14% + 2% + 12% + 2% + 2% + 1.5%)
　　　　　　　　　　　　　　= 707.5（万元）

应计入制造费用的职工薪酬金额 = 100 + 100
　　　　　　　　　　　　　　× (8% + 14% + 2% + 12% + 2% + 2% + 1.5%)
　　　　　　　　　　　　　　= 141.5（万元）

应计入管理费用的职工薪酬金额 = 180 + 180
$$\times (8\% + 14\% + 2\% + 12\% + 2\% + 2\% + 1.5\%)$$
$$= 254.7（万元）$$

应计入销售费用的职工薪酬金额 = 50 + 50
$$\times (8\% + 14\% + 2\% + 12\% + 2\% + 2\% + 1.5\%)$$
$$= 70.75（万元）$$

应计入在建工程成本的职工薪酬金额 = 110 + 110
$$\times (8\% + 14\% + 2\% + 12\% + 2\% + 2\% + 1.5\%)$$
$$= 155.65（万元）$$

应计入无形资产成本的职工薪酬金额 = 60 + 60
$$\times (8\% + 14\% + 2\% + 12\% + 2\% + 2\% + 1.5\%)$$
$$= 84.9（万元）$$

会计分录：

借：生产成本	7 075 000
制造费用	1 415 000
管理费用	2 547 000
销售费用	707 500
在建工程	1 556 500
研发支出——资本化支出	849 000
贷：应付职工薪酬——工资	10 000 000
——职工福利	200 000
——社会保险费	2400 000
——住房公积金	1200 000
——工会经费	200 000
——职工教育经费	150 000

3.
洗衣机的售价总额 = 170 000 + 30 000 = 200 000（元）

洗衣机的增值税销项税额 = 170 000 × 17% + 30 000 × 17%
$$= 28\ 900 + 5\ 100 = 34\ 000（元）$$

应当计入生产成本的职工薪酬金额 = 170 000 + 28 900 = 198 900（元）

应当计入管理费用的职工薪酬金额 = 30 000 + 5 100 = 35 100（元）

中佳公司发放洗衣机的有关会计分录如下：

公司决定发放非货币性福利时：

借：生产成本	198 900
管理费用	35 100
贷：应付职工薪酬——非货币性福利	234 000

实际发放非货币性福利时：

借：应付职工薪酬——非货币性福利	234 000

    贷：主营业务收入 200 000
        应交税费——应交增值税（销项税额） 34 000
    借：主营业务成本 180 000
        贷：库存商品 18 000
        电烤箱的售价金额 = 51 000 + 9 000 = 60 000（元）
        电烤箱的进项税额 = 8 670 + 1 530 = 10 200（元）
        应当计入生产成本的职工薪酬金额 = 51 000 + 8 670 = 59 670（元）
        应当计入管理费用的职工薪酬金额 = 9 000 + 1 530 = 10 530（元）
中佳公司发放电烤箱的有关会计分录如下：
公司决定发放非货币性福利时：
    借：生产成本 59 670
        管理费用 10 530
        贷：应付职工薪酬——非货币性福利 70 200
购买电烤箱时：
    借：应付职工薪酬——非货币性福利 70 200
        贷：银行存款 70 200

4. 汽车年折旧 = 150 000 ÷ 8 ÷ 12 = 1 562.5（元）
鹭江公司每月的会计分录如下：
    借：管理费用 158 125
        贷：应付职工薪酬——非货币性福利——租赁住房 80 000
                                    ——汽车 78 125
    借：应付职工薪酬——非货币性福利 158 125
        贷：累计折旧 78 125
            其他应付款 80 000

5. 鹭江公司出售住房时的会计分录如下：
    借：银行存款 37 500 000
        长期待摊费用 7 500 000
        贷：固定资产 45 000 000
出售住房后的每年，公司应当按照直线法在15年内摊销长期待摊费用，会计分录如下：
    借：生产成本 200 000
        管理费用 300 000
        贷：应付职工薪酬——非货币性福利 500 000
    借：应付职工薪酬——非货币性福利 500 000
        贷：长期待摊费用 500 000

6. 根据表10-2，愿意接受辞退职工的最可能数量为123名，预计补偿总额为695万元，则公司在2×16年的会计分录如下：
    借：管理费用 6 950 000

贷：应付职工薪酬——辞退福利　　　　　　　　　　6 950 000

7. 会计分录如下：

(1) 借：原材料　　　　　　　　　　　　　　　　　　2 000 000
　　　　应交税费——应交增值税（进项税额）　　　　　340 000
　　　　贷：银行存款　　　　　　　　　　　　　　　　2 340 000

(2) 借：原材料　　　　　　　　　　　　　　　　　　　870 000
　　　　应交税费——应交增值税（进项税额）　　　　　130 000
　　　　贷：银行存款　　　　　　　　　　　　　　　　1 000 000

(3) 借：固定资产　　　　　　　　　　　　　　　　　2 000 000
　　　　应交税费——应交增值税（进项税额）　　　　　340 000
　　　　贷：银行存款　　　　　　　　　　　　　　　　2 340 000

(4) 借：待处理财产损溢——待处理流动资产损溢　　　　234 000
　　　　贷：原材料　　　　　　　　　　　　　　　　　　200 000
　　　　　　应交税费——应交增值税（进项税额转出）　　34 000

(5) 借：制造费用　　　　　　　　　　　　　　　　　　10 000
　　　　应交税费——应交增值税（进项税额）　　　　　　1 700
　　　　贷：银行存款　　　　　　　　　　　　　　　　　11 700

(6) 借：银行存款　　　　　　　　　　　　　　　　　　46 800
　　　　贷：其他业务收入　　　　　　　　　　　　　　　40 000
　　　　　　应交税费——应交增值税（销项税额）　　　　6 800

(7) 借：应收账款　　　　　　　　　　　　　　　　　3 510 000
　　　　贷：主营业务收入　　　　　　　　　　　　　　3 000 000
　　　　　　应交税费——应交增值税（销项税额）　　　　510 000

(8) 借：银行存款　　　　　　　　　　　　　　　　　　585 000
　　　　贷：主营业务收入　　　　　　　　　　　　　　　500 000
　　　　　　应交税费——应交增值税（销项税额）　　　　85 000

(9) 借：原材料　　　　　　　　　　　　　　　　　　1 755 000
　　　　贷：应付账款　　　　　　　　　　　　　　　　1 755 000

(10) 借：固定资产清理　　　　　　　　　　　　　　　3 000 000
　　　　　累计折旧　　　　　　　　　　　　　　　　　7 000 000
　　　　　贷：固定资产　　　　　　　　　　　　　　　10 000 000
　　　　借：银行存款　　　　　　　　　　　　　　　　7 020 000
　　　　　贷：固定资产清理　　　　　　　　　　　　　6 000 000
　　　　　　　应交税费——应交增值税（销项税额）　　1 020 000
　　　　借：固定资产清理　　　　　　　　　　　　　　　30 000
　　　　　贷：银行存款　　　　　　　　　　　　　　　　30 000
　　　　借：固定资产清理　　　　　　　　　　　　　　2 970 000
　　　　　贷：营业外收入　　　　　　　　　　　　　　2 970 000

本月应交增值税 = （6 800 + 510 000 + 85 000 + 1 020 000）
　　　　　　　－（340 000 + 130 000 + 340 000 + 1 700 － 34 000）= 844 100（元）

8.

2×16年末诚信公司应确认的负债金额 = 1 500 × 1% × 10%
　　　　　　　　　　　　　　　　＋ 1 500 ×（3% + 5%）÷ 2
　　　　　　　　　　　　　　　　× 5% + 1 500 ×（8% + 10%）
　　　　　　　　　　　　　　　　÷ 2 × 2% = 7.2（万元）

有关账务处理：

借：销售费用——产品质量保证　　　　　　　　　　　　　　72 000
　　贷：预计负债——产品质量保证　　　　　　　　　　　　　　72 000

三、案例分析题

【案例1】

新阳公司应付职工薪酬的核算

新阳公司是一家空调生产企业，现有职工1 100名，其中生产工人为1 000名，管理人员为100名。2×16年2月，新阳公司决定以其生产的空调作为福利发放给职工。该空调单位成本为1 500元，单位计税价格（公允价值）为2 000元，适用的增值税税率为17%。

另外，公司决定为每位部门经理提供轿车免费使用，同时为每位副总裁租赁一套住房免费使用。公司部门经理共有10名，副总裁共有3名。假定每辆轿车月折旧额为1 000元，每套住房月租金为8 000元。

(1) 发放空调的会计分录如下：

计入生产成本的金额为：1 000 × 1 500 ×（1 + 17%）= 1 755 000（元）

计入管理费用的金额为：100 × 1 500 ×（1 + 17%）= 175 500（元）

借：生产成本　　　　　　　　　　　　　　　　　　　　1 755 000
　　管理费用　　　　　　　　　　　　　　　　　　　　　175 500
　　贷：应付职工薪酬　　　　　　　　　　　　　　　　　1 930 500
借：应付职工薪酬　　　　　　　　　　　　　　　　　　1 930 500
　　贷：库存商品　　　　　　　　　　　　　　　　　　　1 650 000
　　　　应交税费——应交增值税（销项税额）　　　　　　　280 500

(2) 每月提供轿车的会计分录如下：

借：管理费用　　　　　　　　　　　　　　　　　　　　　 10 000
　　贷：应付职工薪酬　　　　　　　　　　　　　　　　　　 10 000
借：应付职工薪酬　　　　　　　　　　　　　　　　　　　 10 000
　　贷：累计折旧　　　　　　　　　　　　　　　　　　　　 10 000

(3) 每月租赁住房租金的会计分录如下：

借：管理费用 24 000
　　贷：应付职工薪酬 24 000
借：应付职工薪酬 24 000
　　贷：银行存款 24 000

要求：
运用所学知识分析判断新阳公司的账务处理是否恰当？并说明理由。

【案例分析】

新阳公司发放空调的账务处理不正确、住房月租金的账务处理不正确，提供轿车的账务处理正确。

根据《企业会计准则第9号——职工薪酬》的规定，职工薪酬，是指企业为获得职工提供的服务或解除劳动关系而给予的各种形式的报酬或补偿，包括货币性薪酬与非货币性薪酬，本案例中所涉及的均为非货币性薪酬。

企业向职工提供的非货币性职工薪酬，应当分别情况处理：

(1) 以自产产品或外购商品发放给职工作为福利。企业以其生产的产品作为非货币性福利提供给职工的，应当按照该产品的公允价值和相关税费，计量应计入成本费用的职工薪酬金额。相关收入及其成本的确认计量和相关税费的处理，与正常商品销售相同。以外购商品作为非货币性福利提供给职工的，应当按照该商品的公允价值和相关税费，计量应计入成本费用的职工薪酬金额。

(2) 将拥有的房屋等资产无偿提供给职工使用或租赁住房等资产供职工无偿使用。企业将拥有的房屋等资产无偿提供给职工使用的，应当根据受益对象，将资产每期应计提的折旧计入相关资产成本或费用，同时确认应付职工薪酬。租赁住房等资产供职工无偿使用的，应当根据受益对象，将每期应付的租金计入相关资产成本或费用，并确认应付职工薪酬。难以认定受益对象的，直接计入当期损益，并确认应付职工薪酬。

因此，新阳公司发放空调作为福利的会计分录应该改为：

计入生产成本的金额为：$1\,000 \times 2\,000 \times (1+17\%) = 2\,340\,000$（元）
计入管理费用的金额为：$100 \times 2\,000 \times (1+17\%) = 234\,000$（元）

借：生产成本 2 340 000
　　管理费用 234 000
　　贷：应付职工薪酬 2 574 000
借：应付职工薪酬 2 574 000
　　贷：主营业务收入 2 200 000
　　　　应交税费——应交增值税（销项税额） 374 000
借：主营业务成本 1 650 000
　　贷：库存商品 1 650 000

新阳公司每月为每位副总裁租赁一套住房免费使用的会计分录应该改为：

借：管理费用		24 000
贷：应付职工薪酬		24 000
借：应付职工薪酬		24 000
贷：其他应付款		24 000

【案例2】

或有负债的会计处理

2×16年4月，自立公司从银行贷款100万美元，期限1年，由鹭江公司担保50%；2×16年4月，自强公司通过银行从海峡公司贷款1 000万人民币，期限2年，由鹭江公司全额担保。2×16年12月31日，自立公司由于受政策影响和内部管理不善等原因，经营效益不如以往，可能不能偿还到期美元债务；自强公司经营情况良好，预期不存在还款困难。

要求：

分析鹭江公司上述贷款担保是否构成或有负债？如何处理？

【案例分析】

对自立公司而言，鹭江公司可能需履行连带责任；就自强公司而言，鹭江公司履行连带责任的可能性极小。根据《企业会计准则——或有事项》的规定，这两项债务担保形成鹭江公司的或有负债，不符合预计负债的确认条件，鹭江公司应当在2×16年12月31日的财务报表附注中披露相关债务担保的被担保单位、担保金额及财务影响等，具体如表10-3所示。

表10-3　　　　　　　　　　鹭江公司或有负债披露

被担保单位	担保金额	财务影响
自立公司	担保金额50万美元，2×17年4月到期	自立公司由于受政策影响和内部管理不善等原因，经营效益不如以往，可能不能偿还到期美元债务；本公司可能因此承担相应的连带责任而发生损失，损失金额目前难以估计
自强公司	担保金额人民币1 000万元，2×18年4月到期	自强公司经营情况良好，预期不存在还款困难，因此对自强公司的担保极小可能会给本公司造成不利影响，损失金额目前难以估计

第十一章　非流动负债与债务重组

一、练习题

（一）单项选择题

1. 下列各项中，不属于非流动负债特点的是(　　)。
   A. 偿还期长　　　　　　　　　B. 金额大
   C. 偿还方式单一　　　　　　　D. 利于扩大生产经营

2. 下列情况中，会导致企业溢价发行债券的是(　　)。
   A. 债券的票面利率大于市场利率　　B. 债券的票面利率小于市场利率
   C. 债券的票面利率等于市场利率　　D. 视不同情况而定

3. 在计算债券发行价格时，应考虑的因素不包括(　　)。
   A. 发行年限　　　　　　　　　B. 发行费用
   C. 发行时市场利率　　　　　　D. 债券的票面利率

4. 企业折价发行债券时，下列会计分录中正确的是(　　)。
   A. 借：银行存款
   　　　贷：应付债券——面值
   　　　　　　——利息调整
   B. 借：银行存款
   　　　贷：应付债券——面值
   C. 借：银行存款
   　　　应付债券——利息调整
   　　　贷：应付债券——面值
   D. 借：银行存款
   　　　应付债券——面值
   　　　贷：应付债券——利息调整

5. 企业溢价发行分期付息到期还本的债券时，在资产负债表日相关说法不正确的是(　　)。
   A. 名义利息大于实际利息
   B. 按实际利息金额贷记"财务费用"

C. 借记"应付债券——利息调整"

D. 按名义利息金额贷记"应付利息"

6. 对于分期付息的债券,在每个付息日支付利息时,贷记"银行存款"科目,应该借记(   )科目。

A. "应付债券——利息调整"　　　　　B. "应付利息"

C. "应付债券——应计利息"　　　　　D. "财务费用"

7. 对于发行债券的企业来说,采用实际利率法摊销债券折溢价时(不考虑相关交易费用),下列表述正确的是(   )。

A. 随着各期债券溢价的摊销,债券摊余成本逐期减少,利息费用逐期增加

B. 随着各期债券溢价的摊销,债券的应付利息和利息费用都逐期减少

C. 随着各期债券折价的摊销,债券的摊余成本和利息费用都逐期增加

D. 随着各期债券折价的摊销,债券的应付利息和利息费用各期都保持不变

8. 2×16年12月31日,宏发公司发行5年期一次还本、每年付息一次的公司债券,面值为6 000万元,发行价格为6 259.62万元,票面利率为6%,市场利率为5%。2×16年12月31日,该公司计入"应付债券——利息调整"科目的金额为(   )万元。

A. 259.62　　　　　　　　　　　　　B. 47.019

C. 6 000　　　　　　　　　　　　　　D. 6 259.62

9. 接上题,2×17年12月31日,宏发公司计入"财务费用"科目的金额为(   )万元。

A. 259.62　　　　　　　　　　　　　B. 312.98

C. 308.16　　　　　　　　　　　　　D. 310.63

10. 接上题,2×17年12月31日,宏发公司计入"应付债券"科目的金额为(   )万元。

A. 6 000　　　　　　　　　　　　　　B. 6 259.62

C. 6 212.6　　　　　　　　　　　　　D. 6 163.23

11. 甲公司2×16年1月1日发行2年期一次还本、每年付息一次的公司债券,甲公司在2×17年5月1日将其全部提前赎回,以下关于甲公司的说法中,正确的是(   )。

A. 应补提2×17年1~4月的应计利息

B. 应补提2×17年1~12月的应计利息

C. 应补提2×17年4~12月的应计利息

D. 应补提2×17年5~12月的应计利息

12. 下列关于可转换债券的说法中,不正确的是(   )。

A. 筹资较为灵活　　　　　　　　　　B. 资本成本较低

C. 资本成本较高　　　　　　　　　　D. 筹资效率高

13. 可转换公司债券发行时,发行公司的会计处理中,不正确的是(   )。

A. 借记"银行存款"

B. 借记或贷记"应付债券——可转换公司债券（利息调整）"
C. 贷记"实收资本"
D. 贷记"应付债券——可转换公司债券（面值）"

14. 引进设备应付的利息以及外币折合人民币的差额，在国外设备达到预定使用状态之前发生的，计入固定资产购建成本，下列账务处理正确的是（　　）。

A. 借：固定资产
　　贷：长期应付款——应付补偿贸易引进设备款
B. 借：固定资产
　　贷：长期借款——应付补偿贸易引进设备款
C. 借：在建工程
　　贷：长期借款——应付补偿贸易引进设备款
D. 借：在建工程
　　贷：长期应付款——应付补偿贸易引进设备款

15. 融资租入固定资产，承租人在租赁开始日账务处理不涉及以下哪个科目（　　）。

A. 固定资产　　　　　　　　B. 长期应付款
C. 财务费用　　　　　　　　D. 未确认融资费用

16. 企业融资租入一台设备，租期5年，每年租金20万元，每年年末支付。该租赁资产在租赁期开始日的公允价值为80万元，假设相应的年金现值系数为3.790 8，则该融资租入固定资产的入账价值为（　　）万元。

A. 75.82　　　　　　　　　B. 100
C. 80　　　　　　　　　　 D. 120

17. 企业融资租入固定资产，其"未确认融资费用"的分摊额计入（　　）。

A. 财务费用　　　　　　　　B. 管理费用
C. 营业外支出　　　　　　　D. 融资租入固定资产的入账价值

18. 对未确认融资费用的分摊，应采用的方法是（　　）。

A. 直线法　　　　　　　　　B. 实际利率法
C. 年数总和法　　　　　　　D. 双倍余额递减法

19. 下列项目中，不属于借款费用的是（　　）。

A. 借款利息　　　　　　　　B. 借款手续费
C. 发行公司佣金　　　　　　D. 外币借款产生的汇兑差额

20. 在确定借款费用资本化金额时，资本化期间与专门借款有关的利息收入应（　　）。

A. 计入财务费用　　　　　　B. 计入营业外收入
C. 计入在建工程　　　　　　D. 冲减借款费用资本化的金额

21. A公司于2×16年2月1日经临时股东大会批准，决定建造一栋办公楼，为此于2×16年2月15日向银行申请贷款8 000万元；2×16年3月1日工程动工兴建，并于当日领用自产建材一批，共计80万元；2×16年4月1日，上述贷款获准发放到位,并于当日开始计息;2×16年4月15日支付在建工程人员职工薪酬95万元。除上述专门借款外,该项工程未占用其他借款;该项工程的预计工期为2年。不考虑其他因素,则该项工程借款费用开始资本化的时点为(　　)。

  A. 2×16年2月15日   B. 2×16年3月1日
  C. 2×16年4月1日   D. 2×16年4月15日

22. 符合资本化条件的资产在购建或者生产过程中发生非正常中断,且中断时间连续超过(　　)的,应当暂停借款费用的资本化。

  A. 1个月   B. 2个月
  C. 3个月   D. 4个月

23. 下列哪种情况不应暂停借款费用资本化(　　)。

  A. 由于劳务纠纷而造成连续超过3个月的固定资产的建造中断
  B. 由于资金周转困难而造成连续超过3个月的固定资产的建造中断
  C. 由于发生安全事故而造成连续超过3个月的固定资产的建造中断
  D. 由于可预见的气候影响而造成连续超过3个月的固定资产的建造中断

24. 2×16年2月1日,甲公司采用自营方式扩建厂房,借入2年期专门借款500万元。2×17年11月12日,厂房扩建工程达到预定可使用状态;2×17年11月28日,厂房扩建工程验收合格;2×17年12月1日,办理工程竣工结算;2×17年12月12日,扩建后的厂房投入使用。假定不考虑其他因素,甲公司借入专门借款利息费用停止资本化的时点是(　　)。

  A. 2×17年11月12日   B. 2×17年11月28日
  C. 2×17年12月1日   D. 2×17年12月12日

25. A公司为建造一栋办公楼于2×16年1月1日专门从银行借入4 000万元,借款期限为三年,年利率为6%。2×16年2月1日,A公司采用出包方式委托B公司为其建造该办公楼,并于当日预付工程款1 500万元,办公楼实体建造活动于当日开始。有关建造支出均以上述借入款项支付。该工程因发生施工安全事故于2×16年3月1日中断施工,7月1日恢复正常施工;该项工程的预计工期为1年6个月。不考虑闲置资金收益等其他因素,该项建造工程在2×16年度借款费用的资本化金额为(　　)万元。

  A. 160   B. 140   C. 52.5   D. 220

26. 2×16年1月1日,A公司取得专门借款1 500万元直接用于当日开工建造的一栋办公楼,年利率为5%,当日另借入了一笔600万元的一般借款,年利率为6%。2×16年累计发生建造支出1 400万元,2×17年1月1日发生建造支出500万元。A公司的有关建造支出均以上述款项支付(A公司无其他一般借款),按季计算利息费用资本化金额。不考虑其他因素,2×17年第一季度该公司应予资本化的借款利息费用为(　　)万元。

  A. 6   B. 18.75   C. 24.75   D. 7.25

27. 2×16年1月1日,A公司开工建造一座厂房,工期预计为3年。2×16

年工程建设期间共占用了两笔一般借款，具体情况如下：向某银行长期贷款1 000万元，贷款期限为2×15年12月1日～2×17年12月1日，年利率为8%，按年支付利息；按面值发行公司债券4 000万元，于2×16年7月1日发行，期限为5年，年利率为10%，按年支付利息。A企业无其他一般借款。不考虑其他因素，该公司2×16年为该厂房所占用的一般借款适用的资本化率为(　　)。

　　A. 8.5%　　　　　　　　　　B. 10.3%
　　C. 9.6%　　　　　　　　　　D. 9.33%

28. A公司于2×16年1月1日从银行取得一笔专门用于工程建设的长期借款，本金1 000万元，年利率为10%，期限3年，每年末付息，到期还本。工程于2×16年1月1日开工建设。2×16年资产支出如下：1月1日支出100万元；5月1日支出100万元；10月1日支出100万元。闲置资金因购买国债可取得0.2%的月收益，则2×16年借款费用资本化金额为(　　)万元。

　　A. 19.4　　　　　　　　　　B. 80.2
　　C. 100　　　　　　　　　　D. 80.6

29. A公司为建造一座厂房于2×16年9月1日专门从银行借入8 000万元款项，借款期限为3年，年利率为6%；2×16年10月1日，A公司为建造该厂房购入一块建筑用地，成本为2 000万元，款项已于当日支付；因某种原因，截至2×16年年底，该厂房的实体工程建造活动尚未开始。A公司借入的上述专门借款存入银行所获得的利息收入为25万元。不考虑其他因素，则2×16年度A公司就上述借款应予以资本化的利息费用为(　　)万元。

　　A. 0　　　　　　　　　　　B. 160
　　C. 95　　　　　　　　　　D. 135

30. 2×16年1月1日，顺鑫公司取得专门借款2 000万元直接用于当日开工建造的厂房，年利率为8%。2×16年1月1日发生支出800万元，2×16年7月1日发生支出1 200万元，2×16年12月31日该项工程完工达到预计可使用状态。顺鑫公司闲置资金进行短期投资的月收益率为0.4%，顺鑫公司2×16年该项专门借款资本化的金额为(　　)万元。

　　A. 131.2　　　　　　　　　　B. 64
　　C. 140.8　　　　　　　　　　D. 160

31. 下列不属于债权人作出"让步"的行为的是(　　)。

　　A. 延长还款期限　　　　　　B. 减免部分债务本金
　　C. 降低债务利率　　　　　　D. 减免部分债务利息

32. 甲公司应收乙公司货款800万元，经协商达成债务重组协议，双方同意按600万元结清该笔货款，乙公司已将600万元支付给甲公司。甲公司已经为该笔应收账款计提了100万元的坏账准备，在债务重组日，该事项对甲公司和乙公司的影响分别为(　　)。

　　A. 甲公司资本公积减少200万元，乙公司资本公积增加200万元
　　B. 甲公司营业外支出增加100万元，乙公司资本公积增加200万元

C. 甲公司营业外支出增加 200 万元，乙公司营业外收入增加 200 万元

D. 甲公司营业外支出增加 100 万元，乙公司营业外收入增加 200 万元

33. 以非现金资产清偿债务的方式下，债权人收到非现金资产时应以（   ）入账。

A. 非现金资产的原账面价值

B. 应收债权的账面价值加上应支付的相关税费

C. 非现金资产的公允价值

D. 非现金资产的原账面价值加上应支付的相关税费

34. 债务人以非现金资产清偿某项债务，债务人应将应付债务的账面价值大于用以清偿债务的非现金资产公允价值的差额，计入（   ）科目。

A. "资本公积"　　　　　　　　　B. "营业外支出"

C. "营业外收入"　　　　　　　　D. "财务费用"

35. 2×16 年 6 月 1 日，瑞兴公司销售一批材料给东方公司，含税价为 120 000 元。2×16 年 12 月 31 日，东方公司发生财务困难，无法按合同规定偿还债务，经协商达成债务重组协议，瑞兴公司同意东方公司用产品抵偿该应收账款。该产品市价为 100 000 元，增值税税率为 17%，产品成本为 90 000 元。东方公司为转让的产品计提了存货跌价准备 2 000 元，瑞兴公司为债权计提了坏账准备 500 元。假定不考虑其他税费，东方公司应确认的债务重组收益和资产转让损益分别为（   ）。

A. 20 000 元、12 000 元　　　　B. 3 000 元、12 000 元

C. 12 000 元、10 000 元　　　　D. 12 000 元、3 000 元

36. 甲公司应收 B 公司账款 80 万元，B 公司出现财务困难，无法偿还，经协商达成债务重组协议，B 公司以银行存款 10 万元和一批商品抵偿债务。商品的成本为 40 万元，计税价格（公允价值）为 50 万元，增值税税率为 17%，款项和商品均已交给甲公司。则 B 公司在该债务重组中应计入营业外收入的金额为（   ）万元。

A. 30　　　　B. 20　　　　C. 11.5　　　　D. 10

37. 债务人以长期股权投资抵偿债务，债务人应将转出长期股权投资的公允价值和账面价值的差额计入的会计科目是（   ）。

A. "资本公积"　　　　　　　　　B. "营业外收入"

C. "营业外支出"　　　　　　　　D. "投资收益"

38. A 公司以一台设备抵偿所欠甲公司的债务 12 万元，设备的账面原价为 10 万元，已计提折旧 4 万元，发生相关税费 1 万元，设备的公允价值为 8 万元。A 公司债务重组应计入利润的金额为（   ）万元。

A. 5　　　　B. 4　　　　C. 3　　　　D. 6

39. 甲公司就应收 A 公司账款 250 万元与 A 公司进行债务重组，甲公司同意将应收 A 公司债务 250 万元免除 50 万元，并将剩余债务延期两年偿还，按年利率 5% 计息；同时约定，如果 A 公司一年后有盈利，每年按 8% 计息。甲公司债

务重组损失是( )万元。

A. 30　　　　　B. 24　　　　　C. 50　　　　　D. 18

(二) 多项选择题

1. 非流动负债主要包括( )。
   A. 长期借款　　　　　　　　B. 应交税费
   C. 长期应付款　　　　　　　D. 应付债券

2. 应付债券的明细科目包括( )。
   A. 应付债券——面值　　　　B. 应付债券——本金
   C. 应付债券——利息调整　　D. 应付债券——应计利息

3. 担保债券按其抵押品的不同,分为( )。
   A. 不动产抵押债券　　　　　B. 动产抵押债券
   C. 信用债券　　　　　　　　D. 证券信托抵押债券

4. 下列说法中,正确的有( )。
   A. 当票面利息大于实际利息时,企业溢价发行债券
   B. 当票面利息小于实际利息时,企业溢价发行债券
   C. 当票面利息大于实际利息时,企业折价发行债券
   D. 当票面利息小于实际利息时,企业折价发行债券

5. "长期应付款"科目核算的内容主要有( )。
   A. 应付经营租入固定资产的租赁费
   B. 以分期付款方式购入固定资产发生的应付款项
   C. 采用补偿贸易方式引进国外设备价款
   D. 应付融资租入固定资产的租赁费

6. 承租人在计算最低租赁付款额的现值选择折现率时,应考虑的因素有( )。
   A. 承租人租赁内含利率　　　B. 出租人租赁内含利率
   C. 同期银行贷款利率　　　　D. 租赁合同利率

7. 借款费用同时满足有关条件时才能开始资本化,其条件包括( )。
   A. 资产支出已经发生
   B. 借款费用已经发生
   C. 为使资产达到预定可使用或者可销售状态所必要的购建或者生产活动已经开始
   D. 为使资产达到预定可使用或者可销售状态所必要的购建或者生产活动已经完成

8. 下列各项表述中,正确的有( )。
   A. 购建某项固定资产过程中发生非正常停工,并且停工时间连续超过3个月,应当暂停借款费用资本化
   B. 购建某项固定资产过程中发生正常停工,停工时间连续超过3个月,应

当暂停借款费用资本化

C. 某项固定资产部分已达到预定可使用状态，且该部分可单独使用，则这部分资产发生的借款费用应停止资本化

D. 某项固定资产部分已达到预定可使用状态，即使该部分可单独使用，仍需待整体完工后方可停止借款费用资本化

9. 企业为购建固定资产专门借入的款项所发生的借款费用，停止资本化的时点有（　　）。

A. 所购建固定资产与设计要求或合同要求相符或基本相符时

B. 固定资产的实体建造工作已经全部完成或实质上已经完成时

C. 继续发生在所购建固定资产上的支出金额很少或者几乎不再发生时

D. 为使资产达到预定可使用或者可销售状态所必要的购建或者生产活动已经完成

10. 下列各项表述中，不正确的有（　　）。

A. 借款费用应予资本化的借款范围既可能包括专门借款，也可能包括一般借款

B. 一般借款发生的借款费用均应当资本化

C. 专门借款发生的借款费用均应当资本化

D. 一般借款发生的借款费用均不允许资本化

11. 下列经济业务中，不属于债务重组范围的有（　　）。

A. 债务人改组

B. 延长债务偿还期限并豁免部分债务

C. 债务人借新债偿旧债

D. 可转换公司债券转换为普通股股票

12. 关于债务重组，下列说法中正确的有（　　）。

A. 债务重组一定是在债务人发生财务困难的情况下发生的

B. 债务重组一定是债权人按照其与债务人达成的协议或者法院的裁定做出让步的事项

C. 债务重组既包括持续经营情况下的债务重组，也包括非持续经营情况下的债务重组

D. 只要债务条件发生变化，无论债权人是否做出让步，均属于债务重组

13. 债务重组的方式包括（　　）。

A. 以资产清偿债务　　　　　　　B. 债务转为资本

C. 修改其他条件　　　　　　　　D. 以上三种方式的组合

14. 下列各项中，属于债务重组中"修改其他债务条件"方式的有（　　）。

A. 债务转为资本　　　　　　　　B. 降低利率

C. 减少债务本金　　　　　　　　D. 免去应付未付的利息

15. 2×16 年 3 月 31 日，甲公司应收乙公司的一笔货款 500 万元到期，由于乙公司发生财务困难，该笔货款预计短期内无法收回，甲公司已为该项债权计提

坏账准备 100 万元。当日，甲公司就该债权与乙公司进行协商，下列协商方案中，属于债务重组的有(   )。

A. 减免 100 万元债务，其余部分立即以现金偿还
B. 减免 50 万元债务，其余部分延期两年偿还
C. 以公允价值为 500 万元的固定资产偿还
D. 以现金 100 万元和公允价值为 400 万元的无形资产偿还

16. 在债务重组的会计处理中，下列说法中正确的是(   )。

A. 债务人应确认债务重组收益
B. 无论债权人或债务人，均不确认债务重组损失
C. 用非现金资产清偿债务时，债务人应将应付债务的账面价值大于用以清偿债务的非现金资产账面价值的差额，直接计入当期营业外收入
D. 用非现金资产清偿债务时，债务人应将应付债务的账面价值大于用以清偿债务的非现金资产公允价值与相关税费之和的差额计入营业外收入

17. 对企业在债务重组日确认的债务重组利得或债务重组损失，下列说法中正确的是(   )。

A. 债务人可能贷记"营业外收入——债务重组利得"科目
B. 债务人可能借记"营业外支出——债务重组损失"科目
C. 债务人可能贷记"投资收益"科目
D. 债权人可能借记"营业外支出——债务重组损失"科目

18. 以非货币性资产偿还债务的债务重组中，下列说法中正确的是(   )。

A. 债务人以存货偿还债务的，视同销售该存货，应按照其公允价值确认相应的收入，同时结转存货的成本
B. 债务人以固定资产偿还债务的，固定资产公允价值与其账面价值和支付的相关税费之间的差额，计入营业外收入或营业外支出
C. 债务人以长期股权投资偿还债务的，长期股权投资公允价值与其账面价值和支付的相关税费之间的差额计入投资损益
D. 债务人以无形资产偿还债务的，无形资产公允价值与其账面价值和支付的相关税费之间的差额，计入营业外收入或营业外支出

19. 2×16 年 6 月 1 日，甲公司因发生财务困难无力偿还乙公司的 1 200 万元到期货款，双方协议进行债务重组。按债务重组协议规定，甲公司以其普通股偿还债务。假设普通股每股面值 1 元，甲公司用 500 万股抵偿该项债务（不考虑相关税费），股权的公允价值为 900 万元。乙公司对应收账款计提了 120 万元的坏账准备。甲公司于 9 月 1 日办妥了增资批准手续，换发了新的营业执照，下列说法中正确的是(   )。

A. 债务重组日为 2×16 年 6 月 1 日
B. 甲公司计入"股本"的金额为 500 万元
C. 甲公司计入"资本公积——股本溢价"的金额为 400 万元
D. 甲公司计入"营业外收入"的金额为 300 万元

20. 关于附或有条件的债务重组，下列说法中正确的是(　　)。
   A. 对债务人而言，或有应付金额如果符合预计负债确认条件的，债务人应当将其确认为预计负债
   B. 对债务人而言，或有应付金额均不应当确认为预计负债
   C. 对债权人而言，应将或有应收金额计入重组后债权的账面价值
   D. 对债权人而言，只有当或有应收金额实际收到时，才计入当期损益

(三) 判断题

1. 长期借款是指企业从银行或其他金融机构借入的，偿还期在一年以上的款项，一般用于日常生产经营、固定资产购置等方面。(　　)
2. 对于到期一次还本付息，平价发行的债券，在资产负债表日企业应借记"财务费用""在建工程"等科目，贷记"应付利息"科目。(　　)
3. 提前偿还债券时，对于未摊销完的债券折、溢价不应予以转销。(　　)
4. 发行可转换公司债券发生的交易费用，应当在负债成分和权益成分之间按照各自的相对公允价值进行分摊。(　　)
5. 按补偿贸易方式引进的国外设备达到预定使用状态时，应按其全部价值，借记"固定资产"，贷记"在建工程"科目。(　　)
6. 引进设备应付的利息以及外币折合人民币的差额，在国外设备达到预定使用状态之后发生的，计入当期损益。(　　)
7. 在租赁期开始日，承租人应将租赁开始日租赁资产公允价值与最低租赁付款额现值两者中的较低者，加上初始直接费用作为融资租入资产的入账价值。(　　)
8. 未确认融资费用应当在租赁期内各个期间进行分摊，企业应当采用直线法计算确认当期的融资费用。(　　)
9. 企业发生的借款费用，可直接归属于符合资本化条件的资产的购建或者生产的，应当予以资本化，否则应于发生时费用化。(　　)
10. 专门借款实际发生的借款利息减去闲置资金的利息收入或投资收益后的金额应全部资本化。(　　)
11. 企业用自产产品换取为建造或生产符合资本化条件的资产所需用的工程物资的，表明资产支出已经发生。(　　)
12. 非正常中断仅限于因购建或生产符合资本化条件的资产达到预定可使用或可销售状态所必要的程序导致的中断。(　　)
13. 符合资本化条件的资产在购建或者生产过程中发生非正常中断，应当暂停借款费用的资本化。(　　)
14. 企业购建符合资本化条件的资产而取得专门借款支付的辅助费用，应在支付当期全部予以资本化。(　　)
15. 债务人发生财务困难，是债务重组的前提条件，而债权人做出让步是债务重组的必要条件。(　　)

16. 重组债权已计提减值准备的，应当先将收到资产的入账价值与重组债权的账面余额之间的差额冲减已计提的减值准备，冲减后仍有损失的，计入营业外支出（债务重组损失）；冲减后减值准备仍有余额的，应予转回并抵减当期资产减值损失。（   ）

17. 以现金清偿债务的，若债权人已对债权计提减值准备的，债权人应当将重组债权的账面余额与收到的现金之间的差额，计入当期损益。（   ）

18. 以非现金资产清偿债务的，债务人应当将重组债务的账面价值与转让的非现金资产公允价值之间的差额，计入当期损益。转让的非现金资产公允价值与其账面价值之间的差额，计入当期损益。（   ）

19. 将债务转为资本的，债务人应当将债权人放弃债权而享有股份的面值总额确认为股本（或实收资本），股份的公允价值总额与股本（或实收资本）之间的差额计入当期损益。重组债务的账面价值与股份的公允价值总额之间的差额，计入当期损益。（   ）

20. 不附或有条件的债务重组，债务人应将重组债务的账面余额减记至将来应付金额，减记的金额作为债务重组利得，于当期确认计入损益。（   ）

21. 对于附或有条件的债务重组，债务人应将重组债务的账面价值与重组后债务的入账价值之间的差额，计入当期损益（营业外收入），不确认预计负债。（   ）

22. 修改后的债务条款如涉及或有应付金额，债务人就应当将该或有应付金额确认为预计负债。（   ）

23. 在债务重组中，债务人的或有应付金额在随后会计期间没有发生的，应在结算时转入资本公积。（   ）

24. 修改后的债务条款中涉及或有应收金额的，债权人应当确认或有应收金额，并将其计入重组后债权的账面价值。（   ）

25. 债务重组以组合方式进行的，债务人应当依次以支付的现金、转让的非现金资产公允价值、债权人享有股份的公允价值冲减重组债务的账面价值，再按照修改其他债务条件后债务的公允价值作为重组后债务的入账价值。重组债务的账面价值与重组后债务的入账价值和预计负债之和之间的差额，计入当期损益。（   ）

（四）计算及账务处理题

1. 2×16年1月1日，鹭江股份有限公司发行3年期一次还本、分期付息的债券8 000 000元。债券利息于每年12月31日支付，票面利率6%，发行时市场利率5%。假设发行公司债券筹集的资金全部用于基础设施建设，所有债券利息费用均符合资本化条件。（P/F，5%，3）=0.863 8；（P/A，5%，3）=2.723 2。

要求：

（1）计算该债券的发行价格，并编制债券发行的会计分录；

（2）编制债券利息计算表；

(3) 编制各年末确认利息费用及支付利息的会计分录。

2. 2×15年12月28日，鹭江公司与鸿山租赁公司签订了一份融资租赁合同，当日租赁物运抵鹭江公司，有关资料如下：

(1) 租赁合同主要条款：

A. 租赁标的物：程控生产线；

B. 起租日：2×16年1月1日；

C. 租赁期：从起租日算起36个月（2×16年1月1日~2×18年12月31日）；

D. 租金支付方式：自起租日起每年年末支付租金100万元；

E. 该生产线2×16年1月1日的账面价值为250万元，公允价值为260万元；

F. 租赁合同规定的年利率为8%（鸿山租赁公司租赁内含利率未知）；

G. 该生产线为全新设备，不需安装，预计使用寿命为4年；

H. 2×18年12月31日，鹭江公司将该生产线退还鸿山租赁公司。

(2) 鹭江公司会计处理原则：

A. 采用实际利率法确认本期应分摊的未确认融资费用。（P/A，8%，3）=2.5771。

B. 采用年限平均法计提固定资产折旧，从2×16年1月开始计提折旧，折旧年限为3年。

要求：

(1) 计算租赁开始日最低租赁付款额的现值，确定租赁资产入账价值，计算未确认融资费用；

(2) 分摊未确认融资费用；

(3) 计算每年的固定资产折旧费用；

(4) 根据以上资料，为鹭江公司的租赁业务编制会计分录。

3. 鹭江公司为了扩大生产规模，经研究决定，采用出包方式建造生产厂房一栋。2×16年7~12月发生的有关借款及工程支出业务资料如下：

(1) 7月1日，为建造生产厂房从银行借入3年期的专门借款3 000万元，年利率为7.2%，于每季度末支付借款利息。当日，该工程已开工。

(2) 7月1日，以银行存款支付工程款1 900万元。暂时闲置的专门借款在银行的存款年利率为1.2%，于每季度末收取存款利息。

(3) 10月1日，借入半年期的一般借款300万元，年利率为4.8%，利息于每季度末支付。

(4) 10月1日，鹭江公司与施工单位发生纠纷，工程暂时停工。

(5) 11月1日，鹭江公司与施工单位达成谅解协议，工程恢复施工，以银行存款支付工程款1 250万元。

(6) 12月1日，借入1年期的一般借款600万元，年利率为6%，利息于每季度末支付。

(7) 12月1日，以银行存款支付工程款1 100万元。

假定工程支出超过专门借款时占用一般借款;仍不足的,占用自有资金。

要求:

(1) 计算鹭江公司 2×16 年第三季度专门借款利息支出、暂时闲置专门借款的存款利息收入和专门借款利息支出资本化金额;

(2) 计算鹭江公司 2×16 年第四季度专门借款利息支出、暂时闲置专门借款的存款利息收入和专门借款利息支出资本化金额;

(3) 计算鹭江公司 2×16 年第四季度一般借款利息支出、占用一般借款工程支出的累计支出加权平均数、一般借款平均资本化率和一般借款利息支出资本化金额。

4. 鹭江股份有限公司和鑫安股份有限公司均为增值税一般纳税人,适用的增值税税率均为 17%。2×16 年 1 月 5 日,鹭江公司向鑫安公司销售材料一批,增值税专用发票上注明的价款为 400 万元,增值税税额为 68 万元。至 2×16 年 9 月 30 日尚未收到上述货款,鹭江公司对此项债权已计提 50 万元坏账准备。2×16 年 9 月 30 日,鑫安公司鉴于财务困难,提出以其生产的产品一批和设备一台抵偿上述债务。经双方协商,鹭江公司同意鑫安公司的上述偿债方案。用于抵偿债务的产品和设备的有关资料如下:

(1) 鑫安公司为该批产品开出的增值税专用发票上注明的价款为 200 万元,增值税税额为 34 万元。该批产品的成本为 150 万元。

(2) 该设备的公允价值为 100 万元,账面原价为 190 万元,至 2×16 年 9 月 30 日已计提的累计折旧为 100 万元。鑫安公司清理设备过程中以银行存款支付清理费用 1 万元。

鹭江公司已于 2×16 年 10 月收到鑫安公司用于偿还债务的上述产品和设备。鹭江公司收到的上述产品作为存货处理,收到的设备作为固定资产处理。

要求:根据以上资料,分别为鹭江公司和鑫安公司编制相应会计分录。

5. 2×16 年 4 月 29 日,鹭江公司销售给宏发公司一批商品,应收账款为含税价款 550 万元,款项尚未收到。到期时宏发公司无法按合同规定偿还债务,经双方协商,鹭江公司同意宏发公司用存货抵偿该项债务,该产品公允价值 450 万元(不含增值税),成本 300 万元,已提跌价准备 22.5 万元,假设鹭江公司为该应收账款计提了 30 万元的坏账准备。鹭江公司和宏发公司都是一般纳税企业,增值税税率为 17%。

要求:根据以上资料,分别为鹭江公司和宏发公司编制相应会计分录。

6. 鹭江公司于 2×16 年 1 月 1 日销售给海峡公司产品一批,价款为 2 000 万元(不含税)。双方约定 3 个月后付款。海峡公司因财务困难无法按期支付货款。至 2×16 年 12 月 31 日鹭江公司仍未收到款项,鹭江公司已对该应收账款计提坏账准备 234 万元。2×16 年 12 月 31 日海峡公司与鹭江公司协商,达成债务重组协议如下:

(1) 海峡公司以 100 万元现金偿还部分债务。

(2) 海峡公司以一项专利权和一批 A 产品抵偿部分债务,专利权账面原价为350万元，已累计摊销100万元，计提的减值准备为10万元，公允价值为280万元。A产品账面成本为180万元，公允价值（计税价格）为200万元。产品已于2×16年12月31日运抵鹭江公司，当日办理完相关手续。

（3）将部分债务转为海峡公司100万股普通股，每股面值为1元，每股市价为5元。不考虑其他因素，鹭江公司将取得的股权作为长期股权投资核算。海峡公司已于2×16年12月31日办妥相关手续。

（4）鹭江公司同意免除海峡公司剩余债务的40%，将剩余债务延期至2×17年12月31日。如果2×17年海峡公司盈利，要支付债务利息，利率为4%，到期一次支付。海峡公司2×16年年末预计2×17年很可能盈利。

海峡公司2×17年度实现盈利。假设无形资产不考虑增值税。

要求：根据以上资料，分别为鹭江公司和海峡公司编制相应会计分录。

二、练习题参考答案

（一）单项选择题

1. C 2. A 3. B 4. C 5. B 6. B 7. C 8. A 9. B 10. C 11. A 12. C
13. C 14. D 15. C 16. A 17. A 18. B 19. C 20. D 21. C 22. C
23. D 24. A 25. B 26. C 27. D 28. D 29. A 30. A 31. A 32. D
33. C 34. B 35. B 36. C 37. D 38. A 39. C

（二）多项选择题

1. ACD 2. ACD 3. ABD 4. AD 5. BCD 6. BCD 7. ABC 8. AC 9. ABC
10. BCD 11. ACD 12. AB 13. ABCD 14. BCD 15. AB 16. AD 17. AD
18. ABCD 19. BCD 20. AD

（三）判断题

1. × 2. × 3. × 4. √ 5. √ 6. √ 7. √ 8. × 9. √ 10. √ 11. √
12. × 13. × 14. × 15. √ 16. √ 17. × 18. √ 19. × 20. √
21. × 22. × 23. × 24. × 25. √

（四）计算及账务处理题

1.

（1）债券的发行价格

$= 8\,000\,000 \times (P/F, 5\%, 3) + 8\,000\,000 \times 6\% \times (P/A, 5\%, 3)$

$= 8\,000\,000 \times 0.863\,8 + 480\,000 \times 2.723\,2$

$= 8\,217\,536（元）$

2×16年1月1日，鹭江公司发行债券时：

借：银行存款　　　　　　　　　　　　　　　　　8 217 536
　　贷：应付债券——面值　　　　　　　　　　　　　8 000 000
　　　　　　　　——利息调整　　　　　　　　　　　　217 536

（2）在债券发行期间，鹭江公司应采用实际利率法计算每期的实际利息。实际利息计算过程如表11-1所示。

表 11-1　　　　　　　　　实际利息计算表　　　　　　　　单位：元

付息日期	支付利息①	利息费用② =期初⑤×5%	溢价摊销③ =①-②	期末摊余成本⑤ =期初⑤-③
2×16.01.01				8 217 536
2×16.12.31	480 000	410 876.8	69 123.2	8 148 412.8
2×17.12.31	480 000	407 420.64	72 579.36	8 075 833.44
2×18.12.31	480 000	404 166.56*	75 833.44	8 000 000
合计	1 440 000	1 222 464	217 536	—

注：*尾数调整：8 000 000 + 480 000 - 8 075 833.44 = 404 166.56（元）。

（3）根据上述计算结果，鹭江公司的会计分录如下：

2×16年12月31日，确认利息费用时：

借：在建工程　　　　　　　　　　　　　　　　　410 876.8
　　应付债券——利息调整　　　　　　　　　　　　69 123.2
　　贷：应付利息　　　　　　　　　　　　　　　　480 000

支付利息时：

借：应付利息　　　　　　　　　　　　　　　　　480 000
　　贷：银行存款　　　　　　　　　　　　　　　　480 000

2×17年12月31日，确认利息费用时：

借：在建工程　　　　　　　　　　　　　　　　　407 420.64
　　应付债券——利息调整　　　　　　　　　　　　72 579.36
　　贷：应付利息　　　　　　　　　　　　　　　　480 000

支付利息时：

借：应付利息　　　　　　　　　　　　　　　　　480 000
　　贷：银行存款　　　　　　　　　　　　　　　　480 000

2×18年12月31日，确认利息费用时：

借：在建工程　　　　　　　　　　　　　　　　　404 166.56
　　应付债券——利息调整　　　　　　　　　　　　75 833.44
　　贷：应付利息　　　　　　　　　　　　　　　　480 000

支付利息时：

借：应付利息　　　　　　　　　　　　　　　　　480 000
　　贷：银行存款　　　　　　　　　　　　　　　　480 000

2.

（1）最低租赁付款额 = 1 000 000 × 3 = 3 000 000（元）

最低租赁付款额的现值 = 1 000 000 × (P/A,8%,3)
= 1 000 000 × 2.577 1 = 2 577 100（元）

最低租赁付款额的现值小于租赁开始日租赁资产公允价值 260 万元。

根据孰低原则，租赁资产入账价值为 2 577 100 元。

未确认融资费用 = 3 000 000 - 2 577 100 = 422 900（元）

（2）分摊未确认融资费用

因为租赁资产以最低租赁付款额的现值作为入账价值，且以合同规定的利率为折现率，因此应当将合同规定的利率 8% 作为未确认融资费用的分摊率。未确认融资费用分摊表如表 11-2 所示。

表 11-2　　　　　未确认融资费用分摊表（实际利率法）
2×16 年 1 月 1 日　　　　　　　　　　　　金额单位：元

日期 ①	租金 ②	确认的融资费用 ③ = 期初⑤×8%	应付本金减少额 ④ = ② - ③	应付本金余额 期末⑤ = 期初⑤ - ④
2×16.01.01				2 577 100
2×16.12.31	1 000 000	206 168	793 832	1 783 268
2×17.12.31	1 000 000	142 661.44	857 338.56	925 929.44
2×18.12.31	1 000 000	74 070.56*	925 929.44	0
合计	3 000 000	422 900	2 577 100	—

注：*尾数调整：1 000 000 - 925 929.44 = 74 070.56（元）。

（3）年固定资产折旧额 = 2 577 100 ÷ 3 = 859 033.33（元）

（4）鹭江公司的会计分录如下：

2×16 年 1 月 1 日

借：固定资产——融资租入固定资产　　　　　　　　　2 577 100
　　未确认融资费用　　　　　　　　　　　　　　　　　422 900
　　贷：长期应付款——应付融资租赁款　　　　　　　　　　3 000 000

2×16 年 12 月 31 日

支付租金

借：长期应付款——应付融资租赁款　　　　　　　　　1 000 000
　　贷：银行存款　　　　　　　　　　　　　　　　　　　1 000 000

分摊未确认融资费用

借：财务费用　　　　　　　　　　　　　　　　　　　　206 168
　　贷：未确认融资费用　　　　　　　　　　　　　　　　　206 168

计提固定资产折旧

借：制造费用　　　　　　　　　　　　　　　　　　　　859 033.33
　　贷：累计折旧　　　　　　　　　　　　　　　　　　　　859 033.33

2×17 年 12 月 31 日

支付租金

借：长期应付款——应付融资租赁款　　　　　　　　　1 000 000

贷：银行存款	1 000 000

分摊未确认融资费用

借：财务费用	142 661.44
贷：未确认融资费用	142 661.44

计提固定资产折旧

借：制造费用	859 033.33
贷：累计折旧	859 033.33

2×18年12月31日

支付租金

借：长期应付款——应付融资租赁款	1 000 000
贷：银行存款	1 000 000

分摊未确认融资费用

借：财务费用	74 070.56
贷：未确认融资费用	74 070.56

计提固定资产折旧

借：制造费用	859 033.33
贷：累计折旧	859 033.33

租赁期届满时，将该生产线退还鸿山租赁公司

借：累计折旧	2 577 100
贷：固定资产——融资租入固定资产	2 577 100

3. (1) 2×16年第三季度

专门借款应付利息（利息支出）= 3 000 × 7.2% × 3/12 = 54（万元）

暂时闲置专门借款的存款利息收入 = 1 100 × 1.2% × 3/12 = 3.3（万元）

专门借款利息支出资本化金额 = 54 − 3.3 = 50.7（万元）

(2) 2×16年第四季度

专门借款应付利息（利息支出）= 3 000 × 7.2% × 3/12 = 54（万元）

暂时闲置专门借款的存款利息收入 = 1 100 × 1.2% × 1/12 = 1.1（万元）

专门借款利息支出资本化金额 = 54 − 1.1 = 52.9（万元）

(3) 2×16年第四季度

第四季度一般借款利息支出 = 300 × 4.8% × 3/12 + 600 × 6% × 1/12 = 6.6（万元）

占用一般借款工程支出的累计支出加权平均数 = 150 × 2/3 + 750 × 1/3 = 350（万元）

一般借款平均资本化率 = (300 × 4.8% × 3/12 + 600 × 6% × 1/12) /

(300 × 3/3 + 600 × 1/3) = 1.32%

一般借款利息支出资本化金额 = 350 × 1.32% = 4.62（万元）

4.

鹭江公司的会计分录如下：

借：库存商品	2 000 000
固定资产	1 000 000

    应交税费——应交增值税（进项税额）　　　　　510 000
    坏账准备　　　　　　　　　　　　　　　　　500 000
    营业外支出——债务重组损失　　　　　　　　670 000
        贷：应收账款　　　　　　　　　　　　　　　　　4 680 000
  鑫安公司的会计分录如下：
    借：固定资产清理　　　　　　　　　　　　　900 000
        累计折旧　　　　　　　　　　　　　　　1 000 000
        贷：固定资产　　　　　　　　　　　　　　　　　1 900 000
    借：固定资产清理　　　　　　　　　　　　　 10 000
        贷：银行存款　　　　　　　　　　　　　　　　　 10 000
    借：应付账款　　　　　　　　　　　　　　 4 680 000
        贷：主营业务收入　　　　　　　　　　　　　　　2 000 000
            固定资产清理　　　　　　　　　　　　　　　1 000 000
            应交税费——应交增值税（销项税额）　　　　 510 000
            营业外收入——债务重组利得　　　　　　　　1 170 000
    借：固定资产清理　　　　　　　　　　　　　 90 000
        贷：营业外收入——处置非流动资产利得　　　　 　90 000
    借：主营业务成本　　　　　　　　　　　　 1 500 000
        贷：库存商品　　　　　　　　　　　　　　　　　1 500 000
5. 鹭江公司的会计分录如下：
    借：库存商品　　　　　　　　　　　　　　 4 500 000
        应交税费——应交增值税（进项税额）　　　　 765 000
        坏账准备　　　　　　　　　　　　　　　 300 000
        贷：应收账款　　　　　　　　　　　　　　　　　5 500 000
            资产减值损失　　　　　　　　　　　　　　　 65 000
  宏发公司的会计分录如下：
    借：应付账款　　　　　　　　　　　　　　 5 500 000
        贷：主营业务收入　　　　　　　　　　　　　　　4 500 000
            应交税费——应交增值税（销项税额）　　　　 765 000
            营业外收入——债务重组利得　　　　　　　　 235 000
    借：主营业务成本　　　　　　　　　　　　 2 775 000
        存货跌价准备　　　　　　　　　　　　　 225 000
        贷：库存商品　　　　　　　　　　　　　　　　　3 000 000
6.
  鹭江公司的会计分录如下：
  (1) 2×16年12月31日
      鹭江公司重组债权的公允价值(未来应收本金)
        $= (2\,000 \times 1.17 - 100 - 280 - 200 \times 1.17 - 100 \times 5) \times (1 - 40\%)$

=735.6(万元)

鹭江公司应确认的债务重组损失

= 2 000×1.17 - 100 - 280 - 200×1.17 - 100×5 - 735.6 - 234

=256.4(万元)

借：银行存款	1 000 000
无形资产	2 800 000
库存商品	2 000 000
应交税费——应交增值税（进项税额）	340 000
长期股权投资——海峡公司	5 000 000
应收账款——债务重组	7 356 000
营业外支出——债务重组损失	2 564 000
坏账准备	2 340 000
贷：应收账款	23 400 000

(2) 2×17年12月31日收取利息=735.6×4%=29.424（万元）

借：银行存款	7 650 240
贷：应收账款——债务重组	7 356 000
营业外支出——债务重组损失	294 240

海峡公司的会计分录如下：

(1) 2×16年12月31日

海峡公司重组债务的公允价值（未来应付本金）

=(2 000×1.17 - 100 - 280 - 200×1.17 - 500)×(1 - 40%)

=735.6(万元)

应确认预计负债的金额=735.6×4%=29.424（万元）

海峡公司应确认的债务重组利得 = 2 000×1.17 - 100 - 280 - 200×1.17 - 500

　　　　　　　　　　　　　　－735.6 - 29.424 = 460.976（万元）

借：应付账款	23 400 000
累计摊销	1 000 000
无形资产减值准备	100 000
贷：银行存款	1 000 000
无形资产	3 500 000
主营业务收入	2 000 000
应交税费——应交增值税（销项税额）	340 000
股本	1 000 000
资本公积——股本溢价	4 000 000
应付账款——债务重组	7 356 000
预计负债	294 240
营业外收入——处置非流动资产利得	400 000
——债务重组利得	4 609 760

借：主营业务成本　　　　　　　　　　　　　　　1 800 000
　　贷：库存商品　　　　　　　　　　　　　　　　　1 800 000
(2) 2×17年12月31日支付利息=735.6×4%=29.424（万元）
借：预计负债　　　　　　　　　　　　　　　　　294 240
　　应付账款——债务重组　　　　　　　　　　7 356 000
　　贷：银行存款　　　　　　　　　　　　　　　　　7 650 240

三、案例分析题

【案例】

可转换债券筹资及筹措资金运用的核算

鹭江公司2×16~2×17年分离交易可转换公司债券相关资料如下：

（一）2×16年1月1日按面值发行5年期的分离交易可转换公司债券5 000万元，款项已收存银行，债券票面利率为6%，当年利息于次年1月5日支付。每张债券的认购人获得公司派发的1份认股权证，该认股权证行权比例为2：1（即2份认股权证可认购1股A股股票），行权价格为12元/股。认股权证存续期为24个月（即2×16年1月1日至2×17年12月31日），行权期为认股权证存续期后五个交易日（行权期间权证停止交易）。鹭江公司发行分离交易可转换公司债券时二级市场上与之类似的没有转换权的债券市场利率为9%。

（二）鹭江公司发行该项债券所筹措的资金拟用于某建筑工程项目，该建筑工程采用出包方式建造，于2×16年2月1日开工。2×16年3月1日，鹭江公司向工程承包商支付第1笔款项2 000万元。此前的工程支出均由工程承包商垫付。2×16年11月1日，鹭江公司支付工程款2 000万元。

2×16年，鹭江公司借款费用资本化金额为250万元，借款费用费用化金额为50万元。

（三）2×17年6月30日，工程完工，鹭江公司支付工程尾款500万元。

2×17年，鹭江公司借款费用资本化金额为150万元，借款费用费用化金额为150万元。

已知：(P/F, 9%, 5) =0.6499；(P/F, 6%, 5) =0.7473；(P/A, 9%, 5) =3.8897；(P/A, 6%, 5) =4.2124。不考虑闲置资金的投资收益。

要求：

1. 根据资料（一）编制鹭江公司发行可转换公司债券时的会计分录。
2. 试述借款费用的确认方法。
3. 资料（二）中，鹭江公司2×16年借款费用资本化金额及费用化金额的计算是否正确，如果不正确，请进行修正，并编制相应会计分录。
4. 资料（三）中，鹭江公司2×17年借款费用资本化金额及费用化金额的计算是否正确,如果不正确,请进行修正。并编制相应会计分录。

【案例分析】

1. 不附认股权证且其他条件相同的公司债券的公允价值 = 5 000 × (P/F, 9%, 5) + 5 000 × 6% × (P/A, 9%, 5) = 5 000 × 0.6499 + 300 × 3.8897 = 4 416.41(万元)

    权益工具(资本公积) = 5 000 − 4 416.41 = 583.59(万元)

具体会计分录如下:

借:银行存款   50 000 000
  应付债券——可转换公司债券(利息调整) 5 835 900
 贷:应付债券——可转换公司债券(面值)   50 000 000
  资本公积——其他资本公积   5 835 900

2. 我国《企业会计准则第 17 号——借款费用》规定:企业发生的借款费用,可直接归属于符合资本化条件的资产的购建或者生产的,应当予以资本化,计入相关资产成本;其他借款费用,应当在发生时根据其发生额确认为费用,计入当期损益。符合资本化条件的资产,是指需要经过相当长时间的购建或者生产活动才能达到预定可使用或者可销售状态的固定资产、投资性房地产和存货等资产。

借款费用同时满足下列条件的,才能开始资本化:

(1)资产支出已经发生,资产支出包括为购建或者生产符合资本化条件的资产而以支付现金、转移非现金资产或者承担带息债务形式发生的支出;

(2)借款费用已经发生;

(3)为使资产达到预定可使用或者可销售状态所必要的购建或者生产活动已经开始。

3. 资料(二)中,鹭江公司 2×16 年借款费用资本化金额及费用化金额的计算不正确。

 2×16 年借款费用资本化金额 = 4 416.41 × 9% × (10/12) = 331.23(万元)

 2×16 年借款费用费用化金额 = 4 416.41 × 9% − 331.23 = 66.25(万元)

借:在建工程   3 312 300
  财务费用   662 500
 贷:应付利息   3 000 000
  应付债券——可转换公司债券(利息调整)   974 800

4. 资料(三)中,鹭江公司 2×17 年借款费用资本化金额及费用化金额的计算不正确。

 2×17 年借款费用资本化金额 = (4 416.41 + 97.48) × 9% × (6/12)
            = 203.13(万元)

 2×17 年借款费用费用化金额 = (4 416.41 + 97.48) × 9% − 203.13
            = 203.12(万元)

2×17年1月5日支付上年利息

借：应付利息 3 000 000
　　贷：银行存款 3 000 000
借：在建工程 2 031 300
　　财务费用 2 031 200
　　贷：应付利息 3 000 000
　　　　应付债券——可转换公司债券（利息调整） 1 062 500

第十二章 所有者权益

一、练习题

(一) 单项选择题

1. 所有者权益在数量上表现为（　　）的净额。
   A. 非流动资产总额减去非流动负债总额
   B. 流动资产总额减去流动负债总额
   C. 资产总额减去流动负债总额
   D. 资产总额减去负债总额

2. 公司的资本总额平分为金额相等的股份，并通过公开发行股票向社会筹集资金的公司是(　　)。
   A. 独资型企业　　　　　　　　B. 合伙型企业
   C. 有限责任公司　　　　　　　D. 股份有限公司

3. 关于企业所有者权益，下列说法中错误的是(　　)。
   A. 未分配利润可以弥补亏损
   B. 盈余公积可以按照规定转增资本金
   C. 资本公积可以弥补企业亏损
   D. 资本公积可以按照规定转增资本金

4. 资本公积转增资本时(　　)。
   A. 借记"实收资本"　　　　　　B. 贷记"资本公积"
   C. 借记"股本"　　　　　　　　D. 贷记"实收资本"或"股本"

5. 下列各项中，不会引起实收资本或股本发生变动的是(　　)。
   A. 发行股票
   B. 债务重组中债务转为资本
   C. 回购本公司股票
   D. 可转换公司债券持有人将债券转为股权

6. 下列各项中，会影响所有者权益总额发生增减变动的是(　　)。
   A. 支付已宣告的现金股利　　　B. 股东大会宣告派发现金股利
   C. 实际发放股票股利　　　　　D. 盈余公积补亏

7. 盈余公积是指企业按照规定从( )中提取的各种累积资金。
   A. 营业利润　　　　　　　　　　B. 其他业务收入
   C. 净利润　　　　　　　　　　　D. 销售利润

8. 以下( )不是其他综合收益。
   A. 可供出售金融资产公允价值的变动
   B. 持有至到期投资重分类为可供出售金融资产形成的利得或损失
   C. 长期股权投资采用权益法核算的，被投资方因确认其他综合收益而引起的所有者权益变动中，投资方按持股比例计算应享有或应分担的份额
   D. 企业发行可分离交易的可转债中包含的权益成分

9. 甲公司"盈余公积"科目的年初余额为100万元，本期提取135万元，转增资本80万元。甲公司"盈余公积"科目的年末余额为( )万元。
   A. 95　　　　B. 155　　　　C. 175　　　　D. 235

10. 某上市公司发行普通股1 000万股，每股面值1元，每股发行价格5元，支付手续费20万元，支付咨询费60万元。该公司发行普通股计入股本的金额为( )万元。
    A. 1 000　　　B. 4 920　　　C. 4 980　　　D. 5 000

11. 某企业年初未分配利润为100万元，本年实现的净利润为200万元，分别按10%提取法定盈余公积和任意盈余公积，向投资者分配利润150万元，该企业年末未分配利润为( )万元。
    A. 10　　　　B. 90　　　　C. 100　　　　D. 110

12. ABC公司注册资本为450万元，现有D出资者出资现金200万元，使得注册资本增加到600万元，其中D出资者占注册资本的比例为25%。ABC公司接受D出资者出资时，应计入资本公积的金额为( )万元。
    A. 0　　　　B. 50　　　　C. 150　　　　D. 200

13. 2016年1月1日某企业所有者权益情况如下：实收资本200万元，资本公积17万元，其他综合收益15万元，盈余公积38万元，未分配利润32万元。则该企业2016年1月1日留存收益为( )万元。
    A. 32　　　　B. 38　　　　C. 70　　　　D. 85

14. 甲企业收到乙企业以设备出资，该设备的原价为50万元，已提折旧6万元，投资合同约定该设备价值为40万元（假定是公允的），占注册资本30万元，则甲企业的会计处理为( )。

    A. 借：固定资产　　　　　　　　　　　　　　　　40
    　　　贷：实收资本　　　　　　　　　　　　　　　　　40
    B. 借：固定资产　　　　　　　　　　　　　　　　44
    　　　贷：实收资本　　　　　　　　　　　　　　　　　44
    C. 借：固定资产　　　　　　　　　　　　　　　　40
    　　　贷：实收资本　　　　　　　　　　　　　　　　　30
    　　　　　资本公积　　　　　　　　　　　　　　　　　10

D. 借：固定资产　　　　　　　　　　　　　　　　　　50
　　贷：累计折旧　　　　　　　　　　　　　　　　　　10
　　　　实收资本　　　　　　　　　　　　　　　　　　40

15. 甲、乙、丙三方各出资 100 万元组建 A 有限责任公司，A 公司注册资本 300 万元。两年后 A 公司增加注册资本至 400 万元，投资者丁投入资产（现金）160 万元，占 A 公司增资后注册资本的 1/4。下列说法正确的是(　　)。

A. A 公司应确认实收资本 160 万元

B. A 公司确认实收资本 100 万元

C. A 公司应确认资本溢价 0 万元

D. A 公司应确认资本溢价 100 万元

（二）多项选择题

1. 下列各项中，可能会引起资本公积账面余额发生变化的是(　　)。

A. 采用权益法核算的长期股权投资

B. 可供出售金融资产公允价值的变动

C. 存货或自用房地产转换为投资性房地产

D. 以权益结算的股份支付

2. 下列各项中，会引起实收资本增加的有(　　)。

A. 股份有限公司发放股票股利

B. 可转换公司债券持有人行使转换权利

C. 企业将重组债务转为资本

D. 以权益结算的股份支付的行权

3. 下列各项中，不会引起留存收益增减变动的有(　　)。

A. 提取任意盈余公积　　　　　　B. 盈余公积弥补亏损

C. 分配现金股利　　　　　　　　D. 发放股票股利

4. 甲股份有限公司通过以银行存款收购本企业股票方式减资，在进行注销库存股会计处理时，可能涉及的会计科目有(　　)。

A. 股本　　　　　　　　　　　　B. 资本公积

C. 财务费用　　　　　　　　　　D. 盈余公积

5. 下列说法中，正确的是(　　)。

A. 自用房地产转换为以公允价值模式计量的投资性房地产，产生的差额都应通过"资本公积——其他资本公积"核算

B. 采用权益法核算长期股权投资，投资方对于按持股比例计算应享有或应分担的被投资单位除确认净损益、利润分配及其他综合收益以外而引起的所有者权益变动份额，应当确认计入"资本公积——其他资本公积"

C. 企业处置投资性房地产时，应同时将转换日计入其他综合收益的相关金额转入当期损益

D. 将持有至到期投资重分类为可供出售金融资产时，该投资账面价值与公

允价值之间的差额通过"其他综合收益"科目核算

6. 下列说法中正确的是（　　）。

A. 直接计入所有者权益的利得和损失应该记入"资本公积——资本（或股本）溢价"科目

B. 企业收到投资者超过按注册资本比例计算的出资额，记入"资本公积——其他资本公积"科目

C. 企业不得在弥补亏损和提取法定盈余公积之前向股东分配利润

D. 分配现金股利不会使公司的股本增加

（三）判断题

1. 所有者权益只是一种剩余权益而不是一种财产权。（　　）
2. 按形成来源，所有者权益分为投入资本、资本公积和留存收益。（　　）
3. 企业接受股东（或股东的子公司）的资本性投入直接或间接代为偿债、债务豁免或捐赠，其经济实质表明属于股东对企业的资本性投入的，应当将相关利得计入"资本公积——其他资本公积"科目核算。（　　）
4. 有限责任公司将公司的资本分为等额股份，对外公开募集股份，能发行股票。（　　）
5. 股份有限公司的股票可以在社会上进行公开交易、转让，可以退股。（　　）
6. 其他综合收益，是指企业根据其他会计准则规定未在当期损益中确认的各项利得和损失。（　　）
7. 企业主体理论主要适应于私人独资企业，因为这类企业的所有权和经营一般合一。（　　）
8. 留存收益与投入资本都属于所有者权益，但与投入资本不同的是，投入资本是股东从外部投入公司形成的，而留存收益是公司内部经营净收益积累下来的。（　　）
9. 股份有限公司发放股票股利，借记"利润分配"科目，贷记"股本"科目。（　　）
10. 提取法定盈余公积会引起留存收益的变动。（　　）
11. 出售可供出售金融资产不会引起资本公积账面价值发生变化。（　　）
12. 以后会计期间不能重分类进损益的其他综合收益项目，主要包括重新计量设定受益计划净负债或净资产导致的变动、按照权益法核算的在被投资单位以后会计期间不能重分类进损益的其他综合收益中所享有的份额等。（　　）
13. 股东大会批准宣告发放现金股利不影响所有者权益总额。（　　）
14. 企业处置投资性房地产时，应同时将转换日计入其他综合收益的相关金额转入当期损益。（　　）
15. 应付账款获得债权人豁免应计入资本公积。（　　）

（四）计算及账务处理题

1. 鹭江公司截至 2×16 年 12 月 31 日共发行股票 30 000 000 股，股票面值为 1 元，资本公积（股本溢价）6 000 000 元，盈余公积 4 000 000 元。经股东大会批准，鹭江公司以现金回购本公司股票 3 000 000 股并注销。

要求：进行鹭江公司的下列账务处理：
（1）假定鹭江公司按照每股 4 元回购股票；
（2）假定鹭江公司以每股 0.9 元回购股票。

2. 2×15 年 5 月，鹭江公司以 480 万元购入集嘉公司股票 60 万股作为可供出售金融资产，另支付手续费 10 万元；2×15 年 6 月 30 日该股票每股市价为 7.5 元；2×15 年 8 月 10 日，集嘉公司宣告分派现金股利，每股 0.2 元；8 月 20 日，鹭江公司收到分派的现金股利。至 2×15 年 12 月 31 日，鹭江公司仍持有该可供出售金融资产，期末每股市价为 8.5 元；2×16 年 1 月 3 日以 515 万元出售该可供出售金融资产。假定鹭江公司每年 6 月 30 日和 12 月 31 日对外提供财务报告。

要求：
（1）编制鹭江公司上述经济业务的会计分录。
（2）截至 2×15 年 12 月 31 日，计算可供出售金融资产的累积其他综合收益。（答案中金额以万元表示）

3. 鹭江公司与外商兴隆公司共同出资组建中外合资企业中天公司。中天公司于 2×16 年 1 月 1 日设立，注册资本为 400 万元，鹭江公司与兴隆公司的出资比例为 7∶3。鹭江公司对中天公司有重大影响。1 月 2 日，按投资合同规定，鹭江公司以一座账面原价 350 万元，已计提折旧 70 万元的厂房投资，双方确认该厂房价值为 280 万元，并已办妥产权划转等相关手续。1 月 3 日，兴隆公司以 120 万元投资，该款项已存入中天公司银行账户。2×16 年年末，中天公司实现净利润 88 万元。2×17 年 2 月 1 日董事会提出利润分配方案，决定提取 10% 的法定盈余公积，提取 5% 的任意盈余公积，并向投资者分配利润 20 万元。2×17 年 3 月 1 日，股东会通过该利润分配方案。

要求：
（1）编制中天公司接受鹭江公司投资的会计分录。
（2）编制中天公司接受兴隆公司投资的会计分录。
（3）编制中天公司提取盈余公积，并向投资者分配利润的会计分录。

二、练习题参考答案

（一）单项选择题

1. D 2. D 3. C 4. D 5. C 6. B 7. C 8. D 9. B 10. A 11. D 12. B

13. C   14. C   15. B

(二) 多项选择题

1. AD   2. ABCD   3. AB   4. ABD   5. BCD   6. CD

(三) 判断题

1. ×   2. ×   3. √   4. ×   5. ×   6. √   7. ×   8. √   9. √   10. ×   11. √
12. √   13. ×   14. √   15. ×

(四) 计算及账务处理题

1. 会计分录：

(1) 库存股的成本 = 3 000 000 × 4 = 12 000 000（元）

借：库存股	12 000 000
贷：银行存款	12 000 000
借：股本	3 000 000
资本公积——股本溢价	6 000 000
盈余公积	3 000 000
贷：库存股	12 000 000

(2) 库存股的成本 = 3 000 000 × 0.9 = 2 700 000（元）

借：库存股	2 700 000
贷：银行存款	2 700 000
借：股本	3 000 000
贷：库存股	2 700 000
资本公积——股本溢价	300 000

2. 具体计算及处理过程如下：

(1) 编制的会计分录如下：

① 2×15 年 5 月购入时：

借：可供出售金融资产——成本	490
贷：银行存款	490

② 2×15 年 6 月 30 日：

借：其他综合收益（490 − 60 × 7.5）	40
贷：可供出售金融资产——公允价值变动	40

③ 2×15 年 8 月 10 日：

借：应收股利（0.20 × 60）	12
贷：投资收益	12

④ 2×15 年 8 月 20 日：

借：银行存款	12
贷：应收股利	12

⑤ 2×15年12月31日：
借：可供出售金融资产——公允价值变动（60×8.5－60×7.5） 60
　　　贷：资本公积——其他资本公积 60
⑥ 2×16年1月3日处置：
借：银行存款 515
　　其他综合收益 20
　　　贷：可供出售金融资产——成本 490
　　　　　　　　　　　　　　　——公允价值变动 20
　　　　　投资收益 25

（2）2×15年12月31日，该可供出售金融资产的累积其他综合收益为贷方20万元（60－40）。

3.
（1）中天公司接受鹭江公司投资
借：固定资产 285
　　　贷：实收资本 280
　　　　　资本公积——资本溢价 5
（2）中天公司接受兴隆公司投资
借：银行存款 120
　　　贷：实收资本 120
（3）2×17年2月1日，中天公司提取盈余公积
借：利润分配——提取法定盈余公积 8.8
　　　贷：盈余公积——法定盈余公积 8.8
借：利润分配——提取任意盈余公积 4.4
　　　贷：盈余公积——任意盈余公积 4.4
2×17年3月1日，中天公司分配利润
借：利润分配——应付利润 20
　　　贷：应付利润 20

三、案例分析题

【案例】

所有者权益的核算

鹭江公司2×08～2×16年度有关业务资料如下：

（一）2×08年1月1日，鹭江公司股东权益总额为46 500万元（其中，股本总额为10 000万股，每股面值为1元；资本公积为30 000万元；盈余公积6 000万元；未分配利润500万元）。2×08年度实现净利润400万元，股本与资本公积项目未发生变化。

(1) 按 2×08 年度实现净利润的 10% 提取法定盈余公积。

(2) 以 2×08 年 12 月 31 日的股本总额为基数，以资本公积（股本溢价）转增股本，每 10 股转增 4 股，计 4 000 万股。

2×09 年 5 月 5 日，鹭江公司召开股东大会，审议批准了董事会提出的预案，同时决定分派现金股利 300 万元。2×09 年 6 月 10 日，鹭江公司办妥了上述资本公积转增股本的有关手续。

（二）2×09 年度，鹭江公司发生净亏损 3 142 万元。

（三）2×10~2×15 年度，鹭江公司分别实现利润总额 200 万元、300 万元、400 万元、500 万元、600 万元和 600 万元。假定鹭江公司适用的所得税税率为 25%；无其他纳税调整事项。

（四）2×16 年 5 月 9 日，鹭江公司股东大会决定以法定盈余公积弥补 2×15 年 12 月 31 日账面累计未弥补亏损。

假定：2×09 年发生的亏损可用以后 5 年内实现的税前利润弥补；除前述事项外，其他因素不予考虑。

要求：

1. 编制鹭江公司 2×09 年 3 月提取 2×08 年度法定盈余公积及结转利润分配的会计分录。

2. 编制鹭江公司 2×09 年 5 月宣告分派 2×08 年度现金股利及结转利润分配的会计分录。

3. 编制鹭江公司 2×09 年 6 月资本公积转增股本的会计分录。

4. 编制鹭江公司 2×09 年度结转当年净亏损的会计分录。

5. 计算鹭江公司 2×15 年度应交所得税并编制结转当年净利润的会计分录。

6. 计算鹭江公司 2×15 年 12 月 31 日账面累计未弥补亏损。

7. 编制鹭江公司 2×16 年 5 月以法定盈余公积弥补亏损的会计分录。

（"利润分配""盈余公积"科目要求写出明细科目；答案中的金额单位用万元表示）

【案例分析】

1. 借：利润分配——提取法定盈余公积　　　　　　40
　　　　贷：盈余公积——法定盈余公积　　　　　　　　　40
　　借：利润分配——未分配利润　　　　　　　　　40
　　　　贷：利润分配——提取法定盈余公积　　　　　　　40

2. 借：利润分配——应付现金股利　　　　　　　　300
　　　　贷：应付股利　　　　　　　　　　　　　　　　　300
　　借：利润分配——未分配利润　　　　　　　　　300
　　　　贷：利润分配——应付现金股利　　　　　　　　　300

3. 借：资本公积　　　　　　　　　　　　　　4 000
　　　　贷：股本　　　　　　　　　　　　　　　　　4 000

4. 借：利润分配——未分配利润　　　　　　　3 142
　　　贷：本年利润　　　　　　　　　　　　　　3 142
5. 应交所得税 = 600×25% = 150（万元）
借：所得税费用　　　　　　　　　　　　　　150
　　贷：应交税费——应交所得税　　　　　　　150
借：本年利润　　　　　　　　　　　　　　　150
　　贷：所得税费用　　　　　　　　　　　　　150
借：本年利润　　　　　　　　　　　　　　　450
　　贷：利润分配——未分配利润　　　　　　　450
6. 累计未弥补亏损 = （500 + 400 − 40 − 300）− 3 142 + （200 + 300 + 400 + 500 + 600）+ 450 = −132（万元）（亏损）
7. 借：盈余公积——法定盈余公积　　　　　　132
　　　贷：利润分配——盈余公积补亏　　　　　132
借：利润分配——盈余公积补亏　　　　　　　132
　　贷：利润分配——未分配利润　　　　　　　132

第十三章 收入、费用和利润

一、练习题

(一) 单项选择题

1. 新收入准则所称的合同，是指双方或多方之间订立有法律约束力的权利义务的协议。下列说法错误的是(　　)。
   A. 合同可以是书面形式
   B. 合同可以是口头形式
   C. 合同可以是书面形式、口头形式及其他形式
   D. 合同只能是书面形式

2. 下列说法正确的是(　　)。
   A. 没有商业实质的非货币性资产交换，可以确认收入
   B. 企业因向客户转让商品而有权取得的对价可能收回，可以确认收入
   C. 在合同开始日不符合标准的合同，应当将已收取的对价确认为收入
   D. 企业与客户之间的合同符合收入确认标准，企业可以在客户取得相关商品控制权时确认收入

3. 下列项目应按《企业会计准则第 14 号——收入》的规定进行会计处理的是(　　)。
   A. 以无形资产换取客户固定资产　　B. 以固定资产换取客户无形资产
   C. 以存货换取客户固定资产　　　　D. 以无形资产换取客户存货

4. 下列关于商业折扣、现金折扣和销售折让的说法中，错误的是(　　)。
   A. 商业折扣是企业为促进商品销售而在商品标价上给予的价格扣除
   B. 现金折扣是在销售商品收入金额确定的情况下，债权人为鼓励债务人在规定的期限内付款而向债务人提供的债务扣除
   C. 当现金折扣实际发生时，需要冲减企业原确认的营业收入
   D. 对于销售折让，如果发生在企业确认收入之前，应当直接抵减交易价格，按折让后价格确认收入

5. 某企业产品价目表列明，A 产品的销售价格为每件 200 元，购买 200 件以

上,可获得5%的商业折扣,购买400件以上,可获得10%的商业折扣,2017年2月1日该企业对外销售给某客户产品350件。规定对方付款条件为:2/10,1/20,N/30,购货单位于8天内付款,2月20日该企业因产品质量与合同略有不符,同意给予购货方3%的销售折让(不考虑现金折扣)并办理相关手续。该企业此项销售业务应确认累计销售收入为(　　)元。

A. 66 500　　　　　　　　B. 65 170
C. 64 505　　　　　　　　D. 68 600

6. A公司为增值税一般纳税人,适用的增值税税率为17%,该公司主要是销售产品甲,每件600元。同时公司规定,若客户购买150件(含150件)以上,每件可获得5%的商业折扣。B公司于2017年4月10日购买A公司产品甲300件,按规定现金折扣条件为:2/10,1/20,N/30。A公司于4月15日收到该笔款项,则实际收到的款项为(　　)元。(假定计算现金折扣时不考虑增值税)

A. 200 070　　　　　　　B. 3 240
C. 196 069　　　　　　　D. 196 650

7. 合同包含了两项履约义务,如商品的售价内包含可区分的在售后一定期限内提供相关服务的服务费,在销售商品时,收到的该项服务费应记入(　　)科目。

A. 营业外收入　　　　　　B. 主营业务收入
C. 其他业务收入　　　　　D. 预收账款

8. 企业与同一客户(或该客户的关联方)同时订立或在相近时间内先后订立的两份或多份合同,在满足下列条件(　　)时,应当合并为一份合同进行会计处理。

A. 该两份或多份合同基于同一商业目的而订立并构成一揽子交易
B. 该两份或多份合同的合同对价金额相对独立
C. 该两份或多份合同中所承诺的商品(或每份合同中所承诺的部分商品)构成多项履约义务
D. 该两份或多份合同基于不同商业目的而订立

9. 2×17年1月1日,甲公司采用分期收款方式向乙公司销售一套大型设备,合同约定的销售价格为1 000万元(不含增值税),分5次于每年12月31日等额收取。该大型设备成本为800万元。假定该销售商品符合收入确认条件,同期银行贷款年利率为6%。不考虑其他因素,假定期数为5,利率为6%的普通年金现值系数为4.2124。甲公司2×17年1月1日应确认的销售商品收入金额为(　　)万元(四舍五入取整数)。

A. 800　　　　　　　　　B. 842
C. 1 000　　　　　　　　D. 1 170

10. 2×17年1月1日,甲公司采用分期收款方式向乙公司销售大型商品一套,合同规定不含增值税的销售价格为900万元,分三次于每年12月31日等额收取,假定在现销方式下,该商品不含增值税的销售价格为810万元。不考虑其他因素，甲公司2×17年应确认的销售收入为(　　)万元。

　　A. 270　　　　　　B. 300　　　　　　C. 810　　　　　　D. 900

11. 下列的合同成本应该资本化的是(　　)。

　　A. 管理费用

　　B. 与履约义务中已履行部分相关的成本

　　C. 无法在尚未履行的与已履行的履约义务之间区分的相关支出

　　D. 企业为取得合同发生的增量成本预计能够收回的

12. 对于附有质量保证条款的销售，下列说法中错误的是(　　)。

　　A. 客户能够选择单独购买质保的，通常表明该质保构成单项履约义务

　　B. 企业在向客户保证所销售商品符合既定标准之外提供了一项单独的服务，应当作为单项履约义务

　　C. 标准质量保证责任应当按照《企业会计准则第13号——或有事项》规定进行会计处理

　　D. 所有的质量保证责任都应当按照《企业会计准则第13号——或有事项》规定进行会计处理

13. 2×17年7月1日A公司对外提供一项为期8个月的劳务，合同总收入465万元。2×17年年末无法可靠地估计履约进度。2×17年发生的劳务成本为234万元，预计已发生的劳务成本能得到补偿的金额为180万元，则A公司2×17年该项业务应确认的收入为(　　)万元。

　　A. 180　　　　　　B. -54　　　　　　C. 234　　　　　　D. 465

14. 对于附有销售退回条款的销售，下列说法中错误的是(　　)。

　　A. 企业应当在客户取得相关商品控制权时，按照因向客户转让商品而预期有权收取的对价金额确认收入

　　B. 按照预期因销售退回将退还的金额确认负债

　　C. 按照预期将退回商品转让时的账面价值，扣除收回该商品预计发生的成本（包括退回商品的价值减损）后的余额，确认为一项资产

　　D. 按照所转让商品转让时的账面价值结转成本

15. 下列合同成本不需要资本化的是(　　)。

　　A. 与合同直接相关的直接人工

　　B. 与合同直接相关的直接材料

　　C. 企业为取得合同发生的增量成本预计能够收回的

　　D. 企业为取得合同发生的、除预期能够收回的增量成本之外的其他支出

16. 企业应设置(　　)科目，核算企业当期实现的净利润（或发生的净亏损）。

　　A. 本年利润　　　　　　　　　　B. 利润分配

　　C. 净利润　　　　　　　　　　　D. 利润总额

17. 债务重组损失应记入(　　)科目。

　　A. 财务费用　　　　　　　　　　B. 营业外支出

C. 销售费用 D. 管理费用

18. B 企业于 20×6 年年末以 750 万元购入一项生产用固定资产，按照该项固定资产的预计使用情况，B 企业在会计核算时估计其使用寿命为 5 年，计税时，按照适用税法规定，其最低折旧年限为 10 年，该企业计税时按照 10 年计算确定可税前扣除的折旧额。假定会计与税收均按年限平均法计列折旧，净残值均为零。则 20×7 年 12 月 31 日由该资产产生的暂时性差异为（　　）。

A. 应纳税暂时性差异 75 万元　　B. 可抵扣暂时性差异 75 万元
C. 应纳税暂时性差异 150 万元　　D. 可抵扣暂时性差异 150 万元

19. 20×7 年 10 月 20 日，甲公司自公开市场取得一项权益性投资，支付价款 2 000 万元，作为交易性金融资产核算。20×7 年 12 月 31 日，该投资的市价为 2 200 万元。则 20×7 年 12 月 31 日由该资产产生的暂时性差异为（　　）。

A. 应纳税暂时性差异 200 万元　　B. 可抵扣暂时性差异 200 万元
C. 应纳税暂时性差异 2200 万元　　D. 可抵扣暂时性差异 2000 万元

20. 下列项目中，会产生暂时性差异的是（　　）。

A. 因漏税受到税务部门处罚而支付的罚款
B. 非公益性捐赠支出
C. 取得国债利息收入
D. 企业对产品计提的产品质量保证费用

21. 甲企业于 2×16 年 10 月 20 日自 A 客户处收到一笔合同预付款，金额为 2 000 万元，作为预收账款核算，但按照税法规定，该款项属于当期的应纳税所得额，应计入取得当期应纳税所得额；12 月 20 日，甲企业自 B 客户处收到一笔合同预付款，金额为 1 000 万元，作为预收账款核算，按照税法规定，也具有预收性质，不计入当期应税所得，甲企业当期及以后各期适用的所得税税率均为 25%，则甲企业就预收账款，下列处理正确的是（　　）。

A. 确认递延所得税资产 250 万元　　B. 确认递延所得税资产 500 万元
C. 确认递延所得税负债 250 万元　　D. 确认递延所得税资产 750 万元

22. A 企业 2×16 年初取得一项可供出售金融资产，取得成本为 515 万元，2×16 年 12 月 31 日，可供出售金融资产的公允价值为 628 万元，该企业适用的所得税税率为 25%。该业务对当期所得税费用的影响额为（　　）万元。

A. 113　　B. 28.25　　C. 84.75　　D. 0

23. 我国《企业会计准则 18 号——所得税》要求所得税会计核算采用（　　）。

A. 应付税款法　　B. 递延法
C. 资产负债表表债务法　　D. 利润表债务法

24. 下列项目不影响利润总额计算的是（　　）。

A. 营业外收入　　B. 投资收益
C. 所得税　　D. 其他业务收入

25. 下列关于费用特征的描述，错误的是（　　）。

A. 费用是企业在日常活动中形成的

B. 费用会导致所有者权益的减少

C. 费用是与向所有者分配利润无关的经济利益的总流出

D. 企业向所有者分配利润的支出实质上也是费用

26. A公司2×15年12月31日"预计负债——产品质量保证"科目的贷方余额为200万元,2016年实际发生产品质量保证费用100万元,2×16年12月31日预提产品质量保证费用120万元,2×16年12月31日,下列关于预计负债产生的暂时性差异的说法中正确的是( )。

A. 应纳税暂时性差异余额220万元

B. 可抵扣暂时性差异余额220万元

C. 应纳税暂时性差异余额320万元

D. 可抵扣暂时性差异余额320万元

27. 企业2×16年8月研发成功一项专利技术,发生研发支出1 600万元,其中符合资本化的金额为1 200万元,该无形资产的预计使用年限10年,按照直线法进行摊销。税法规定企业发生的研究开发支出中费用化部分可加计150%税前扣除,资本化部分允许按150%在以后期间分期摊销,则2×16年该无形资产产生的暂时性差异为( )。

A. 应纳税暂时性差异575万元 B. 可抵扣暂时性差异575万元

C. 应纳税暂时性差异600万元 D. 可抵扣暂时性差异600万元

28. 下列各项中不属于期间费用的是( )。

A. 管理费用 B. 财务费用

C. 销售费用 D. 所得税费用

29. 下列关于企业所得税的表述中,错误的是( )。

A. 如果未来期间很可能无法取得足够的应纳税所得额用以利用递延所得税资产的利益,应当减记递延所得税资产的账面价值

B. 递延所得税资产的账面价值减记以后,继后期间根据新的环境和情况判断能够产生足够的应纳税所得额利用可抵扣暂时性差异,使递延所得税资产包含的经济利益能够实现的,应恢复递延所得税资产的账面价值

C. 企业应以未来适用的税率计算确定当期应交所得税

D. 企业应以转回期间适用的所得税税率(未来的适用税率可以预计)为基础计算确定递延所得税资产

30. 下列各项中,按税法规定免税,计算应纳税所得额时要作纳税调减的项目是( )。

A. 企业持有的公司债券产生的利息收入

B. 企业转让其持有的债券产生的净收益

C. 企业转让其持有的股票产生的净收益

D. 国债利息收入

（二）多项选择题

1. 在判断客户是否已取得商品控制权时，企业应当考虑下列迹象(　　)。
   A. 企业就该商品享有现时收款权利，即客户就该商品负有现时付款义务
   B. 企业已将该商品的法定所有权转移给客户，即客户已拥有该商品的法定所有权
   C. 客户已接受该商品
   D. 企业已将该商品所有权上的主要风险和报酬转移给客户，即客户已取得该商品所有权上的主要风险和报酬
   E. 企业已将该商品实物转移给客户，即客户已占有该商品实物

2. 只有当企业与客户之间的合同同时满足下列条件时，企业才可以在客户取得相关商品控制权时确认收入(　　)。
   A. 合同各方已批准该合同并承诺将履行各自义务
   B. 该合同明确了合同各方与所转让商品或提供劳务（以下简称"转让商品"）相关的权利和义务
   C. 该合同有明确的与所转让商品相关的支付条款
   D. 该合同具有商业实质
   E. 企业因向客户转让商品而有权取得的对价很可能收回

3. 企业为履行合同发生的成本不属于其他企业会计准则规定范围，且同时满足下列(　　)条件的，应当作为合同履约成本确认为一项资产。
   A. 该成本与一份当前或预期取得的合同直接相关
   B. 该成本增加了企业未来用于履行履约义务的资源
   C. 该成本预期能够收回
   D. 与履约义务中已履行部分相关的成本

4. 在确定交易价格时，企业应当考虑(　　)等因素的影响。
   A. 可变对价
   B. 合同中存在的重大融资成分
   C. 非现金对价
   D. 应付客户对价

5. 满足下列条件之一的，属于在某一时段内履行履约义务；否则，属于在某一时点履行履约义务(　　)。
   A. 客户在企业履约的同时不能取得并消耗企业履约所带来的经济利益
   B. 客户能够控制企业履约过程中在建的商品
   C. 企业履约过程中所产出的商品具有不可替代用途，且该企业在整个合同期间内有权就累计至今已完成的履约部分收取款项
   D. 客户在企业履约的同时即取得并消耗企业履约所带来的经济利益

6. 下列情形通常表明企业向客户转让该商品的承诺与合同中其他承诺不可单独区分(　　)。

A. 企业需提供重大的服务以将该商品与合同中承诺的其他商品组合成合同约定的组合产出转让给客户

B. 该商品将对合同中承诺的其他商品予以重大修改或定制

C. 该商品与合同中承诺的其他商品具有高度关联性

D. 该商品与合同中承诺的其他商品不具有高度关联性

7. 合同变更根据不同可能情况，可区别以下（　　）情形进行会计处理。

A. 作为单独的合同处理

B. 作为原合同的终止并签订新的合同

C. 作为原始合同的一部分

D. 以上都不对

8. 企业取得的下列款项中，符合"收入"会计要素定义的有（　　）。

A. 出租固定资产收取的租金　　B. 出售固定资产收取的价款

C. 出售原材料收取的价款　　　D. 出售自制半成品收取的价款

9. 下列会影响营业利润计算的项目有（　　）。

A. 营业收入　　　　　　　　　B. 营业成本

C. 公允价值变动收益　　　　　D. 营业外收入

10. 营业外收入主要包括（　　）。

A. 非流动资产处置利得　　　　B. 捐赠利得

C. 债务重组利得　　　　　　　D. 非货币性资产交换利得

11. 下列各项中，影响企业利润表"所得税费用"项目金额的有（　　）。

A. 当期确认的应交所得税

B. 因对存货计提存货跌价准备而确认的递延所得税资产

C. 因可供出售金融资产公允价值上升而确认的递延所得税负债

D. 因交易性金融资产公允价值上升而确认的递延所得税负债

12. 下列各种情况中，会产生应纳税暂时性差异的有（　　）。

A. 资产的账面价值大于其计税基础

B. 资产的账面价值小于其计税基础

C. 负债的账面价值大于其计税基础

D. 负债的账面价值小于其计税基础

13. 根据《企业会计准则第18号——所得税》的规定，下列表述正确的有（　　）。

A. 企业应交的罚款和滞纳金等，在尚未支付之前按照会计规定确认为费用，同时作为负债反映，税法规定罚款和滞纳金不能税前扣除，所以其计税基础为零

B. 负债的计税基础是指负债的账面价值减去未来期间计算应纳税所得额时按照税法规定可予抵扣的金额

C. 通常情况下，资产在取得时其入账价值与计税基础是相同的，后续计量过程中因企业会计准则规定与税法规定不同，可能造成账面价值与计税

基础的差异

D. 通常情况下，短期借款、应付票据、应付账款等负债的确认和偿还，不会对当期损益和应纳税所得额产生影响，其计税基础即为其账面价值

14. 下列各事项中，会产生暂时性差异的有（　　）。
    A. 对固定资产计提减值准备
    B. 期末交易性金融资产的公允价值发生变动
    C. 企业的非公益性对外捐赠支出
    D. 企业违反合同协议而支付违约金

15. 下列应计入"税金及附加"科目的有（　　）。
    A. 房产税   B. 车船税
    C. 土地使用税   D. 印花税

16. 下列符合"费用"会计要素定义的有（　　）。
    A. 在日常活动中发生
    B. 会导致所有者权益减少的
    C. 与向所有者分配利润无关的经济利益的总流出
    D. 包括损失

17. 费用具体确认标准包括（　　）。
    A. 按费用与收入的直接联系确认费用
    B. 在耗费发生时直接确认为费用
    C. 按一定分配方式分摊确认费用
    D. 只有A和B两种

18. 关于递延所得税资产、负债的表述，正确的有（　　）。
    A. 递延所得税资产的确认应以未来期间很可能取得的应纳税所得额为限
    B. 确认递延所得税负债均会增加利润表中的所得税费用
    C. 资产负债表日，应该对递延所得税资产进行复核
    D. 递延所得税资产或递延所得税负债的确认均不要求折现

19. 企业在确认递延所得税时，可能会涉及的科目有（　　）。
    A. 所得税费用   B. 管理费用
    C. 其他综合收益   D. 投资收益

20. 下列项目产生的递延所得税资产中，应计入所得税费用的有（　　）。
    A. 弥补亏损
    B. 可供出售金融资产的公允价值变动
    C. 企业合并中产生的可抵扣暂时性差异
    D. 交易性金融资产的公允价值变动

21. 下列说法中正确的有（　　）。
    A. 递延所得税资产应作为非流动资产在资产负债表中列示
    B. 递延所得税负债应作为非流动负债在资产负债表中列示
    C. 递延所得税资产大于递延所得税负债的差额应当作为资产列示

D. 所得税费用应当在利润表中单独列示

22. 下列属于销售费用的有（   ）。
  A. 销售过程中发生的保险费、包装费、运输费、装卸费
  B. 展览费和广告费
  C. 专设的销售机构经营费用
  D. 预计产品质量保证损失

23. 下列应计入营业外支出的有（   ）。
  A. 非流动资产处置损失   B. 非货币性资产交换损失
  C. 债务重组损失   D. 公益性捐赠支出

（三）判断题

1. 无须退还的预付费应在收到时确认为收入。（   ）
2. 新收入准则采用统一的收入确认模型来规范所有与客户之间的合同产生的收入。（   ）
3. 没有商业实质的非货币性资产交换不符合标准，不确认收入。（   ）
4. 当合同变更增加了可明确区分的商品及合同价款，且新增合同价款反映了新增商品单独售价的，应当将该合同变更部分作为原始合同的一部分进行会计处理。（   ）
5. 合同开始日，企业应当对合同进行评估，识别该合同所包含的各单项履约义务，然后，根据合同的整体实现确认收入。（   ）
6. 履约义务根据其履行的情况，可以分为属于在某一时段内履行履约义务和属于在某一时点履行履约义务。（   ）
7. 属于在某一时点履行履约义务，企业应当在履行了合同中的履约义务，即客户取得相关商品控制权时点确认收入。（   ）
8. 企业代第三方收取的款项以及企业预期将退还给客户的款项，应当计入交易价格。（   ）
9. 企业应当按照分摊至各单项履约义务的交易价格计量收入。（   ）
10. 在采用预收货款方式销售产品的情况下，应当在收到货款时确认收入的实现。（   ）
11. 售出商品需要安装和检验的，在购买方接受交货以及安装和检验完毕前，通常不应确认收入。（   ）
12. 确定单独售价的最佳证据是企业在类似环境下向类似客户单独销售商品的价格。（   ）
13. 合同中包含两项或多项履约义务的，企业应当在合同开始日，按照各单项履约义务所承诺商品的单独售价的相对比例，将交易价格分摊至各单项履约义务。企业可以因合同开始日之后单独售价的变动而重新分摊交易价格。（   ）
14. 客户能够选择单独购买质保的，通常表明该质保构成单项履约义务。（   ）

15. 对于附有销售退回条款的销售，企业应当在客户取得相关商品控制权时，按照因向客户转让商品而预期有权收取的对价金额（即，不包含预期因销售退回将退还的金额）确认收入。（   ）

16. 费用应按照权责发生制和配比原则确认，凡应属于本期发生的费用，不论其款项是否支付，均确认为本期费用；反之，不属于本期发生的费用，即使其款项已在本期支付，也不确认为本期费用。（   ）

17. 生产费用需要直接或间接地计入产品成本，构成产品成本的费用要待产品销售时才能得到补偿。（   ）

18. "营改增"后，印花税应计入"税金及附加"科目。（   ）

19. 利润表中的所得税费用包括当期所得税和递延所得税两部分。（   ）

20. 未作为资产和负债确认的项目，如按照税法规定可以确定其计税基础，则该计税基础与其账面价值之间的差额应属于暂时性差异。（   ）

21. 企业确认的递延所得税资产或递延所得税负债对所得税的影响金额，均应构成利润表中的所得税费用。（   ）

22. 营业外收入和营业外支出可以合并核算，即可以营业外支出直接冲减营业外收入，也可以营业外收入冲减营业外支出。（   ）

23. 通常情况下，资产取得时其入账价值与计税基础是相同的，后续计量因会计准则规定与税法规定不同，可能造成账面价值与计税基础的差异。（   ）

24. 税金及附加是指应由营业收入（包括主营业务收入和其他业务收入）补偿的各种税金及附加费，主要包括消费税、城市维护建设税、资源税和教育费附加等相关税费。（   ）

25. 计入当期损益的所得税费用或收益不包括企业合并和直接在所有者权益中确认的交易或事项产生的所得税影响。（   ）

26. 政府补助，指企业从政府有偿取得货币性资产或非货币性资产形成的利得。（   ）

27. 资产账面价值大于其计税基础，负债账面价值小于其计税基础，均产生可抵扣暂时性差异。（   ）

28. 在我国，非常损失一般应按实际发生的金额，在扣除保险公司赔偿金额后计入营业外支出账户。（   ）

29. 资产减值损失与公允价值变动损益不是企业营业利润的构成部分。（   ）

30. 营业外收入是由企业经营资金耗费所产生的，需要与有关费用进行配比。（   ）

（四）计算及账务处理题

1. 鹭江公司2×17年3月12日向乙公司销售一批商品，开出的增值税专用发票上注明的销售价格为120 000元，增值税税额为20 400元，款项尚未收到；该批商品成本为50 000元。鹭江公司在销售时已知乙公司资金周转发生困难，但为了减少存货积压，同时也为了维持与乙公司长期建立的商业关系，鹭江公司仍将商品发往乙公司且办妥托收手续。假定鹭江公司销售该批商品的增值税纳税义务已经发生。2×17年6月10日，鹭江公司得知乙公司经营情况逐渐好转，乙公司承诺近期付款。2×17年6月20日收到款项。

要求：根据上述资料进行相应的会计处理。

2. 鹭江公司2×16年12月18日向乙公司销售一批商品，开出的增值税专用发票上注明的销售价款为100 000元，增值税税额为17 000元，该批商品成本为56 000元。客户已验收完毕，取得商品控制权。为及早收回货款，鹭江公司和乙公司约定的现金折扣条件为：2/10，1/20，N/30，乙公司在2×16年12月27日支付货款。

要求：根据上述经济业务编制会计分录。

3. 鹭江公司委托丙公司销售商品500件，商品已经发出，每件成本为60元。合同约定丙公司应按每件100元对外销售，鹭江公司按不含增值税的售价的5%向丙公司支付手续费。丙公司对外实际销售250件，开出的增值税专用发票上注明的销售价款为25 000元，增值税税额为4 250元，款项已经收到。鹭江公司收到丙公司开具的代销清单时，向丙公司开具一张相同金额的增值税专用发票。假定鹭江公司发出商品时纳税义务尚未发生，不考虑其他因素。

要求：请区分主要责任人还是代理人销售，根据上述资料分别对鹭江公司和丙公司进行相应的会计处理。

4. 2×17年1月1日，鹭江公司采用分期收款方式向乙公司销售一台设备，合同约定的销售价格为2 000万元，分5次于每年12月31日等额收取。该设备成本为1 560万元。在现销方式下，该大型设备的销售价格为1 600万元。假定鹭江公司发出商品时，其有关的增值税纳税义务尚未发生。在合同约定的收款日期，发生有关的增值税纳税义务。

要求：

（1）根据上述经济业务计算折现率。

（2）编制未实现融资收益分配表，计算每期计入财务费用的金额。

（3）编制鹭江公司发出商品及各期末相关的会计分录。

5. 2×17年1月1日，鹭江公司向乙公司销售5 000件产品，单位销售价格为100元，单位成本为40元，开出的增值税专用发票上注明的销售价款为500 000元，增值税税额为85 000元。协议约定，乙公司应于2月1日之前支付货款，在6月30日之前有权退货。产品已经发出，款项尚未收到。假定鹭江公司根据过去的经验，估计该批产品退货率约为20%；产品发出时纳税义务已经发生；实际发生销售退回时取得税务机关开具的红字增值税专用发票。假设6月30日发生销售退回，实际退货量为1 200件。

要求：根据上述资料进行相应的会计处理。

6. 沿用上题的资料，假定：

（1）3月31日估计退货率约为24%。

（2）6月30日发生销售退回，实际退货量为1 200件。

要求：根据上述资料进行相应账务处理。

7. 2×17年5月1日，鹭江公司向乙公司销售一批商品，开出的增值税专用发票上注明的销售价款为300万元，增值税税额为51万元。该批商品成本为240万元；商品并未发出，款项已经收到。协议约定，鹭江公司应于9月30日将所售商品购回，回购价为310万元（不含增值税额）。假设回购期间按直线法计提利息费用。

要求：根据上述资料进行相应账务处理。

8. 鹭江公司于2×16年10月1日与丙公司签订合同，为丙公司订制一项软件，工期大约5个月，合同总收入800 000元，预收账款500 000元。至2×16年12月31日，鹭江公司已发生成本400 000元（假定均为开发人员薪酬），预计开发该软件还将发生成本160 000元。2×16年12月31日，经专业测量师测量，该软件的完工进度为60%。假设不考虑增值税，假定甲公司按季度编制财务报表。

要求：根据上述资料进行相应账务处理。

9. 沿用上题的资料，假定2×16年12月31日鹭江公司履约进度不能够可靠估计。

要求：根据上述资料进行相应账务处理。

10. 鹭江公司2×16年度利润表中利润总额为2 000万元，该公司适用的所得税税率为25%。递延所得税资产及递延所得税负债不存在期初余额。

2×16年发生的有关交易和事项中，会计处理与税收处理存在差别的有：

（1）2×16年1月开始计提折旧的一项固定资产，成本为1 000万元，使用年限为10年，净残值为0，会计处理按双倍余额递减法计提折旧，税收处理按直线法计提折旧。假定税法规定的使用年限及净残值与会计规定相同。

（2）向关联企业捐赠现金200万元。假定按照税法规定，企业向关联方的捐赠不允许税前扣除。

（3）当期取得作为交易性金融资产核算的股票投资成本为1 000万元，2×16年12月31日公允价值为1 200万元。税法规定，以公允价值计量的金融资产持有期间市价变动不计入应纳税所得额。

（4）违反环保法规定应支付罚款150万元。

（5）期末对持有的存货计提了70万元的存货跌价准备。

要求：根据上述资料，进行下列处理：

（1）计算2×16年度应交所得税。

（2）计算2×16年度递延所得税。

（3）计算2×16年度利润表中所得税费用并做出相应的账务处理。

11. 沿用上题中有关资料，假定鹭江公司2×17年当期应交所得税为1 100万元。资产负债表中有关资产、负债的账面价值与其计税基础相关资料如表13-1所示，除所列项目外，其他资产、负债项目不存在会计和税收的差异。

表 13-1　　　　　　　　　　　　账面价值与计税基础　　　　　　　　　　　　单位：万元

项目	账面价值	计税基础	差异	
			应纳税暂时性差异	可抵扣暂时性差异
存货	4 000	4 200		200
固定资产：				
固定资产原价	1 000	1 000		
减：累计折旧	360	200		
减：固定资产减值准备	50	0		
固定资产账面价值	590	800		210
交易性金融资产	1 675	1 000	675	
预计负债	250	0		250
总计			675	660

要求：

(1) 计算 2×17 年度当期应交所得税。

(2) 计算 2×17 年度递延所得税。

(3) 计算 2×17 年度利润表中所得税费用并做出相应的账务处理。

12. 鹭江公司 2×17 年决算前，各损益类账户 12 月 31 日的余额如下：

科目名称	余额（元）
主营业务收入（贷）	19 900 000
税金及附加（借）	955 000
主营业务成本（借）	11 500 000
销售费用（借）	430 000
管理费用（借）	1 885 000
财务费用（借）	460 000
其他业务收入（贷）	784 000
其他业务成本（借）	714 000
投资收益（贷）	325 000
公允价值变动损益（贷）	1 300 000
营业外收入（贷）	745 000
营业外支出（借）	388 000
所得税（借）	2 044 360
资产减值损失（借）	860 000

要求：根据上述资料进行下列会计处理：

(1) 编制结转收入和费用的会计分录；

(2) 计算营业利润和利润总额；

(3) 计算并结转本年净利润。

第十三章 收入、费用和利润

二、练习题参考答案

（一）单项选择题

1. D 2. D 3. C 4. C 5. C 6. D 7. D 8. A 9. B 10. C 11. D 12. D
13. A 14. D 15. D 16. A 17. B 18. B 19. A 20. D 21. B 22. D
23. C 24. C 25. D 26. B 27. B 28. D 29. C 30. D

（二）多项选择题

1. ABCDE 2. ABCDE 3. ABC 4. ABCD 5. BCD 6. ABC 7. ABC
8. ACD 9. ABC 10. ABCD 11. ABD 12. AD 13. BCD 14. AB
15. ABCD 16. ABC 17. ABC 18. ACD 19. AC 20. AD 21. ABD
22. ABCD 23. ABCD

（三）判断题

1. × 2. √ 3. √ 4. × 5. × 6. √ 7. √ 8. × 9. √ 10. × 11. √
12. √ 13. × 14. √ 15. √ 16. √ 17. √ 18. √ 19. √ 20. √ 21. ×
22. × 23. √ 24. √ 25. √ 26. × 27. × 28. √ 29. × 30. ×

（四）计算及账务处理题

1. 会计分录：

（1）2×17年3月12日发出商品时：

借：发出商品　　　　　　　　　　　　　　　　　　　　　　　50 000
　　贷：库存商品　　　　　　　　　　　　　　　　　　　　　　50 000

同时，将增值税专用发票上注明的增值税税额转入应收账款：

借：应收账款　　　　　　　　　　　　　　　　　　　　　　　20 400
　　贷：应交税费——应交增值税（销项税额）　　　　　　　　　20 400

（2）2×17年6月10日，鹭江公司得知乙公司经营情况逐渐好转，乙公司承诺近期付款时：

借：应收账款　　　　　　　　　　　　　　　　　　　　　　120 000
　　贷：主营业务收入　　　　　　　　　　　　　　　　　　　120 000

借：主营业务成本　　　　　　　　　　　　　　　　　　　　　50 000
　　贷：发出商品　　　　　　　　　　　　　　　　　　　　　　50 000

（3）2×17年6月20日收到款项时：

借：银行存款　　　　　　　　　　　　　　　　　　　　　　140 400
　　贷：应收账款　　　　　　　　　　　　　　　　　　　　　140 400

2. 会计分录：

（1）2×16 年 12 月 18 日客户已取得商品控制权时确认收入：

借：应收账款 117 000
　　贷：主营业务收入 100 000
　　　　应交税费——应交增值税（销项税额） 17 000
借：主营业务成本 56 000
　　贷：库存商品 56 000

（2）在 2×16 年 12 月 27 日收到货款时，按销售总价 100 000 元的 2% 享受现金折扣 2 000（100 000×2%）元，实际收款 115 000（117 000－2 000）元：

借：银行存款 115 000
　　财务费用 2 000
　　贷：应收账款 117 000

3. 鹭江公司作为主要责任人的账务处理如下：

（1）发出商品时：

借：发出商品 30 000
　　贷：库存商品 30 000

（2）收到代销清单时：

借：应收账款 29 250
　　贷：主营业务收入 25 000
　　　　应交税费——应交增值税（销项税额） 4 250
借：主营业务成本 15 000
　　贷：发出商品 15 000
借：销售费用 1 250
　　贷：应收账款 1 250

（3）收到丙公司支付的货款时：

借：银行存款 28 000
　　贷：应收账款 28 000

丙公司作为代理人的账务处理如下：

（1）收到商品时：

借：受托代销商品 50 000
　　贷：受托代销商品款 50 000

（2）对外销售时：

借：银行存款 29 250
　　贷：应付账款 25 000
　　　　应交税费——应交增值税（销项税额） 4 250

（3）收到增值税专用发票时：

借：应交税费——应交增值税（进项税额） 4 250
　　贷：应付账款 4 250

借：受托代销商品款　　　　　　　　　　　　50 000
　　贷：受托代销商品　　　　　　　　　　　　　　50 000
（4）支付货款并计算代销手续费时：
借：应付账款　　　　　　　　　　　　　　　29 250
　　贷：银行存款　　　　　　　　　　　　　　　　28 000
　　　　其他业务收入　　　　　　　　　　　　　　1 250

4.
（1）计算折现率。

鹭江公司应当确认的销售商品收入金额为1 600万元。根据下列公式：

$$未来五年收款额的现值 = 现销方式下应收款项金额$$

可以得出：

$$400 \times (P/A, r, 5) = 1 600（万元）$$

可在多次测试的基础上，用插值法计算折现率。

当 r = 7% 时，400 × 4.100 2 = 1 640.08 > 1 600 万元

当 r = 8% 时，400 × 3.992 7 = 1 597.08 < 1 600 万元

因此，7% < r < 8%。用插值法计算如下：

现值	利率
1 640.08	7%
1 600	r
1 597.08	8%

$$\frac{1 640.08 - 1 600}{1 640.08 - 1 597.08} = \frac{7\% - r}{7\% - 8\%}$$

求得：r = 7.93%。

（2）编制未实现融资收益分配表，每期计入财务费用的金额如表13-2所示。

表13-2　　　　未实现融资收益分配表　　　　单位：万元

年份（t）	未收本金 $A_t = A_{t-1} - D_{t-1}$	财务费用 $B = A \times 7.93\%$	收现总额 C	已收本金 $D = C - B$
2×17年1月1日	1 600			
2×17年12月31日	1 600	126.88	400	273.12
2×18年12月31日	1 326.88	105.22	400	294.78
2×19年12月31日	1 032.10	81.85	400	318.15
2×20年12月31日	713.95	56.62	400	343.38
2×21年12月31日	370.57	29.43*	400	370.57
总　额		400	2 000	1 600

注：*尾数调整。

（3）鹭江公司发出商品及各期末相关的会计分录如下：

2×17年1月1日销售实现时：

借：长期应收款	20 000 000	
贷：主营业务收入		16 000 000
未实现融资收益		4 000 000
借：主营业务成本	15 600 000	
贷：库存商品		15 600 000

2×17年12月31日收取货款和增值税税额时：

借：银行存款	4 680 000	
贷：长期应收款		4 000 000
应交税费——应交增值税（销项税额）		680 000
借：未实现融资收益	1 268 800	
贷：财务费用		1 268 800

2×18年12月31日收取货款和增值税税额时：

借：银行存款	4 680 000	
贷：长期应收款		4 000 000
应交税费——应交增值税（销项税额）		680 000
借：未实现融资收益	1 052 200	
贷：财务费用		1 052 200

2×19年12月31日收取货款和增值税税额时：

借：银行存款	4 680 000	
贷：长期应收款		4 000 000
应交税费——应交增值税（销项税额）		680 000
借：未实现融资收益	818 500	
贷：财务费用		818 500

2×20年12月31日收取货款和增值税税额时：

借：银行存款	4 680 000	
贷：长期应收款		4 000 000
应交税费——应交增值税（销项税额）		680 000
借：未实现融资收益	566 200	
贷：财务费用		566 200

2×21年12月31日收取货款和增值税税额时：

借：银行存款	4 680 000	
贷：长期应收款		4 000 000
应交税费——应交增值税（销项税额）		680 000
借：未实现融资收益	294 300	
贷：财务费用		294 300

5. 鹭江公司账务处理如下：

2×17年1月1日发出产品时：

借：应收账款	585 000	

贷：主营业务收入		400 000
应交税费——应交增值税（销项税额）		85 000
预计负债		100 000
借：主营业务成本	160 000	
发出商品	40 000	
贷：库存商品		200 000

2月1日前收到货款时：

借：银行存款	585 000	
贷：应收账款		585 000

6月30日发生销售退回，实际退货量为1 200件：

借：应交税费——应交增值税（销项税额）	20 400	
预计负债	100 000	
主营业务收入	20 000	
贷：银行存款		140 400
借：库存商品	48 000	
贷：发出商品		40 000
主营业务成本		8 000

6. 3月31日估计退货率约为24%。

借：发出商品	8 000	
贷：主营业务成本		8 000
借：主营业务收入	20 000	
贷：预计负债		20 000

6月30日发生销售退回，实际退货量为1 200件：

借：应交税费——应交增值税（销项税额）	20 400	
预计负债	120 000	
贷：银行存款		140 400
借：库存商品	48 000	
贷：发出商品		48 000

7. 鹭江公司账务处理如下：

5月1日销售商品开出增值税专用发票时：

借：银行存款	3 510 000	
贷：其他应付款		3 000 000
应交税费——应交增值税（销项税额）		510 000

回购价大于原售价的差额，在回购期间按直线法计提利息费用，每月计提利息费用为2万元（10÷5）。

借：财务费用	20 000	
贷：其他应付款		20 000

9月30日回购商品时，收到的增值税专用发票上注明的商品价格为310万

元,增值税税额为52.7万元,款项已经支付。

借:财务费用 20 000
　　贷:其他应付款 20 000
借:其他应付款 3 100 000
　　应交税费——应交增值税(进项税额) 527 000
　　贷:银行存款 3 627 000

8. 鹭江公司的账务处理如下:

(1) 计算:

2×16年12月31日确认提供劳务收入 = 800 000×60% − 0
= 480 000(元)

2×16年12月31日确认提供劳务成本 = (400 000 + 160 000)×60% − 0
= 336 000(元)

(2) 账务处理:

①实际发生劳务成本时:

借:劳务成本 400 000
　　贷:应付职工薪酬 400 000

②预收劳务款项时:

借:银行存款 500 000
　　贷:预收账款 500 000

③2×16年12月31日确认提供劳务收入并结转劳务成本时:

借:预收账款 480 000
　　贷:主营业务收入 480 000
借:主营业务成本 336 000
　　贷:劳务成本 336 000

9. 鹭江公司的账务处理如下:

2×16年10月1日预收劳务款项时:

借:银行存款 500 000
　　贷:预收账款 500 000

2×16年12月31日确认提供劳务收入并结转劳务成本时:

借:预收账款 400 000
　　贷:主营业务收入 400 000
借:主营业务成本 400 000
　　贷:劳务成本 400 000

10. 会计处理如下:

(1) 2×16年度当期应交所得税:

应纳税所得额 = 2 000 + 100 + 200 − 200 + 150 + 70 = 2 320(万元)
应交所得税 = 2 320×25% = 580(万元)

(2) 2×16年度递延所得税：

递延所得税资产：（100＋70）×25％＝42.5（万元）

递延所得税负债＝200×25％＝50（万元）

递延所得税＝50－42.5＝7.5（万元）

(3) 利润表中应确认的所得税费用：

所得税费用：580＋7.5＝587.5（万元），确认所得税费用的账务处理如下：

借：所得税费用　　　　　　　　　　　　　　　　　5 875 000
　　递延所得税资产　　　　　　　　　　　　　　　　425 000
　　贷：应交税费——应交所得税　　　　　　　　　　5 800 000
　　　　递延所得税负债　　　　　　　　　　　　　　　500 000

11. 会计处理如下：

(1) 当期所得税＝当期应交所得税＝1 100万元

(2) 递延所得税

①期末递延所得税负债　　　　　　（675×25％）168.75
期初递延所得税负债　　　　　　　　　　　　　　　50
递延所得税负债增加　　　　　　　　　　　　　　118.75
②期末递延所得税资产　　　　　　（660×25％）165
期初递延所得税资产　　　　　　　　　　　　　　42.5
递延所得税资产增加　　　　　　　　　　　　　　122.5

递延所得税＝118.75－122.5＝－3.75（万元）（收益）

(3) 确认所得税费用

所得税费用＝1 100－3.75＝1 096.25（万元），确认所得税费用的账务处理如下：

借：所得税费用　　　　　　　　　　　　　　　　　1 096.25
　　递延所得税资产　　　　　　　　　　　　　　　　122.5
　　贷：递延所得税负债　　　　　　　　　　　　　　118.75
　　　　应交税费——应交所得税　　　　　　　　　　1 100

12. 会计处理如下：

(1) 会计分录：

借：主营业务收入　　　　　　　　　　　　　　　19 900 000
　　其他业务收入　　　　　　　　　　　　　　　　　784 000
　　营业外收入　　　　　　　　　　　　　　　　　　745 000
　　投资收益　　　　　　　　　　　　　　　　　　　325 000
　　公允价值变动损益　　　　　　　　　　　　　　1 300 000
　　贷：本年利润　　　　　　　　　　　　　　　　23 054 000
借：本年利润　　　　　　　　　　　　　　　　　19 236 360
　　贷：主营业务成本　　　　　　　　　　　　　　11 500 000
　　　　税金及附加　　　　　　　　　　　　　　　　955 000

其他业务成本	714 000
销售费用	430 000
管理费用	1 885 000
财务费用	460 000
营业外支出	388 000
资产减值损失	860 000
所得税	2 044 360

(2) 营业利润 = 19 900 000 + 784 000 + 325 000 + 1 300 000 − 11 500 000
　　　　　− 955 000 − 714 000 − 430 000 − 1 885 000 − 460 000
　　　　　− 860 000 = 5 505 000（元）

利润总额 = 5 505 000 + 745 000 − 388 000 = 5 862 000（元）

(3) 计算并结转本年净利润：

本年净利润 = 5 862 000 − 2 044 360 = 3 817 640（元）

借：本年利润　　　　　　　　　　　　　　　　3 817 640
　　贷：利润分配——未分配利润　　　　　　　　　　　3 817 640

三、案例分析题

【案例1】

收入的确认

2×17年1月1日，某建筑公司与客户签订一项合同，为客户建造一栋办公楼和一座食堂。在签订合同时，没有明确规定宿舍楼和食堂各自的工程造价，而是以550万元的总金额签订了该项合同，也未作出各自的预算成本。预计办公楼将于2×18年5月1日完工，食堂将于2×18年10月1日完工。办公楼和食堂不具有关联性。

要求：

请根据《企业会计准则》的相关规定，分析这种情况下建筑公司应如何确认收入。

【案例分析】

《企业会计准则第14号——收入》规定，合同开始日，企业应当对合同进行评估，识别该合同所包含的各单项履约义务。履约义务，是指合同中企业向客户转让可明确区分商品的承诺。企业向客户承诺的商品同时满足下列条件的，应当作为可明确区分商品：

(1) 客户能够从该商品本身或从该商品与其他易于获得的资源一起使用中受益；

(2) 企业向客户转让该商品的承诺与合同中其他承诺可单独区分。

本例中,由于办公楼和食堂不具有关联性,客户能够从办公楼和食堂使用中分别受益,企业向客户转让办公楼和食堂承诺可单独区分,符合可明确区分商品的条件。建筑公司应当在合同开始日,将建造办公楼和食堂作为两项履约义务,按照各单项履约义务所承诺商品的单独售价的相对比例,将交易价格分摊至各单项履约义务,并确定各单项履约义务是在一段时间内履行,还是在某一时点履行,在履行了各单项履约义务时分别确认收入,而不是根据合同的整体实现确认收入。

【案例2】

所得税的核算

鹭江公司所得税的核算执行《企业会计准则第18号——所得税》,适用的所得税税率为25%。2×17年有关所得税业务事项如下:

(1) 鹭江公司存货采用先进先出法核算,库存商品年末账面余额为3 000万元,未计提存货跌价准备。按照税法规定,存货在销售时可按实际成本在税前抵扣。

(2) 鹭江公司2×17年年末无形资产账面余额为500万元,已计提无形资产减值准备100万元。按照税法规定,计提的资产减值准备不得在税前抵扣。

(3) 鹭江公司2×17年支付700万元购入交易性金融资产,2×17年末,该交易性金融资产的公允价值为780万元。按照税法规定,交易性金融资产在出售时可以抵税的金额为其初始投资成本。

(4) 2×17年12月,鹭江公司支付1 000万元购入可供出售金融资产,至年末该可供出售金融资产的公允价值为1 200万元。按照税法规定,可供出售金融资产在出售时可以抵税的金额为其初始投资成本。

(5) 2×17年12月,鹭江公司以银行存款800万元收购了丁公司100%的股份(两者不存在关联关系,为非同一控制下的企业合并,丁公司没有负债),完成合并后将其作为鹭江公司的子公司。合并日,鹭江公司按取得的各项可辨认资产的公允价值800万元入账;而原资产账面金额为700万元。按照税法规定,可以在税前抵扣的金额为其原账面金额。假设鹭江公司递延所得税资产和递延所得税负债在此前没有余额;可抵扣暂时性差异未来有足够的应税所得可以抵扣。

要求:分析判断上述业务事项是否形成暂时性差异;如果形成暂时性差异,请指出属于何种暂时性差异,并说明理由;形成暂时性差异的,请按规定确认相应的递延所得税资产和递延所得税负债,并进行账务处理。

【案例分析】

(1) 存货不形成暂时性差异。理由:库存商品年末账面余额为3 000万元,未计提存货跌价准备,因此其账面价值为3 000万元。存货的账面价值为其实际成本,可以在收回资产账面价值的过程中,计算应纳税所得额时自应税经济利益中抵扣,因此计税基础也为3 000万元,两者不形成暂时性差异。

(2) 无形资产形成可抵扣暂时性差异。理由：无形资产年末账面余额为 500 万元，计提无形资产减值准备 100 万元，因此其账面价值为 400 万元。按税法规定，计提的资产减值准备不得在税前抵扣，因此无形资产的计税基础为 500 万元，该资产的账面价值小于其计税基础，产生 100 万元可抵扣暂时性差异，应确认递延所得税资产 = $100 \times 25\%$ = 25（万元）。

鹭江公司的账务处理为：

借：递延所得税资产　　　　　　　　　　　　　　　　25

　　贷：所得税费用　　　　　　　　　　　　　　　　　　25

(3) 交易性金融资产形成应纳税暂时性差异。理由：交易性金融资产期末账面价值为 780 万元，按照税法规定，交易性金融资产在出售时可以抵税的金额为其初始投资成本，其计税基础为 700 万元，资产的账面价值大于其计税基础，形成 80 万元应纳税暂时性差异，应确认递延所得税负债 = $80 \times 25\%$ = 20（万元）。

鹭江公司的账务处理为：

借：所得税费用　　　　　　　　　　　　　　　　　　20

　　贷：递延所得税负债　　　　　　　　　　　　　　　　20

(4) 可供出售金融资产形成应纳税暂时性差异。理由：可供出售金融资产期末账面价值为 1 200 万元，按照税法规定，可供出售金融资产在出售时可以抵税的金额为其初始投资成本，其计税基础为 1 000 万元，资产的账面价值大于其计税基础，形成 200 万元应纳税暂时性差异，应确认递延所得税负债 = $200 \times 25\%$ = 50（万元）。

鹭江公司的账务处理为：

借：其他综合收益　　　　　　　　　　　　　　　　　50

　　贷：递延所得税负债　　　　　　　　　　　　　　　　50

(5) 该企业合并形成应纳税暂时性差异。理由：鹭江公司按取得的各项可辨认资产的公允价值 800 万元入账；而原资产账面金额为 700 万元。按照税法规定，可以在税前抵扣的金额为其原账面金额。其计税基础为 700 万元，资产的账面价值大于其计税基础，形成 100 万元应纳税暂时性差异，应确认递延所得税负债 = $100 \times 25\%$ = 25（万元）。

鹭江公司的账务处理为：

借：商誉　　　　　　　　　　　　　　　　　　　　　25

　　贷：递延所得税负债　　　　　　　　　　　　　　　　25

第十四章 企业财务报告

一、练习题

(一) 单项选择题

1. 通常情况下，下列选项中不可能是我国企业财务会计报告中的会计期间的是( )。
   A. 1月1日至1月31日
   B. 1月1日至12月31日
   C. 1月1日至3月31日
   D. 1月1日至2月29日

2. 我国资产负债表的列报格式一般采用( )。
   A. 单步式
   B. 多步式
   C. 账户式
   D. 报告式

3. 资产负债表的下列项目中，可以根据总账科目的余额直接填列的项目是( )。
   A. 预付款项
   B. 交易性金融资产
   C. 货币资金
   D. 存货

4. "应付账款"科目所属明细账中若有借方余额，应将其记入资产负债表的( )项目。
   A. 应付账款
   B. 预付账款
   C. 应收账款
   D. 预收账款

5. 某公司"应收账款"科目所属明细科目中有借方余额80 000元，贷方余额30 000元；"预付账款"科目所属明细科目中有借方余额18 000元，贷方余额8 000元；"应付账款"科目所属明细科目中有借方余额70 000元，贷方余额150 000元；"预收账款"科目所属明细科目中有借方余额3 000元，贷方余额10 000元；"坏账准备"科目余额为0。则资产负债表中"应收账款"项目和"应付账款"项目填列的金额分别为( )。
   A. 50 000元和80 000元
   B. 83 000元和158 000元
   C. 90 000元和168 000元
   D. 150 000元和180 000元

6. "应收账款"科目所属明细科目借方余额18 000万元，贷方余额6 000万元；"预收账款"科目所属明细科目贷方余额27 000万元，借方余额12 000万元。"坏账准备"科目余额为3 000万元。资产负债表中"预收款项"项目填列的金额为(　　)万元。

  A. 33 000　　　　　B. 27 000　　　　　C. 21 000　　　　　D. 30 000

  7. 某公司2×16年12月31日"无形资产"科目的期末余额为230万元，"累计摊销"科目的期末余额为98万元，"无形资产减值准备"科目的期末余额为19万元。该公司资产负债表中"无形资产"项目填列的金额为(　　)万元。

  A. 230　　　　　　B. 132　　　　　　C. 113　　　　　　D. 151

  8. 某公司期末"工程物资"科目的余额为100万元，"发出商品"科目的余额为50万元，"原材料"科目的余额为60万元，"材料成本差异"科目的贷方余额为5万元。"存货跌价准备"科目的贷方余额为20万元。假定不考虑其他因素，该公司资产负债表中"存货"项目填列的金额为(　　)万元。

  A. 85　　　　　　　B. 90　　　　　　　C. 185　　　　　　D. 105

  9. 某公司2×16年12月31日A、B、C三种存货的成本分别为：96万元、72万元、108万元；A、B、C三种存货的可变现净值分别为：78万元、72万元、132万元。该公司资产负债表中"存货"项目填列的金额为(　　)万元。

  A. 258　　　　　　B. 276　　　　　　C. 285　　　　　　D. 282

  10. 某公司2×16年发生的营业收入为800万元，营业成本为500万元，销售费用为18万元，管理费用为35万元，财务费用为8万元，投资收益为30万元，资产减值损失为66万元（损失），公允价值变动损益为76万元（收益），营业外收入为20万元，营业外支出为16万元。该公司2×16年的利润总额为(　　)万元。

  A. 239　　　　　　B. 279　　　　　　C. 283　　　　　　D. 297

  11. 下列项目中，不影响营业利润的是(　　)。

  A. 营业外收入　　　　　　　　　　B. 销售费用
  C. 公允价值变动损益　　　　　　　D. 营业成本

  12. 某公司2×16年实现的归属于普通股股东的净利润为5 600万元。该公司2×16年1月1日发行在外的普通股为10 000万股，6月30日定向增发1 200万股普通股，9月30日自公开市场回购240万股拟用于高层管理人员股权激励。该公司2×16年基本每股收益为(　　)元。

  A. 0. 50　　　　　　B. 0. 51　　　　　　C. 0. 53　　　　　　D. 0. 56

  13. 在下列事项中，(　　)不影响企业的现金流量。

  A. 取得短期借款　　　　　　　　　B. 支付现金股利
  C. 偿还长期借款　　　　　　　　　D. 购买三个月内到期的国库券

  14. 下列各项中，属于企业经营活动产生的现金流量的是(　　)。

  A. 出售无形资产收到的现金　　　　B. 收到的税费返还
  C. 出售固定资产收到的现金　　　　D. 吸收借款收到的现金

  15. 下列各项中，属于企业投资活动产生的现金流量的是(　　)。

  A. 分配股利支付的现金　　　　　　B. 购建固定资产支付的现金

C. 吸收投资收到的现金　　　　　　D. 偿还债务支付的现金

16. 下列各项中,属于企业筹资活动产生的现金流量的是(　　)。
   A. 支付的各项税费　　　　　　　B. 投资支付的现金
   C. 收回投资收到的现金　　　　　D. 吸收投资收到的现金

17. 下列各项中,不属于企业筹资活动产生的现金流量的是(　　)。
   A. 吸收权益性投资收到的现金　　B. 收回债券投资收到的现金
   C. 分配现金股利支付的现金　　　D. 取得借款收到的现金

18. 某公司对外转让一项土地使用权,取得的收入为500万元,土地使用权的账面价值为320万元,转让时以现金支付转让费10万元,支付税金25万元。此项业务在现金流量表中应(　　)。
   A. 在"收到的其他与投资活动有关的现金"和"支付的其他与投资活动有关的现金"两个项目中分别填列500万元、355万元
   B. 在"处置固定资产、无形资产和其他长期资产收回的现金净额"项目中填列145万元
   C. 在"处置固定资产、无形资产和其他长期资产收回的现金净额"项目中填列465万元
   D. 在"处置固定资产、无形资产和其他长期资产收回的现金净额"和"支付的各项税费"两个项目中分别填列500万元、35万元

19. 企业处置子公司及其他营业单位所取得的现金减去子公司或其他营业单位持有的现金和现金等价物以及相关的处置费用后的净额,在现金流量表中应填列的项目是(　　)。
   A. 处置子公司及其他营业单位收到的现金净额
   B. 处置固定资产、无形资产和其他长期资产收回的现金净额
   C. 取得子公司及其他营业单位支付的现金净额
   D. 收回投资收到的现金

20. 某企业出售一台不需用设备,收到价款300 000元已存入银行,该设备原价400 000元,已提折旧180 000元,已计提减值准备20 000元。以现金支付该项设备的清理费用2 000元和运输费用800元。该项业务使企业投资活动产生的现金流量净额增加(　　)元。
   A. 200 000　　　　　　　　　　　B. 97 200
   C. 197 200　　　　　　　　　　　D. 297 200

21. 下列经济事项中,能使企业筹资活动产生的现金流量发生变化的是(　　)。
   A. 购买债券　　　　　　　　　　B. 购买股票
   C. 收到现金股利　　　　　　　　D. 归还借款利息

22. 支付专门借款资本化的利息属于现金流量表的(　　)项目。
   A. 经营活动产生的现金流量　　　B. 投资活动产生的现金流量
   C. 筹资活动产生的现金流量　　　D. 投资或筹资活动产生的现金流量

23. 某企业 2×16 年主营业务收入为 1 000 万元，其他业务收入 100 万元，增值税销项税额为 170 万元，增值税进项税额为 51 万元，2×16 年应收账款账户的期初余额为 150 万元，期末余额为 120 万元，年度内实际发生的坏账损失为 10 万元。根据上述资料，该企业 2×16 年现金流量表中"销售商品、提供劳务收到的现金"项目的金额为（　　）万元。

  A. 1 290　　　　　B. 1 280　　　　　C. 1 300　　　　　D. 1 230

24. 某公司 2×16 年度发生的管理费用为 1 800 万元，其中：以现金支付退休职工统筹退休金 300 万元和管理人员工资 800 万元，存货盘亏损失 25 万元，计提固定资产折旧 320 万元，无形资产摊销 225 万元，其余均以现金支付。假定不考虑其他因素，该公司 2×16 年现金流量表中"支付的其他与经营活动有关的现金"项目的金额为（　　）万元。

  A. 130　　　　　　B. 700　　　　　　C. 155　　　　　　D. 430

25. 下列关于所有者权益变动表的提法中，不正确的是（　　）。

  A. 所有者权益变动表以矩阵的形式列报
  B. 所有者权益的来源包括所有者投入的资本及企业的综合收益
  C. 企业的综合收益包括净利润和直接计入当期损益的利得和损失
  D. 所有者权益变动表是反映构成所有者权益的各组成部分当期增减变动情况的报表

（二）多项选择题

1. 财务报告体系的构成包括（　　）。

  A. 资产负债表　　　　　　　　　B. 利润表
  C. 现金流量表　　　　　　　　　D. 报表附注

2. 下列报表中，属于动态报表的有（　　）。

  A. 资产负债表　　　　　　　　　B. 利润表
  C. 现金流量表　　　　　　　　　D. 所有者权益变动表

3. 下列各项中，应作为资产负债表中资产列报的项目有（　　）。

  A. 委托加工物资　　　　　　　　B. 受托代销商品
  C. 融资租入固定资产　　　　　　D. 经营租入固定资产

4. 资产负债表中的"存货"项目，需要根据（　　）等总账科目期末余额的分析汇总数填列。

  A. 委托加工物资　　　　　　　　B. 材料成本差异
  C. 周转材料　　　　　　　　　　D. 材料采购

5. 资产负债表中的"应收账款"项目应根据（　　）计算填列。

  A. "应收账款"科目所属各明细科目的期末借方余额合计数
  B. "预收账款"科目所属各明细科目的期末借方余额合计数
  C. "应收账款"科目所属各明细科目的期末贷方余额合计数
  D. "预收账款"科目所属各明细科目的期末贷方余额合计数

6. 下列资产中,属于流动资产的有( )。
   A. 工程物资 B. 一年内到期的非流动资产
   C. 存货 D. 交易性金融资产
7. 下列各项中,影响营业利润的有( )。
   A. 销售费用 B. 资产减值损失
   C. 公允价值变动损益 D. 财务费用
8. 现金等价物的特点是( )。
   A. 期限短 B. 流动性强
   C. 易为转化为已知金额现金 D. 价值变动风险较大
9. 下列项目中,符合现金流量表中现金概念的有( )。
   A. 银行本票存款 B. 银行汇票存款
   C. 银行存款 D. 库存现金
10. 现金流量表中"支付给职工以及为职工支付的现金"项目包括( )。
    A. 支付给职工的工资和奖金 B. 支付给退休人员的各项费用
    C. 为职工缴纳的商业保险 D. 支付给在建工程人员的工资
11. 下列各项中,不应在"支付的各项税费"项目中反映的有( )。
    A. 企业支付的资源税 B. 企业收到的增值税、所得税返还
    C. 企业支付的增值税进项税 D. 企业支付的增值税
12. 下列各项中,属于经营活动产生的现金流量的有( )。
    A. 购买无形资产支付的现金
    B. 取得交易性金融资产支付的现金
    C. 经营租赁支付的现金
    D. 为管理人员缴纳商业保险支付的现金
13. 下列各项中,属于投资活动产生的现金流量的有( )。
    A. 购买机器设备所支付的现金
    B. 为购建固定资产而发生的借款利息资本化部分
    C. 因火灾造成固定资产损失而收到的保险赔款
    D. 融资租赁固定资产支付的现金
14. 下列各项中,应在"投资支付的现金"项目中反映的有( )。
    A. 取得的除现金等价物以外的交易性金融资产而支付的现金
    B. 取得投资支付的佣金、手续费等交易费用
    C. 购买股票和债券时,实际支付的价款中包含的已宣告但尚未领取的现金股利或已到付息期但尚未领取的债券利息
    D. 支付的现金股利
15. 下列交易或事项中,会引起投资活动产生的现金流量发生变化的有( )。
    A. 向投资者支付现金股利20万元
    B. 转让一项专利权,取得价款800万元

C. 支付给在建工程人员 8 万元的工资

D. 权益法下核算的长期股权投资，根据被投资单位实现的净利润确认投资收益 700 万元

16. 下列各项中，属于筹资活动产生的现金流量的有（　　）。

    A. 融资租赁固定资产支付的现金

    B. 购建固定资产而发生的借款利息资本化部分

    C. 经营租赁固定资产支付的租金

    D. 为发行股票筹资由企业直接支付的审计和咨询费用

17. 在采用间接法将净利润调节为经营活动产生的现金流量时，下列各调整项目中，属于调增项目的是（　　）。

    A. 资产减值准备　　　　　　　　B. 公允价值变动收益

    C. 固定资产折旧　　　　　　　　D. 存货的减少

18. 在采用间接法将净利润调节为经营活动产生的现金流量时，下列各调整项目中，属于调减项目的是（　　）。

    A. 投资收益　　　　　　　　　　B. 存货的增加

    C. 经营性应付项目的减少　　　　D. 存货的减少

19. 所有者权益内部结转包括（　　）。

    A. 资本公积转增资本　　　　　　B. 盈余公积转增资本

    C. 投资者投入资本　　　　　　　D. 盈余公积补亏

20. 企业按照规定披露财务报表附注信息，包括（　　）。

    A. 重要会计政策和会计估计　　　B. 企业的基本情况

    C. 资产负债表日后事项　　　　　D. 风险管理

（三）判断题

1. 财务报表中的资产项目和负债项目的金额、收入项目和费用项目的金额一般不得相互抵销，但资产项目按扣除减值准备后的净额列示，不属于抵销。（　　）

2. "长期应付款"项目，反映企业除长期借款、应付债券外的其他各种长期应付款项。本项目应根据"长期应付款"科目的期末余额，减去相应的"未确认融资费用"科目期末余额后的金额填列。（　　）

3. 资产负债表"长期借款"项目，可直接根据总账科目余额填列。（　　）

4. "应收账款"项目，应当根据"应收账款"和"应付账款"等科目所属明细科目期末借方余额合计填列。（　　）

5. "固定资产"项目，应当根据"固定资产"科目的期末余额，减去"累计折旧""固定资产减值准备"科目期末余额后的金额填列。（　　）

6. 营业收入减去营业成本、税金及附加后等于营业利润。（　　）

7. "营业成本"项目，应根据"主营业务成本"和"其他业务成本"科目的发生额分析填列。（　　）

8. 企业购入 3 个月内到期的国债，会减少企业投资活动产生的现金流量。（   ）

9. 企业支付给全体职工的工资，应作为经营活动产生的现金流量，列入"支付给职工以及为职工支付的现金"项目。（   ）

10. 现金流量表中的经营活动，是指企业投资活动和筹资活动以外的交易和事项。销售商品或提供劳务、处置固定资产、分配利润等产生的现金流量均包括在经营活动产生的现金流量之中。（   ）

11. 企业以发行股票方式筹集资金过程中由企业直接支付的审计、咨询等费用在"吸收投资收到的现金"项目中反映。（   ）

12. 在现金流量表补充资料中将净利润调节为经营活动现金流量时，对于公允价值变动损益，均应该作调减处理。（   ）

13. 不涉及现金收支的重大投资和筹资活动的披露包括债务转为资本、一年内到期的可转换公司债券、融资租入固定资产。（   ）

14. 现金等价物，是指企业持有的期限短、流动性强、易于转换为已知金额现金、价值变动风险很小的投资，期限短，一般指从购买日起 5 个月到期。（   ）

15. 投资收益不影响营业利润。（   ）

16. 企业的综合收益就是直接计入所有者权益的利得和损失。（   ）

（四）计算及账务处理题

1. 鹭江公司 2×16 年 12 月 31 日有关账户余额见表 14-1。

表 14-1　　　　　　　　　鹭江公司账户余额表　　　　　　　　　　单位：元

资产	借方金额	贷方金额	负债和所有者权益	借方金额	贷方金额
库存现金	1 000		短期借款		60 000
银行存款	14 500		应付账款		
交易性金融资产	14 000		——A 公司		15 000
应收账款			——B 公司	5 000	
——甲公司	25 000		预收账款		
——乙公司		2 000	——C 公司		4 000
坏账准备		2 000	——D 公司	3 000	
预付账款			其他应付款		6 000
——丙公司	5 000		应付职工薪酬		34 700
——丁公司		300	应付利润		83 000
其他应收款	5 000		长期借款		130 000
原材料	27 000		其中：一年内到期的部分		50 000
库存商品	30 000		实收资本		180 000
原材料	10 000		资本公积		72 080

续表

资产	借方金额	贷方金额	负债和所有者权益	借方金额	贷方金额
委托加工物资	30 000		盈余公积		70 000
长期股权投资	200 000		未分配利润		25 920
长期股权投资减值准备		30 000			
固定资产	400 000				
累计折旧		67 000			
无形资产	20 000				
累计摊销		5 000			
无形资产减值准备		2 500			

要求：根据上述资料编制鹭江公司 2×16 年 12 月 31 日的资产负债表（格式见表 14-2）。

表 14-2   资产负债表
编制单位：鹭江股份有限公司   2×16 年 12 月 31 日   单位：元

资产	期末余额	负债和所有者权益	期末余额
货币资金		短期借款	
交易性金融资产		应付账款	
应收账款		预收账款	
预付账款		其他应付款	
其他应收款		应付职工薪酬	
存货		应付利润	
流动资产合计		一年内到期的非流动负债	
长期股权投资		流动负债合计	
固定资产		长期借款	
无形资产		负债合计	
非流动资产合计		实收资本	
		资本公积	
		盈余公积	
		未分配利润	
		所有者权益合计	
资产合计		负债和所有者权益总计	

2. 鹭江公司 2×16 年 12 月发生的经济业务及相关资料如下：

（1）12 月 1 日，向 A 公司销售商品一批，增值税专用发票上注明销售价格为 100 万元，增值税额为 17 万元。提货单和增值税专用发票已交 A 公司，款项尚未收取，但符合收入确认条件。为及时收回货款，给予 A 公司的现金折扣条件如下：2/10，1/20，N/30（假定现金折扣按销售价格计算），该批商品的实际成本为 75 万元。

（2）12 月 3 日，收到 B 公司来函，要求对当年 11 月 5 日所购商品在销售价格上给予 5% 的折让（鹭江公司在该批商品售出时，已确认销售收入 200 万元，但款项尚未收取)。经查核,该批商品存在外观质量问题,鹭江公司同意了 B 公司提出的折让要求。当日,收到 B 公司交来的税务机关开具的索取折让证明单,并开具红字增值税专用发票。

(3) 12 月 10 日,收到 A 公司支付的货款,并存入银行。

(4) 12 月 15 日,与 C 公司签订一项专利技术使用权转让合同。合同规定:C 公司有偿使用鹭江公司的该专利技术,使用期为 2 年,一次性支付使用费 100 万元,公司在合同签订日提供该专利技术资料,不提供后续服务。与该项交易有关的手续已办妥,从 C 公司收取的使用费已存入银行。

(5) 12 月 16 日,与 D 公司签订一项安装设备的合同。合同规定,该设备安装期限为 2 个月,合同总价款为 35.1 万元(含增值税额),合同签订日预收价款 25 万元。至 12 月 31 日,已实际发生安装费用 14 万元(均为安装人员工资),预计还将发生安装费用 6 万元。鹭江公司按实际发生的成本占总成本的比例确定安装劳务的履约进度,并按照履约进度确认收入。

(6) 12 月 20 日,收到 E 公司退回的商品一批。该批商品系当年 11 月 10 日售出,销售价格为 50 万元,实际成本为 45 万元,售出时开具了增值税专用发票并交付 E 公司,但未确认该批商品的销售收入,货款也尚未收取。经查,该批商品的性能不稳定,鹭江公司同意了 E 公司的退货要求。当日,鹭江公司办妥了退货手续,并将开具的红字增值税专用发票交给了 E 公司。

(7) 12 月 20 日,与 F 公司签订协议销售商品一批,销售价格为 800 万元,根据协议签订日预收价款 400 万元,余款于 2×17 年 1 月 31 日交货时付清。当日,收到 F 公司预付的款项,并存入银行。

(8) 12 月 31 日,财产清查时发现原材料和固定资产盘亏。盘亏的原材料实际成本为 10 万元,原材料盘亏系计量不准所致。盘亏的固定资产原价为 100 万元,累计折旧为 70 万元,已计提的减值准备为 10 万元。原材料和固定资产的盘亏损失经批准予以处理。

除上述经济业务外,本月发生的其他经济业务形成的有关账户发生额如表 14-3 所示。

表 14-3　　　　　　　　　部分账户发生额　　　　　　　　单位:元

账户名称	借方发生额	贷方发生额
其他业务成本	200 000	
销售费用	150 000	
管理费用	122 000	
财务费用	103 000	
税金及附加	65 000	
投资收益		142 000
营业外收入		8 000
营业外支出	122 000	

假设鹭江公司适用的增值税税率为17%,适用的所得税税率为25%,无纳税调整项目。

要求:根据上述资料进行下列会计处理。

(1) 编制鹭江公司上述(1)~(8)项经济业务相关的会计分录;

(2) 编制鹭江公司 2×16 年 12 月的利润表(格式见表 14-4)。

表 14-4　　　　　　　　　　鹭江公司利润表
编制单位:鹭江股份有限公司　　　2×16 年 12 月　　　　　　　　　　单位:元

项目	本期金额
一、营业收入	
减:营业成本	
税金及附加	
销售费用	
管理费用	
财务费用	
加:投资收益	
二、营业利润	
加:营业外收入	
减:营业外支出	
三、利润总额	
减:所得税费用	
四、净利润	

3. 鹭江公司 2×16 年归属于普通股股东的净利润为 25 500 万元,发行在外的普通股股数为 10 000 万股,2×16 年 1 月 1 日,公司按面值发行 40 000 万元的三年期可转换公司债券,面值 100 元,票面固定年利率为 2%,每年 12 月 31 日为付息日。该可转债自发行结束后 12 个月内可转为股票,每 100 元债券可转换为 10 股面值为 1 元的股票。所得税率为 25%。

要求:

(1) 计算基本每股收益;

(2) 计算稀释的每股收益。

4. 鹭江公司 2×16 年度财务报表的有关资料如下:

(1) 2×16 年 12 月 31 日资产负债表有关项目年初、年末数见表 14-5。

表 14-5　　　　　　　　资产负债表部分项目　　　　　　　　　　单位:元

资产	年初金额	期末金额	负债和股东权益	年初金额	期末金额
应收票据	30 000	20 000	应付账款	40 000	25 000
应收账款	49 500	69 300	应付职工薪酬	5 000	6 000
预付账款	10 000	15 000	应交税费	3 700	4 600
存货	100 000	70 000	其他应交款	300	400
			其他应付款	200	1 000

(2) 2×16年利润有关项目见表14-6。

表14-6　　　　　　　　　利润表部分项目　　　　　　　单位：元

项目	本期金额
营业收入	800 000
营业成本	450 000
税金及附加	6 460
管理费用	200 000
所得税	40 000

(3) 其他有关资料如下：

①管理费用中包含职工工资114 000元、折旧费2 000元、水电费10 000元、差旅费20 000元、会议费8 000元、办公费20 000元、咨询费15 000元、业务招待费11 000元。

②本期增值税销项税额为136 000元，进项税额为71 400元，已交增值税为65 000元。

③其他应付款为收取的出借包装物押金。

④2×16年计提应收账款坏账准备200元，没有实际发生坏账。

⑤上述资产负债表和利润表项目均与投资活动、筹资活动无关。

要求：计算现金流量表中下列项目的金额。
(1) 销售商品、提供劳务收到的现金；
(2) 收到的其他与经营活动有关的现金；
(3) 购买商品、接受劳务支付的现金；
(4) 支付给职工及为职工支付的现金；
(5) 支付的各项税费；
(6) 支付的其他与经营活动有关的现金。

二、练习题参考答案

（一）单项选择题

1. D　2. C　3. B　4. B　5. B　6. A　7. C　8. A　9. A　10. C　11. A　12. C
13. D　14. B　15. B　16. D　17. B　18. C　19. A　20. D　21. A　22. C
23. A　24. D　25. C

（二）多项选择题

1. ABCD　2. BCD　3. ABC　4. ABCD　5. AB　6. BCD　7. ABCD　8. ABC
9. ABD　10. AC　11. BC　12. CD　13. AC　14. AB　15. BC　16. ABD
17. ACD　18. ABC　19. ABD　20. ABCD

(三) 判断题

1. √ 2. √ 3. × 4. × 5. √ 6. × 7. √ 8. × 9. × 10. × 11. ×
12. × 13. √ 14. × 15. × 16. ×

(四) 计算及账务处理题

1. 编制资产负债表如表 14-7 所示。

表 14-7　　　　　　　　　　　　　资产负债表
编制单位：鹭江股份有限公司　　　2×16 年 12 月 31 日　　　　　　　　　　单位：元

资产	期末余额	负债和所有者权益	期末余额
货币资金	1 000 + 14 500 = 15 500	短期借款	60 000
交易性金融资产	14 000	应付账款	15 000 + 300 = 15 300
应收账款	25 000 + 3 000 - 2 000 = 26 000	预收账款	4 000 + 2 000 = 6 000
预付账款	5 000 + 5 000 = 10 000	其他应付款	6 000
其他应收款	5 000	应付职工薪酬	34 700
存货	27 000 + 30 000 + 10 000 + 30 000 = 97 000	应付利润	83 000
流动资产合计	167 500	一年内到期的非流动负债	50 000
长期股权投资	200 000 - 30 000 = 170 000	流动负债合计	255 000
固定资产	400 000 - 67 000 = 333 000	长期借款	80 000
无形资产	20 000 - 5 000 - 2 500 = 12 500	负债合计	335 000
非流动资产合计	515 500	实收资本	180 000
		资本公积	72 080
		盈余公积	70 000
		未分配利润	25 920
		所有者权益合计	348 000
资产合计	683 000	负债和所有者权益总计	683 000

2. 会计分录：

(1) 借：应收账款　　　　　　　　　　　　　　　　　　　1 170 000
　　　　贷：主营业务收入　　　　　　　　　　　　　　　　　　　1 000 000
　　　　　　应交税费——应交增值税（销项税额）　　　　　　　　170 000
　　　借：主营业务成本　　　　　　　　　　　　　　　　　750 000
　　　　贷：库存商品　　　　　　　　　　　　　　　　　　　　　750 000

(2) 借：主营业务收入　　　　　　　　　　　　　　　　　100 000
　　　　应交税费——应交增值税（销项税额）　　　　　　　17 000
　　　　贷：应收账款　　　　　　　　　　　　　　　　　　　　　117 000

(3) 借：银行存款　　　　　　　　　　　　　　　　　　1 150 000

         财务费用   20 000
            贷：应收账款   1 170 000
(4) 借：银行存款   1 000 000
            贷：其他业务收入   1 000 000
(5) 借：银行存款   250 000
            贷：预收账款   250 000
    借：劳务成本   140 000
            贷：应付职工薪酬   140 000
         劳务完工程度 = (140 000 ÷ (140 000 + 60 000)) × 100% = 70%
            应确认劳务收入 = 300 000 × 70% = 210 000（元）
            应结转劳务成本 = 200 000 × 70% = 140 000（元）
    借：预收账款   245 700
            贷：主营业务收入   210 000
                应交税费——应交增值税（销项税额）   35 700
    借：主营业务成本   140 000
            贷：劳务成本   140 000
(6) 借：库存商品   450 000
            贷：发出商品   450 000
    借：应交税费——应交增值税（销项税额）   85 000
            贷：应收账款   85 000
(7) 借：银行存款   4 000 000
            贷：预收账款   4 000 000
(8) 借：待处理财产损溢——待处理流动资产损溢   100 000
            贷：原材料   100 000
    借：管理费用   100 000
            贷：待处理财产损溢——待处理流动资产损溢   100 000
    借：待处理财产损溢——待处理固定资产损溢   200 000
       累计折旧   700 000
       固定资产减值准备   100 000
            贷：固定资产   1 000 000
    借：营业外支出   200 000
            贷：待处理财产损溢——待处理固定资产损溢   200 000

编制的利润表如表 14-8 所示。

表 14-8　　　　　　　　　　　　　**利润表**

编制单位：鹭江股份有限公司　　　2×16 年 12 月　　　　　　　　　　单位：元

项目	本期金额
一、营业收入	1 000 000 − 100 000 + 1 000 000 + 210 000 = 2 110 000
减：营业成本	750 000 + 140 000 + 200 000 = 1 090 000

续表

项目	本期金额
税金及附加	65 000
销售费用	150 000
管理费用	100 000 + 122 000 = 222 000
财务费用	20 000 + 103 000 = 123 000
加：投资收益	142 000
二、营业利润	602 000
加：营业外收入	8 000
减：营业外支出	200 000 + 122 000 = 322 000
三、利润总额	288 000
减：所得税费用	288 000 × 25% = 72 000
四、净利润	216 000

3. 计算如下：

(1) 基本每股收益 = 25 500 ÷ 10 000 = 2.55（元）

(2) 可转换债券转为股票后：

净利润的增加额 = 40 000 × 2% × (1 − 25%) = 600（万元）

股数的增加数 = 40 000 ÷ 100 × 10 = 4 000（万股）

稀释的每股收益 = (25 500 + 600) ÷ (10 000 + 4 000) = 1.86（元）

4.

(1) 销售商品、提供劳务收到的现金 = 800 000 + 136 000 + (30 000 − 20 000) + (49 500 − 69 300) − 200 = 926 000（元）

(2) 收到的其他与经营活动有关的现金 = 1 000 − 200 = 800（元）

(3) 购买商品、接受劳务支付的现金 = 450 000 + 71 400 + (40 000 − 25 000) + (15 000 − 10 000) + (70 000 − 100 000) = 511 400（元）

(4) 支付给职工以及为职工支付的现金 = 114 000 + (5 000 − 6 000) = 113 000（元）

(5) 支付的各项税费 = 40 000 + 6 460 + 65 000 + (3 700 − 4 600) + (300 − 400) = 110 460（元）

(6) 支付的其他与经营活动有关的现金 = 200 000 − 114 000 − 2 000 = 84 000（元）

或 = 10 000 + 20 000 + 8 000 + 20 000 + 15 000 + 11 000 = 84 000（元）

三、案例分析题

【案例1】

利润表的编制

(一) 2×16年12月鹭江公司的经济业务如下：

1. 12月1日，鹭江公司采用支付手续费方式委托A公司代销一批商品，共计100件,商品成本为每件2万元。根据代销协议,商品售价为每件3万元,A公司根据销售价款(不含增值税)的1%收取手续费。12月31日,鹭江公司收到A公司开来的代销清单,已对外销售商品60件。鹭江公司根据代销清单所列的已销商品款给A公司开具了增值税专用发票,双方进行了货款结算,扣除了手续费,A公司以银行存款支付了鹭江公司的货款。

2. 12月5日,收到B公司退回的一批商品,该商品销售价格为100万元,销售成本为70万元;该批商品已于本年11月确认收入,但款项尚未收到,且未计提坏账准备。

3. 12月10日,与C公司签订一项劳务合同。合同总收入为200万元,当天预收劳务款80万元。至12月31日,实际发生劳务成本40万元(假定均为职工薪酬)。据合理估计,至劳务结束,还会发生劳务成本120万元。劳务结束后,C公司将如期支付剩余款项。鹭江公司以实际发生的劳务成本占估计劳务总成本的比例确定劳务的履约进度,并按照履约进度确认收入。

4. 12月15日,出售确认为交易性金融资产的D公司股票1 000万股,出售价款3 000万元,已存入银行。当日出售前,鹭江公司持有D公司股票1 500万股,账面价值为4 350万元(其中,成本为3 900万元,公允价值变动为450万元)。12月31日,D公司股票的公允价值为每股3.30元。

5. 12月31日,以本公司生产的产品作为福利发放给职工。发放给生产工人的产品的公允价值(不含增值税)为200万元,实际成本为160万元;发放给行政管理人员的产品的公允价值(不含增值税)为100万元,实际成本为80万元。产品已发放给职工。

6. 12月31日,采用分期收款方式向E公司销售大型设备一套,合同约定的销售价格为3 000万元,从2×17年起分5年于每年12月31日收取。该大型设备的实际成本为2 000万元。如采用现销方式,该大型设备的销售价格为2 500万元。商品已经发出,鹭江公司尚未开具增值税专用发票。

(二)2×16年12月鹭江公司除上述业务以外的损益类账户发生额见表14-9。

表14-9　　　　　　鹭江公司部分损益类账户发生额　　　　　　单位:元

账户名称	借方发生额	贷方发生额
营业收入		50 000 000
营业成本	40 000 000	
税金及附加	500 000	
销售费用	2 000 000	
管理费用	3 000 000	
财务费用	300 000	
投资收益		1 000 000
营业外收入		700 000
营业外支出	200 000	

鹭江公司为增值税一般纳税人,适用的增值税税率为17%,所得税税率为

25%，无纳税调整项目。

要求：
1. 根据资料（一），逐笔编制鹭江公司相关业务的会计分录；
2. 编制鹭江公司 2×16 年 12 月利润表（格式见表 14-10）。

表 14-10　　　　　　　　　　　　　　利润表
编制单位：鹭江股份有限公司　　　2×16 年 12 月　　　　　　　　　单位：元

项目	本期金额
一、营业收入	
减：营业成本	
税金及附加	
销售费用	
管理费用	
财务费用	
加：公允价值变动损益	
投资收益	
二、营业利润	
加：营业外收入	
减：营业外支出	
三、利润总额	
减：所得税费用	
四、净利润	

【案例分析】

（一）会计分录。

1. 12 月 1 日：

借：发出商品　　　　　　　　　　　　　　　　　　　　　　2 000 000
　　贷：库存商品　　　　　　　　　　　　　　　　　　　　　　　2 000 000

12 月 31 日：

借：应收账款　　　　　　　　　　　　　　　　　　　　　　2 106 000
　　贷：主营业务收入　　　　　　　　　　　　　　　　　　　　　1 800 000
　　　　应交税费——应交增值税（销项税额）　　　　　　　　　　306 000

借：主营业务成本　　　　　　　　　　　　　　　　　　　　1 200 000
　　贷：发出商品　　　　　　　　　　　　　　　　　　　　　　　1 200 000

借：银行存款　　　　　　　　　　　　　　　　　　　　　　2 088 000
　　销售费用　　　　　　　　　　　　　　　　　　　　　　　　18 000
　　贷：应收账款　　　　　　　　　　　　　　　　　　　　　　　2 106 000

2. 12 月 5 日：

借：主营业务收入　　　　　　　　　　　　　　　　　　　　1 000 000
　　应交税费——应交增值税（销项税额）　　　　　　　　　　　170 000
　　贷：应收账款　　　　　　　　　　　　　　　　　　　　　　　1 170 000

借：库存商品 700 000
　　贷：主营业务成本 700 000
3. 12月10日：
借：银行存款 800 000
　　贷：预收账款 800 000
12月31日：
借：劳务成本 400 000
　　贷：应付职工薪酬 400 000
　　劳务完工程度 =（400 000÷(400 000＋1 200 000))×100%＝25%
　　　　应确认劳务收入 = 2 000 000×25%＝500 000（元）
　　　　应结转劳务成本 = 1 600 000×25%＝400 000（元）
借：预收账款 500 000
　　贷：主营业务收入 500 000
借：主营业务成本 400 000
　　贷：劳务成本 400 000
4. 12月15日：
借：银行存款 30 000 000
　　贷：交易性金融资产——成本 26 000 000
　　　　　　　　　　　　——公允价值变动 3 000 000
　　　　投资收益 1 000 000
借：公允价值变动损益 3 000 000
　　贷：投资收益 3 000 000
12月31日：
借：交易性金融资产——公允价值变动 2 000 000
　　贷：公允价值变动损益 2 000 000
5. 12月31日：
借：生产成本 2 340 000
　　管理费用 1 170 000
　　贷：应付职工薪酬——非货币性福利 3 510 000
借：应付职工薪酬——非货币性福利 3 510 000
　　贷：主营业务收入 3 000 000
　　　　应交税费——应交增值税（销项税额） 510 000
借：主营业务成本 2 400 000
　　贷：库存商品 2 400 000
6. 12月31日：
借：长期应收款 30 000 000
　　贷：主营业务收入 25 000 000
　　　　未实现融资收益 5 000 000

借:主营业务成本　　　　　　　　　　　　　　　　　　20 000 000
　　贷:库存商品　　　　　　　　　　　　　　　　　　　　　20 000 000

(二) 编制鹭江公司 2×16 年 12 月利润表,如表 14-11 所示。

表 14-11　　　　　　　　　　利润表
编制单位:鹭江股份有限公司　　2×16 年 12 月　　　　　　　　　　单位:元

项目	本期金额
一、营业收入	50 000 000 + 1 800 000 - 1 000 000 + 500 000 + 3 000 000 + 25 000 000 = 79 300 000
减:营业成本	40 000 000 + 1 200 000 - 700 000 + 400 000 + 2 400 000 + 20 000 000 = 63 300 000
税金及附加	500 000
销售费用	2 000 000 + 18 000 = 2 018 000
管理费用	3 000 000 + 1 170 000 = 4 170 000
财务费用	300 000
加:公允价值变动损益	-3 000 000 + 2 000 000 = -1 000 000
投资收益	1 000 000 + 1 000 000 + 3 000 000 = 5 000 000
二、营业利润	13 012 000
加:营业外收入	700 000
减:营业外支出	200 000
三、利润总额	13 512 000
减:所得税费用	3 378 000
四、净利润	10 134 000

【案例 2】

现金流量表的编制

(一) 鹭江公司 2×16 年度部分资产负债表和利润表资料见表 14-12、表 14-13。

表 14-12　　　　　　　资产负债表(部分项目)
编制单位:鹭江股份有限公司　　2×16 年 12 月 31 日　　　　　　单位:元

资产	年初数	期末数	负债和股东权益	年初数	期末数
应收账款	54 000	39 000	应付票据	120 000	0
存货	80 000	165 000	应付账款	49 500	93 000

表 14-13　　　　　　　　　　利润表
编制单位:鹭江股份有限公司　　2×16 年度　　　　　　　　　　　单位:元

项目	本期金额
一、营业收入	738 000
减:营业成本	360 000
管理费用	61 000
财务费用	10 000

续表

项目	本期金额
加：投资收益	3 000
二、营业利润	310 000
加：营业外收入	3 000
减：营业外支出	10 000
三、利润总额	303 000
减：所得税费用	75 750
四、净利润	227 250

（二）其他有关资料：

1. 营业成本 360 000 元中，包括工资 165 000 元。管理费用 61 000 元中，包括管理人员工资 30 000 元，折旧费用 14 500 元，支付其他费用 16 500 元。

2. 本年度出售固定资产一台，原价 60 000 元，已提折旧 5 000 元，处置价格为 58 000 元，已收到现金。

3. 本年度购入固定资产，价款 317 000 元，以银行存款支付。

4. 本年度购入交易性金融资产，支付价款 13 000 元。

5. 本年度出售交易性金融资产收到现金 18 000 元，成本 15 000 元。

6. 本年度偿付应付公司债券 70 000 元；新发行债券 215 000 元，已收到现金。

7. 本年度发生火灾造成存货损失 10 000 元，已计入营业外支出。

8. 本年度发行新股 50 000 元，已收到现金。

9. 本年度支付了 27 000 元现金股利。

10. 财务费用 10 000 元系支付的债券利息。

11. 期末存货均为外购原材料。

本题不考虑流转税，假定鹭江公司没有现金等价物，应收账款全部为应收销货款，应付款项全部为应付购货款。

要求：根据上述资料用直接法和间接法编制鹭江公司的现金流量表（格式见表 14-14）。

表 14-14　　　　　　　　　　　　现金流量表
编制单位：鹭江股份有限公司　　　2×16 年度　　　　　　　　　　　　单位：元

项目	本期金额
一、经营活动产生的现金流量	
销售商品、提供劳务收到的现金	
收到的税费返还	
收到的其他与经营活动有关的现金	
经营活动现金流入小计	
购买商品、接受劳务支付的现金	
支付给职工以及为职工支付的现金	
支付的各项税费	

续表

项目	本期金额
支付的其他与经营活动有关的现金	
经营活动现金流出小计	
经营活动产生的现金流量净额	
二、投资活动产生的现金流量	
收回投资收到的现金	
处置固定资产、无形资产和其他长期资产收回的现金净额	
处置子公司及其他营业单位收到的现金净额	
收到的其他与投资活动有关的现金	
投资活动现金流入小计	
购建固定资产、无形资产和其他长期资产支付的现金	
投资支付的现金	
支付的其他与投资活动有关的现金	
投资活动现金流出小计	
投资活动产生的现金流量净额	
三、筹资活动产生的现金流量	
吸收投资收到的现金	
取得借款收到的现金	
收到的其他与筹资活动有关的现金	
筹资活动现金流入小计	
偿还债务支付的现金	
分配股利、利润或偿付利息支付的现金	
支付其他与筹资活动有关的现金	
筹资活动现金流出小计	
筹资活动产生的现金流量净额	
现金及现金等价物净增加额	
现金流量表补充资料:	
将净利润调节为经营活动现金流量	
净利润	
加：资产减值准备	
固定资产折旧、无形资产摊销	
长期待摊费用摊销	
处置固定资产、无形资产和其他长期资产的损失（收益以"－"号填列）	
固定资产报废损失（收益以"－"号填列）	
公允价值变动损失（收益以"－"号填列）	
财务费用（收益以"－"号填列）	
投资损失（收益以"－"号填列）	
递延所得税资产减少（增加以"－"号填列）	
递延所得税负债增加（减少以"－"号填列）	
存货的减少（增加以"－"号填列）	
经营性应收项目的减少（增加以"－"号填列）	
经营性应付项目的增加（减少以"－"号填列）	
经营活动产生的现金流量净额	

【案例分析】

编制的鹭江公司现金流量表如表14-15所示。

表14-15 现金流量表

编制单位：鹭江股份有限公司　　　　2×16年度　　　　　　　　　　单位：元

项目	本期金额
一、经营活动产生的现金流量	
销售商品、提供劳务收到的现金	738 000 + （54 000 - 39 000）= 753 000
收到的税费返还	—
收到的其他与经营活动有关的现金	—
经营活动现金流入小计	753 000
购买商品、接受劳务支付的现金	（360 000 - 165 000）+（165 000 - 80 000）+ 10 000 + 120 000 +（49 500 - 93 000）= 366 500
支付给职工以及为职工支付的现金	165 000 + 30 000 = 195 000
支付的各项税费	75 750
支付的其他与经营活动有关的现金	16 500
经营活动现金流出小计	653 750
经营活动产生的现金流量净额	99 250
二、投资活动产生的现金流量	
收回投资收到的现金	18 000
处置固定资产、无形资产和其他长期资产收回的现金净额	58 000
处置子公司及其他营业单位收到的现金净额	—
收到的其他与投资活动有关的现金	—
投资活动现金流入小计	76 000
购建固定资产、无形资产和其他长期资产支付的现金	317 000
投资支付的现金	13 000
支付的其他与投资活动有关的现金	—
投资活动现金流出小计	330 000
投资活动产生的现金流量净额	-254 000
三、筹资活动产生的现金流量	
吸收投资收到的现金	50 000 + 215 000 = 265 000
取得借款收到的现金	—
收到的其他与筹资活动有关的现金	—
筹资活动现金流入小计	265 000
偿还债务支付的现金	70 000
分配股利、利润或偿付利息支付的现金	27 000 + 10 000 = 37 000
支付其他与筹资活动有关的现金	—
筹资活动现金流出小计	107 000
筹资活动产生的现金流量净额	158 000
现金及现金等价物净增加额	3 250

续表

项目	本期金额
现金流量表补充资料：	
将净利润调节为经营活动现金流量	
净利润	227 250
加：资产减值准备	—
固定资产折旧、无形资产摊销	14 500
长期待摊费用摊销	—
处置固定资产、无形资产和其他长期资产的损失（收益以"-"号填列）	(60 000 - 50 00) - 58 000 = - 3 000
固定资产报废损失（收益以"-"号填列）	—
公允价值变动损失（收益以"-"号填列）	—
财务费用（收益以"-"号填列）	10 000
投资损失（收益以"-"号填列）	-3 000
递延所得税资产减少（增加以"-"号填列）	—
递延所得税负债增加（减少以"-"号填列）	—
存货的减少（增加以"-"号填列）	80 000 - 165 000 = -85 000
经营性应收项目的减少（增加以"-"号填列）	39 000 - 54 000 = 15 000
经营性应付项目的增加（减少以"-"号填列）	(0 - 120 000) + (93 000 - 49 500) = -76 500
经营活动产生的现金流量净额	99 250

第十五章 会计政策、会计估计变更及差错更正

一、练习题

(一) 单项选择题

1. 甲企业于 2×12 年 12 月 31 日以 20 000 元购入设备一台,该设备使用年限为 5 年,净残值 5 000 元,采用年限平均法提取折旧。2×16 年 6 月 30 日,甲企业发现该设备包含的经济利益的预期实现方式有重大改变,决定自 2×16 年 7 月 1 日起,将折旧方法改为年数总和法,并已履行相关程序获得批准。甲企业对该设备折旧方法变更的会计处理应(   )。
   A. 作为会计政策变更,并进行追溯调整
   B. 作为会计政策变更,不进行追溯调整
   C. 作为会计估计变更,并进行追溯调整
   D. 作为会计估计变更,不进行追溯调整

2. 会计政策是指(   )。
   A. 企业在会计确认、计量和报告中所采用的原则、基础和会计处理方法
   B. 企业在会计确认中所采用的原则、基础和会计处理方法
   C. 企业在会计计量中所采用的原则、基础和会计处理方法
   D. 企业在会计报告中所采用的原则、基础和会计处理方法

3. 某企业原在生产经营过程中使用少量的低值易耗品,并在领用时将其价值一次计入费用。但该企业近期转产,所需的低值易耗品较多,且价值较大,企业决定将其摊销方法改为分期摊销法,但摊销方法改变以后预计对损益的影响并不大。则该事项的会计处理方法为(   )。
   A. 作为会计政策变更
   B. 不作为会计政策变更
   C. 使用"以前年度损益调整"科目处理
   D. 使用"利润分配——未分配利润"科目处理

4. 下列各项中,不需要在会计报表附注中披露的有(   )。
   A. 会计政策变更的内容和理由

B. 会计估计变更的影响数

C. 非重大前期差错的更正方法

D. 重大前期差错对净损益的影响金额

5. 下列选项中，关于会计政策变更会计处理方法的核心问题是（　　）。

　　A. 计算会计政策变更对当年净利润的影响

　　B. 计算会计政策变更的累积影响数，并调整列报前期最早期初留存收益

　　C. 计算会计政策变更对以后年度净利润的影响

　　D. 在财务报表附注中披露有关会计政策变更的情况

6. 采用追溯调整法计算出会计政策变更的累积影响数，应当（　　）。

　　A. 重新编制以前年度会计报表

　　B. 调整变更当期期初留存收益，以及会计报表其他相关项目的期初余额和上期金额

　　C. 调整或反映为变更当期及未来各期会计报表相关项目的数字

　　D. 只需要在报表附注中说明其累积影响

7. 企业发生会计估计变更时，下列各项目中不需要在会计报表附注中披露（　　）。

　　A. 会计估计变更的内容

　　B. 会计估计变更的理由

　　C. 会计估计变更的累积影响数

　　D. 会计估计变更的影响数不能确定的，披露这一事实和原因

8. 在下列事项中，属于会计政策变更的是（　　）。

　　A. 某一已使用机器设备的使用年限由6年改为4年

　　B. 坏账准备的计提比例由应收账款余额的5%改为8%

　　C. 某无形资产摊销的年限由15年改为10年

　　D. 投资性房地产后续计量由成本模式改为公允价值计量模式

9. 某上市公司2×17年2月1日发现，正在使用的甲设备技术革新和淘汰速度加快，决定从该月起将设备预计折旧年限由原来的10年改为6年，当时公司2×16年的年报尚未报出。该经济事项应当属于（　　）。

　　A. 会计政策变更　　　　　　　　B. 会计估计变更

　　C. 前期差错更正　　　　　　　　D. 以前年度损益调整事项

10. 下列各项中，不属于会计政策变更的是（　　）。

　　A. 固定资产计提减值准备

　　B. 所得税核算由应付税款法改为债务法

　　C. 建造合同的收入确认由完成合同法改为完工百分比法

　　D. 投资性房地产后续计量由成本计量模式改为公允价值计量模式

11. 会计政策变更时，会计处理方法的选择应遵循的原则是（　　）。

　　A. 必须采用追溯调整法

　　B. 在追溯调整法和未来适用法中任选其一

C. 必须采用未来适用法
D. 会计政策变更累积影响数可以合理确定时采用追溯调整法，不能合理确定时采用未来适用法

12. 下列各项中，属于会计估计变更的事项有(　　)。
   A. 将存货的计价方法由加权平均法改为先进先出法
   B. 变更长期待摊费用摊销期限
   C. 因固定资产扩建而重新确定其预计可使用年限
   D. 将采购费用由营业费用改列入存货成本

13. 对下列会计差错，不正确的说法是(　　)。
   A. 所有会计差错均要在会计报表附注中披露
   B. 前期差错的性质应在会计报表附注中披露
   C. 本期发现的，属于前期的重要差错（不考虑日后事项），应调整发现当期的期初留存收益和会计报表其他项目的期初数
   D. 本期发现的，属于前期的非重要会计差错（不考虑日后事项），不调整会计报表相关项目的期初数，但应调整发现当期与前期相同的相关项目

14. 某上市公司2×16年度的财务会计报告于2×17年4月30日批准报出，2×17年12月31日，该公司发现了2×15年度的一项非重大差错。该公司正确的做法是(　　)。
   A. 调整2×17年度会计报表的年初数和上年数
   B. 调整2×17年度会计报表的年末数和本年数
   C. 调整2×16年度会计报表的年末数和本年数
   D. 调整2×16年度会计报表的年初数和上年数

15. 对以前年度损益进行追溯调整或追溯重述的，应当重新计算各列报期间的(　　)。
   A. 市盈率　　　　　　　　B. 每股净资产
   C. 每股收益　　　　　　　D. 市净率

(二) 多项选择题

1. 某企业为上市公司，成立于2×06年。下列各项为2×16年发生的业务，属于其滥用会计政策、会计估计及其变更的内容有(　　)。
   A. 对购入的商标权按20年摊销
   B. 对交易性金融资产期末计价采用成本与市价孰低法
   C. 对坏账损失采用直接转销法核算
   D. 对某项固定资产进行更新改造以后，根据实际情况延长了固定资产的使用寿命

2. 某企业2×17年3月5日（2×16年年报尚未报出）发现2×16年10月多计提折旧，且金额较大，则该企业会计处理中正确的做法有(　　)。
   A. 使用"以前年度损益调整"科目作调整分录

B. 调整 2×16 年 12 月 31 日资产负债表的期末数

C. 调整 2×16 年度利润表的本年数

D. 调整 2×17 年 3 月 31 日资产负债表的期末数

3. 除法律或会计制度、会计准则等行政法规、规章要求变更会计政策外，企业有时也可以变更有关会计政策，但必须(　　)。

A. 围绕企业的经营目标

B. 有充分、合理的证据表明其政策变更的合理性

C. 由股东大会等类似机构批准会计政策的变更

D. 说明政策变更后能够提供关于企业财务状况等更可靠、更相关的会计信息的理由

4. 下列各项中，属于会计估计变更的事项有(　　)。

A. 变更无形资产的摊销年限

B. 改变了无形资产研发支出的会计处理

C. 因固定资产扩建而重新确定其预计可使用年限

D. 降低坏账准备的计提比例

5. 前期差错通常包括以下方面(　　)。

A. 疏忽或曲解事实以及舞弊产生的影响

B. 漏记已完成的交易

C. 提前确认尚未实现的收入或不确认已实现的收入

D. 资本性支出与收益性支出划分差错

6. 计算会计政策变更的累积影响数由以下几步完成(　　)。

A. 根据新的会计政策重新计算受影响的前期交易或事项

B. 计算新旧会计政策下的差异

C. 计算差异的所得税影响金额，并确定每期的税后差异

D. 计算会计政策变更的累积影响数

7. 企业应当根据下列情况正确划分会计政策变更和会计估计变更(　　)。

A. 以会计要素是否发生变更作为判断基础

B. 以会计确认是否发生变更作为判断基础

C. 以计量基础是否发生变更作为判断基础

D. 以列报项目是否发生变更作为判断基础

8. 根据规定，下列各项中，会计处理正确的有(　　)。

A. 确定会计政策变更对列报前期影响数不切实可行的，应当从可追溯调整的最早期间期初开始应用变更后的会计政策

B. 在当期期初确定会计政策变更对以前各期累积影响数不切实可行的，应当采用追溯调整法处理

C. 企业对会计估计变更应当采用未来适用法处理

D. 确定前期差错影响数不切实可行的，可以从可追溯重述的最早期间开始调整留存收益的期初余额，财务报表其他相关项目的期初余额也应当一

并调整,也可以采用未来适用法

9. 下列关于会计估计变更的说法中,正确的是(　　)。
A. 会计估计变更应采用未来适用法进行会计处理
B. 会计估计变更应采用追溯调整法进行会计处理
C. 如果会计估计变更仅影响变更当期,有关估计变更的影响应予当期确认
D. 如果会计估计变更既影响变更当期又影响未来期间,有关估计变更的影响在当期及以后期间确认

10. 下列事项中,应作为前期差错更正的是(　　)。
A. 由于地震使厂房使用寿命受到影响,调减了预计使用年限
B. 由于经营指标的变化,缩短长期待摊费用的摊销年限
C. 根据规定对资产计提准备,考虑到利润指标超额完成太多,根据谨慎性原则,多提了存货跌价准备
D. 由于技术进步,将电子设备的折旧方法由直线法变更为年数总和法

(三) 判断题

1. 企业必须对所有相同或者相似的交易或者事项采用相同的会计政策进行处理。(　　)
2. 确定会计政策变更对列报前期影响数不切实可行的,应当从可追溯调整的最早期间期末开始应用变更后的会计政策。(　　)
3. 企业据以进行估计的基础发生了变化,或者由于取得新信息、积累更多经验以及后来的发展变化,可能需要对会计估计进行修订。(　　)
4. 企业难以对某项变更区分为会计政策变更或会计估计变更的,应当将其作为会计估计变更处理。(　　)
5. 前期差错通常包括计算错误、会计估计错误、疏忽或曲解事实以及舞弊产生的影响以及存货、固定资产盘盈等。(　　)
6. 追溯重述法,是指在发现前期差错时,视同该项前期差错从未发生过,从而对财务报表相关项目进行更正的方法。(　　)
7. 会计政策变更采用追溯调整法的,应当将会计政策变更的累积影响数调整期初留存收益。调整期初留存收益是指对期初未分配利润和盈余公积两个项目的调整。(　　)
8. 会计估计变更既影响变更当期又影响未来期间的,其影响数应当在未来期间予以确认。(　　)
9. 企业采用的会计政策,在每一会计期间和前后各期应当保持一致,不得随意变。(　　)
10. 会计政策变更能够提供更可靠、更相关的会计信息的,应当采用追溯调整法处理,但确定该项会计政策变更累积影响数不切实可行的除外。(　　)
11. 会计政策变更累积影响数,是指按照变更后的会计政策对以前各期追溯计算的列报前期期初留存收益应有金额与现有金额之间的差额。(　　)

12. 企业应当采用追溯重述法更正所有的前期差错，但确定前期差错累积影响数不切实可行的除外。（   ）

13. 企业应当在重要的前期差错发现当期的财务报表中，调整前期比较数据。（   ）

14. 在以后期间的财务报表中，根据需要可能再次披露在以前期间的附注中已披露的会计政策变更和前期差错更正的信息。（   ）

15. 实务中某项交易或者事项的会计处理，具体会计准则或应用指南未作规范的，应当根据《企业会计准则——基本准则》规定的原则、基础和方法进行处理；待做出具体规定时，从其规定。（   ）

（四）计算及账务处理题

1. 鹭江公司在2×17年发现，2×16年公司漏记一项固定资产的折旧费用150 000元，所得税申报表中没有扣除该项折旧。假设2×16年适用所得税税率为25%，无其他纳税调整事项。该公司按净利润的10%提取法定盈余公积，按净利润的5%提取任意盈余公积。该公司发行股票份额为1 800 000股。

要求：

（1）分析差错的影响数。

（2）编制有关项目的调整分录。

（3）财务报表调整和重述（财务报表编制略）。

2. 鹭江公司有一台管理用设备，原始价值为84 000元，预计使用寿命为8年，净残值为4 000元，自2×12年1月1日起按直线法计提折旧。2×16年1月，由于新技术的发展等原因，需要对原预计使用寿命和净残值做出修正，修改后的预计使用寿命为6年，净残值为2 000元。公司适用所得税税率为25%，假定税法允许按变更后的折旧额在税前扣除。

要求：做出鹭江公司对上述会计估计变更的会计处理。

二、练习题参考答案

（一）单项选择题

1. D 2. A 3. B 4. C 5. B 6. B 7. C 8. D 9. B 10. A 11. D 12. B 13. A 14. B 15. C

（二）多项选择题

1. ABC 2. ABC 3. BCD 4. AD 5. ABCD 6. ABCD 7. BCD 8. ACD 9. ACD 10. BC

（三）判断题

1. ×　2. ×　3. √　4. √　5. ×　6. √　7. √　8. ×　9. √　10. √　11. ×
12. ×　13. √　14. ×　15. √

（四）计算及账务处理题

1.
(1) 分析差错的影响数：

2×16年少计折旧费用	150 000
少计累计折旧	150 000
多计所得税费用（150 000×25%）	37 500
多计净利润	112 500
多提法定盈余公积	11 250
多提任意盈余公积	5 625

(2) 编制有关项目的调整分录：

①补提折旧：
借：以前年度损益调整　　　　　　　　　　　　150 000
　　贷：累计折旧　　　　　　　　　　　　　　　　　150 000

②调整应交所得税：
借：应交税费——应交所得税　　　　　　　　　37 500
　　贷：以前年度损益调整　　　　　　　　　　　　　37 500

③将"以前年度损益调整"科目的余额转入利润分配：
借：利润分配——未分配利润　　　　　　　　　112 500
　　贷：以前年度损益调整　　　　　　　　　　　　　112 500

④调整利润分配有关数字：
借：盈余公积　　　　　　　　　　　　　　　　16 875
　　贷：利润分配——未分配利润　　　　　　　　　　16 875

(3) 财务报表调整和重述（财务报表略）

鹭江公司在列报2×17年财务报表时，应调整2×17年度资产负债表有关项目的年初余额、利润表有关项目及股东权益变动表的上年金额也应进行调整。

①资产负债表项目的调整：

调增累计折旧150 000元；调减应交所得税37 500元；调减盈余公积16 875元；调减未分配利润95 625元。

②利润表项目的调整：

调增营业成本上年金额150 000元；调减所得税费用上年金额37 500元；调减净利润上年金额112 500元；调减基本每股收益上年金额0.0625元。

③所有者权益变动表项目的调整：

调减前期差错更正项目中盈余公积上年金额16 875元，未分配利润上年金额 95 625 元，所有者权益合计上年金额 112 500 元。

④附注说明：

本年度发现 2×16 年漏记固定资产折旧 150 000 元，在编制 2×16 年与 2×17 年比较财务报表时，已对该项差错进行了更正。更正后，调减 2×16 年净利润及留存收益 112 500 元，调增累计折旧 150 000 元。

2. 鹭江公司对上述会计估计变更的会计处理如下：

（1）不调整以前各期折旧，也不计算累积影响数。

（2）变更日以后发生的经济业务改按新估计使用寿命提取折旧。

按原估计，每年折旧额为 10 000 元，已提折旧 4 年，共计 40 000 元，固定资产净值为 44 000 元，则第 5 年相关科目的期初余额如下：

固定资产	84 000
减：累计折旧	40 000
固定资产净值	44 000

改变估计使用寿命后，2×16 年 1 月 1 日起每年计提的折旧费用为 21 000 元 [（44 000 - 2 000）÷（6 - 4）]。2×16 年不必对以前年度已提折旧进行调整，只需按重新预计的尚可使用寿命和净残值计算确定的年折旧费用，编制会计分录如下：

借：管理费用	21 000	
贷：累计折旧		21 000

（3）附注说明。

本公司一台管理用设备，原始价值为 84 000 元，原预计使用寿命为 8 年，预计净残值为 4 000 元，按直线法计提折旧。由于新技术的发展，该设备已不能按原预计使用寿命计提折旧，本公司于 2×16 年初变更该设备的使用寿命为 6 年，预计净残值为 2 000 元，以反映该设备的真实耐用寿命和净残值。据此估计变更影响本年度净利润减少数为 8 250 元 [（21 000 - 10 000）×（1 - 25%）]。

三、案例分析题

【案例】

会计政策变更

鹭江公司为增值税一般纳税人，适用的增值税税率为 17%。所得税采用债务法核算，适用的所得税税率为 25%。按净利润的 10% 提取法定盈余公积。2×16 年 1 月 1 日，鹭江公司将对外出租的一幢办公楼由成本计量模式改为公允价值计量模式。

该办公楼于 2×12 年 12 月 31 日对外出租，出租时办公楼的原价为 10 000 万元，已提折旧为 2 000 万元，预计尚可使用年限为 20 年，采用年限平均法计提折旧，假定鹭江公司计提折旧的方法及预计使用年限符合税法规定。

第十五章 会计政策、会计估计变更及差错更正

从 2×12 年 1 月 1 日起，鹭江公司所在地有活跃的房地产交易市场，公允价值能够持续可靠取得，鹭江公司对外出租的办公楼 2×12 年 12 月 31 日、2×13 年 12 月 31 日、2×14 年 12 月 31 日、2×15 年 12 月 31 日和 2×16 年 12 月 31 日的公允价值分别为 8 000 万元、9 000 万元、9 600 万元、10 100 万元和 10 200 万元。假定按年确认公允价值变动损益。

要求：

（一）编制 2×12 年 12 月 31 日将自用房地产转换为投资性房地产的会计分录。

（二）计算 2×13 年、2×14 年和 2×15 年该投资性房地产每年计提的折旧额。

（三）填列 2×16 年 1 月 1 日会计政策变更累积影响数计算表（格式见表 15-1）。

表 15-1　　　　　　　　会计政策变更累积影响数计算表　　　　　　　单位：万元

年度	原政策影响当期损益	新政策影响当期损益	税前差异	所得税影响	税后差异
2×13 年					
2×14 年					
小计					
2×15 年					
合计					

（四）编制有关项目的调整分录。

（五）计算 2×16 年递延所得税负债发生额（注明借贷方）。

（六）编制 2×16 年投资性房地产公允价值变动及确认递延所得税的会计分录。

（备注：涉及的所有金额均以万元为单位）

【案例分析】

（一）编制 2×12 年 12 月 31 日将自用房地产转换为投资性房地产的会计分录。

借：投资性房地产　　　　　　　　　　　　　　　10 000
　　累计折旧　　　　　　　　　　　　　　　　　 2 000
　　贷：固定资产　　　　　　　　　　　　　　　　10 000
　　　　投资性房地产累计折旧　　　　　　　　　　 2 000

（二）计算 2×13 年、2×14 年和 2×15 年该投资性房地产每年计提的折旧额。

每年计提折旧 =（10 000 - 2 000）÷ 20 = 400（万元）

（三）填列 2×16 年 1 月 1 日会计政策变更累积影响数计算表如表 15-2 所示。

表15-2　　　　　　　　会计政策变更累积影响数计算表　　　　　　　单位：万元

年度	原政策影响当期损益	新政策影响当期损益	税前差异	所得税影响	税后差异
2×13年	-400	1 000	1 400	350	1 050
2×14年	-400	600	1 000	250	750
小计	-800	1 600	2 400	600	1 800
2×15年	-400	500	900	225	675
合计	-1 200	2 100	3 300	825	2 475

（四）编制有关项目的调整分录。

1. 编制2×15年年初调整分录：

借：投资性房地产——成本　　　　　　　　　　　　　8 000
　　　　　　　　——公允价值变动　　　　　　　　　1 600
　　投资性房地产累计折旧　　　　　　　　　　　　　2 800
　贷：投资性房地产　　　　　　　　　　　　　　　　　　　10 000
　　　递延所得税负债　　　　　　　　　　　　　　　　　　　　600
　　　利润分配——未分配利润　　　　　　　　　　　　　　　1 800

借：利润分配——未分配利润　　　　　　　　　　　　180
　贷：盈余公积　　　　　　　　　　　　　　　　　　　　　　　180

2. 编制2×15年调整分录：

借：投资性房地产——公允价值变动　　　　　　　　　500
　　投资性房地产累计折旧　　　　　　　　　　　　　400
　贷：递延所得税负债　　　　　　　　　　　　　　　　　　　225
　　　利润分配——未分配利润　　　　　　　　　　　　　　　675

借：利润分配——未分配利润　　　　　　　　　　　　67.5
　贷：盈余公积　　　　　　　　　　　　　　　　　　　　　　67.5

（五）计算2×16年年递延所得税负债发生额（注明借贷方）：

　　2×16年12月31日资产的账面价值 = 10 200（万元）
　　计税基础 =（10 000 - 2 000）- 400×4 = 6 400（万元）
　　递延所得税负债余额 =（10 200 - 6 400）×25% = 950（万元）
　　递延所得税负债发生额 = 950 - 825 = 125（万元）（贷方）

（六）编制2×16年投资性房地产公允价值变动及确认递延所得税的会计分录。

借：投资性房地产——公允价值变动　　　　　　　　　100
　贷：公允价值变动损益　　　　　　　　　　　　　　　　　　100
借：所得税费用　　　　　　　　　　　　　　　　　　125
　贷：递延所得税负债　　　　　　　　　　　　　　　　　　　125

第十六章 资产负债表日后事项

一、练习题

(一) 单项选择题

1. 某上市公司2×16年度财务报告于2×17年1月20日编制完成,注册会计师签署审计报告的日期为2×17年3月20日,经董事会批准财务报告对外公布的日期为4月1日,实际对外公布的日期为4月10日,资产负债表日后事项所涵盖的期间为( )。
   A. 2×17年1月1日至2×17年1月20日
   B. 2×17年1月1日至2×17年3月20日
   C. 2×17年1月1日至2×17年4月1日
   D. 2×17年1月1日至2×17年4月10日

2. 某上市公司在资产负债表日至财务报告批准报出日之间发生的下列事项中,属于资产负债表日后调整事项的是( )。
   A. 以存货归还资产负债表日存在的应付账款
   B. 为关联方企业的银行借款提供担保
   C. 处置子公司
   D. 法院判决赔偿的金额与资产负债表日预计的相关负债的金额不一致

3. 某上市公司2×16年度财务报告批准报出日为2×17年4月10日。公司在2×17年1月1日至4月10日发生的下列事项中,属于资产负债表日后调整事项的是( )。
   A. 公司在一起历时半年的诉讼中败诉,支付赔偿金50万元,公司在上年年末已确认预计负债30万元
   B. 因遭受水灾上年购入的存货发生毁损100万元
   C. 公司董事会提出2×16年度利润分配方案为每10股送3股股票股利
   D. 公司支付2×16年度财务报告审计费40万元

4. 如果报告年度资产负债表日及以前售出的商品,在年度资产负债表日至财务会计报告批准报出日之间发生退回,应当( )。

A. 冲减退回当月的销售收入

B. 计入退回当月的财务费用

C. 作为资产负债表日后调整事项

D. 作为资产负债表日后非调整事项

5. 2×16年甲公司为乙公司的500万元债务提供70%的担保，乙公司因到期无力偿还债务被起诉，至12月31日，法院尚未作出判决。甲公司根据有关情况预计很可能承担部分担保责任，2×17年2月6日甲公司财务报告批准报出之前法院作出判决，甲公司承担全部担保责任，需为乙公司偿还债务的70%，甲公司已执行，以下甲公司处理不正确的是（　　）。

A. 2×16年12月31日对此或有负债作出披露

B. 2×16年12月31日对此预计负债作出披露

C. 2×16年12月31日按照很可能承担的担保责任确认预计负债

D. 2×17年2月6日按照资产负债表日后调整事项处理，调整会计报表相关项目

6. 甲公司2×17年11月发现2×17年3月的10万元收入错误的记录为1万元，采取的会计处理方法是（　　）。

A. 不作任何调整

B. 调整前期相同的相关项目

C. 调整本期相关项目

D. 直接计入当期净损益项目

7. 甲公司2×17年1月10日向乙公司销售一批商品并确认收入实现，2×17年2月20日，乙公司因产品质量原因将上述商品退货。甲公司2×16年财务报告批准报出日为2×17年3月31日。甲公司对此项退货业务正确的处理方法是（　　）。

A. 作为资产负债表日后事项中的调整事项处理

B. 作为资产负债表日后事项中的非调整事项处理

C. 冲减2×17年1月相关收入、成本和税金等相关项目

D. 冲减2×17年2月相关收入、成本和税金等相关项目

8. 甲公司在年度财务报告批准报出日之前发现了报告年度的重大会计差错，需要做的会计处理是（　　）。

A. 在发现当期报表附注中做出披露

B. 作为发现当期的会计差错更正

C. 按照资产负债表日后调整事项的处理原则作出相应调整

D. 按照资产负债表日后非调整事项的处理原则作出披露

9. 2×16年11月份甲公司与乙公司签订一项供销合同，由于甲公司未按合同发货，致使乙公司发生重大经济损失。甲公司2×16年12月31日在资产负债表中的"预计负债"项目反映了400万元的赔偿款。2×17年3月10日（财务报告批准报出日为4月28日）经法院判决，甲公司需偿付乙公司经济损失500

万元。甲公司不再上诉，并假定赔偿款已经支付。在上述情况下，报告年度资产负债表中的"预计负债"项目应( )。

A. 调增 100 万元   B. 调减 400 万元
C. 调增 500 万元   D. 调减 500 万元

10. 长江公司系上市公司，2×16 年财务报告批准报出日为 2×17 年 4 月 30 日，该公司发生的下列事项中，属于调整事项的是( )。

A. 2×17 年 1 月 7 日，由于发生水灾，2×16 年 12 月购入的一批原材料全部冲毁，价值 8 000 万元
B. 2×17 年第一季度，人民币持续升值，人民币对美元汇率发生重大变化
C. 2×17 年 3 月 17 日收到某公司退回的一批商品，该批商品于 2×16 年 11 月销售并根据售价确认收入
D. 迫于流动资金周转困难，2×17 年 4 月 1 日向中国银行举借巨额债务 2 000 万元

11. 下列事项中，不属于资产负债表日后事项中的调整事项的是( )。

A. 已证实某项资产发生了损失
B. 已确认销售的货物被退回
C. 外汇汇率发生较大变动
D. 已确定将要支付的赔偿额大于该事项在资产负债表日确认预计负债的金额

12. 下列事项中，不属于资产负债表日后调整事项的是( )。

A. 资产负债表日后诉讼案件结案
B. 资产负债表日后取得证据，表明某项资产在资产负债表日发生了减值
C. 资产负债表日后发现了财务报表舞弊或差错
D. 资产负债表日后发生巨大亏损

13. 下列有关资产负债表日后事项的表述中，不正确的是( )。

A. 调整事项是对报告年度资产负债表日已经存在的情况提供了进一步证据的事项
B. 非调整事项是报告年度资产负债表日及之前其状况不存在的事项
C. 调整事项均应通过"以前年度损益调整"科目进行账务处理
D. 重要的非调整事项只需在报告年度财务报表附注中披露

14. 资产负债表日至财务报告批准报出日之间发生的调整事项在进行会计处理时，下列不能调整的项目是( )。

A. 涉及损益的调整   B. 涉及利润分配的事项
C. 涉及应缴税费的事项 D. 涉及现金收支的事项

15. 资产负债表日后的非调整事项是指( )。

A. 资产负债表日后新发生的事项
B. 资产负债表日后新发生的事项，且对理解和分析财务报告有重大影响的事项

C. 资产负债表日或以前已经存在，但资产负债表日后发生变化的事项

D. 资产负债表日后发生的情况的事项，与资产负债日存在状况无关，不应当调整资产负债日的财务报表

（二）多项选择题

1. 在报告年度资产负债表日至财务报告批准报出日之间发生的下列事项中，属于资产负债表日后调整事项的有（　　）。

   A. 发现报告年度财务报表存在重大舞弊

   B. 国家发布对企业经营业绩将产生重大影响的产业政策

   C. 发现某商品销售合同在报告年度资产负债表日已成为亏损合同的证据

   D. 为缓解报告年度资产负债表日以后存在的资金紧张情况而发行的巨额公司债券

2. 下列资产负债表日后事项属于调整事项的有（　　）。

   A. 发行债券

   B. 销售退回

   C. 对外提供重大担保

   D. 已证实某项资产在资产负债表日已减值，或为该项资产已确认的减值损失需要调整

3. 下列发生于报告年度资产负债表日至财务报告批准报出日之间的各事项中，应调整报告年度财务报表相关项目金额的有（　　）。

   A. 董事会通过报告年度利润分配预案

   B. 发现报告年度财务报告存在重要会计差错

   C. 资产负债表日未决诉讼结案，实际判决金额与已确认预计负债不同

   D. 新证据表明存货在报告年度资产负债表日的可变现净值与原估计不同

4. 甲股份有限公司2×16年年度财务报告经董事会批准对外公布的日期为2×17年3月30日，实际对外公布的日期为2×17年4月3日。该公司2×17年1月1日至4月3日发生的下列事项中，应当作为资产负债表日后事项中的调整事项的有（　　）。

   A. 3月1日发现2×16年10月接受的政府补助尚未入账

   B. 3月11日临时股东大会决议购买乙公司51%的股权并于4月2日执行完毕

   C. 4月2日甲公司为从丙银行借入8 000万元长期借款而签订重大资产抵押合同

   D. 3月5日收到上年度销售退回的商品价值500万元

5. 对于资产负债表日后事项中的非调整事项，应在会计报表附注中披露的有（　　）。

   A. 非调整事项的内容

   B. 非调整事项可能对财务状况、经营成果的影响

C. 非调整事项影响的结果无法估计的原因
D. 非调整事项在以后年度可能的调整

6. 资产负债表日后非调整事项的特点为（　　）。
A. 在资产负债表日或以前已经存在
B. 在资产负债表日并未发生或存在
C. 资产负债表日得以证实
D. 期后发生的事项
E. 资产负债表日前就已经证实

7. 某上市公司2×16年度的财务会计报告批准报出日为2×17年4月30日，应作为资产负债表日后调整事项处理的有（　　）。
A. 2×17年1月销售的商品，在2×13年3月被退回
B. 2×17年2月发现2×16年无形资产少摊销，达到重要性要求
C. 2×17年3月发现2×16年固定资产少提折旧，达到重要性要求
D. 2×17年5月发现2×16年固定资产少提折旧，达到重要性要求

8. 下列有关资产负债表日后事项的表述中，正确的有（　　）。
A. 调整事项是对报告年度资产负债表日已经存在的情况提供了进一步证据的事项
B. 非调整事项是报告年度资产负债表日及之前其状况不存在的事项
C. 调整事项均应通过"以前年度损益调整"科目进行账务处理
D. 重要的非调整事项只需在报告年度财务报表附注中披露

9. 股份有限公司自资产负债表日至财务会计报告批准报出日之间发生的下列事项中，属于非调整事项的有（　　）。
A. 资产负债表日后发生重大诉讼
B. 发生资产负债表所属期间所售商品的退回
C. 资产负债表日后发生巨额亏损
D. 一幢厂房因地震发生倒塌，造成公司重大损失

10. 下列资产负债表日后事项中，属于调整事项的有（　　）。
A. 新的证据表明，在资产负债表日对建造合同按完工百分比法确认的收入存在重大差错
B. 在资产负债表日或以前提起的诉讼，以不同于资产负债表中登记的金额结案
C. 外汇汇率发生较大变动
D. 资产负债表日后出现的情况引起的固定资产或投资上的减值
E. 对外巨额举债

（三）判断题

1. 对资产负债表日后事项中的调整事项，涉及损益的事项，通过"以前年度损益调整"科目核算，然后将"以前年度损益调整"的余额转入"本年利润"

科目。（ ）

2. 资产负债表日后发生重大债务重组，属于非调整事项。（ ）

3. 资产负债表日后诉讼案件结案，法院判决证实了企业在资产负债表日已经存在现时义务，需要调整原先确认的与该诉讼案件相关的预计负债，或确认一项新负债。（ ）

4. 2×17年1月20日，即2×16年度财务会计报告尚未报出，甲企业的股东将其60%的普通股以溢价出售给了丁企业。这一交易对甲企业来说，属于调整事项。（ ）

5. 对于资产负债表日后事项中的调整事项，应当视同会计报表所属期间的交易或事项进行会计处理。（ ）

6. 企业在资产负债表日至财务会计报告批准报出日之间发生的对外巨额投资，应在会计报表附注中披露，但不需要对报告期的会计报表进行调整。（ ）

7. 《企业会计准则——资本负债表日后事项》中所指的资产负债表日是指年度资产负债表日，年度资产负债表日则是指每年的12月31日。（ ）

8. 某公司2×16年的年度财务会计报告于2×17年3月30日编制完成，注册会计师于4月20日审计完成，于4月26日经董事会批准报出，于4月27日实际对外公告，则资产负债表日后事项的涵盖期为2×17年1月1日至4月27日。（ ）

9. 资产负债表日后期间发生的以前年度销售退回，属于非调整事项。（ ）

10. 资产负债表日后事项中的调整事项，无论是有利事项还是不利事项，均应当调整报告年度会计报表相关项目数字。（ ）

11. 资产负债表日后事项中的调整事项是指在资产负债表日已经存在，对理解和分析财务会计报告有重大影响，应在会计报表附注中予以说明的事项。（ ）

12. 某企业在2×17年1月30日（2×16年度财务会计报告尚未批准报出）发生2×16年度赊销的商品的退货，该企业应调整了2×16年度主营业务收入、主营业务成本和相关税金等。（ ）

13. 资产负债表日后发生企业合并或处置子公司，属于非调整事项。（ ）

14. 资产负债表日后事项中的调整事项，涉及损益调整的事项，直接在"利润分配——未分配利润"科目核算。（ ）

15. 2×16年度财务会计报告批准报出前，某公司董事会于2×17年2月25日提出分派股票股利方案。该公司对该事项在会计报表附注中做了相关披露，但未调整会计报表相关项目的金额。（ ）

（四）计算及账务处理题

1. 鹭江公司为上市公司，适用的所得税税率为25%，按净利润的10%提取法定盈余公积。鹭江公司发生的有关业务资料如下：

(1) 2×16年12月1日,鹭江公司因合同违约被乙公司告上法庭,要求鹭江公司赔偿违约金1 000万元。至2×16年12月31日,该项诉讼尚未判决,鹭江公司经咨询法律顾问后,认为很可能赔偿的金额为700万元。

2×16年12月31日,鹭江公司对该项未决诉讼事项确认预计负债和营业外支出700万元,并确认了相应的递延所得税资产和所得税费用为175万元。

(2) 2×17年3月5日,经法院判决,鹭江公司应赔偿乙公司违约金500万元。鹭江公司、乙公司均不再上诉。

其他相关资料:鹭江公司所得税汇算清缴日为2×17年2月28日;2×16年度财务报告批准报出日为2×17年3月31日;未来期间能够取得足够的应纳税所得额用以抵扣可抵扣暂时性差异;不考虑其他因素。

要求:

(1) 根据法院判决结果,编制鹭江公司调整2×16年度财务报表相关项目的会计分录。

(2) 根据调整分录的相关金额,调整财务报表相关项目金额。

(减少数以"-"表示)

2. 鹭江公司2×16年12月20日销售一批商品给丙企业,取得收入100 000元(不含税,增值税税率17%)。鹭江公司发出商品后,按照正常情况已确认收入,并结转成本80 000元。此笔货款到年末尚未收到,鹭江公司未对应收账款计提坏账准备。2×17年1月18日,由于产品质量问题,本批货物被退回。假定企业于2×17年2月28日完成2×16年所得税汇算清缴。公司适用的所得税税率为25%。

要求:

(1) 编制鹭江公司调整会计分录。

(2) 调整鹭江公司2×16年度相关财务报表。

二、练习题参考答案

(一) 单项选择题

1. C 2. D 3. A 4. C 5. A 6. C 7. D 8. C 9. B 10. C 11. C 12. D
13. C 14. D 15. D

(二) 多项选择题

1. AC 2. BD 3. BCD 4. AD 5. ABC 6. BD 7. BC 8. ABD 9. ACD
10. AB

(三) 判断题

1. × 2. √ 3. √ 4. × 5. √ 6. √ 7. × 8. × 9. × 10. √ 11. ×

12. √　13. √　14. ×　15. √

(四) 计算及账务处理题

1.
(1) 编制鹭江公司调整 2×16 年度财务报表相关项目的会计分录。
①记录应支付的赔款，并调整递延所得税资产：
借：预计负债　　　　　　　　　　　　　　　　700
　　贷：其他应付款　　　　　　　　　　　　　　　500
　　　　以前年度损益调整　　　　　　　　　　　　200
借：以前年度损益调整　　　　　　　　　　　　50
　　贷：递延所得税资产　　　　　　　　　　　　　50
②将"以前年度损益调整"科目余额转入未分配利润：
借：以前年度损益调整　　　　　　　　　　　　150
　　贷：利润分配——未分配利润　　　　　　　　　150
③调整盈余公积：
借：利润分配——未分配利润　　　　　　　　　15
　　贷：盈余公积　　　　　　　　　　　　　　　　15
(2) 财务报表相关项目金额调整如表 16-1 所示。

表 16-1　　　　　　　　财务报表相关项目调整　　　　　单位：万元

调整项目	影响金额
利润表项目：	
营业外支出	-200
所得税费用	50
净利润	150
资产负债表项目：	
递延所得税资产	-50
其他应付款	500
预计负债	-700
盈余公积	15
未分配利润	135

2.
(1) 编制鹭江公司调整的会计分录。
①2×17 年 1 月 18 日，调整销售收入：
借：以前年度损益调整　　　　　　　　　　　　100 000
　　应交税费——应交增值税（销项税额）　　　　17 000
　　贷：应收账款　　　　　　　　　　　　　　　117 000
②调整销售成本：
借：库存商品　　　　　　　　　　　　　　　　80 000

贷：以前年度损益调整　　　　　　　　　　　　　　80 000
　③调整应缴纳的所得税：
　　借：应交税费——应交所得税　　　　　　　　　　　 5 000
　　　　贷：以前年度损益调整　　　　　　　　　　　　　　 5 000
　注：5 000＝（100 000－80 000）×25%
　④将"以前年度损益调整"科目余额转入未分配利润：
　　借：利润分配——未分配利润　　　　　　　　　　　15 000
　　　　贷：以前年度损益调整　　　　　　　　　　　　　　15 000
　⑤调整盈余公积：
　　借：盈余公积　　　　　　　　　　　　　　　　　　 1 500
　　　　贷：利润分配——未分配利润　　　　　　　　　　　 1 500
（2）调整鹭江公司2×16年度相关财务报表。
①资产负债表项目的年末数调整：
调减应收账款117 000元；调增库存商品80 000元；调减盈余公积1 500元；调减未分配利润13 500元。
②利润表项目的调整：
调减营业收入100 000；调减营业成本80 000元。
③所有者权益变动表项目的调整：
调减净利润20 000元，提取盈余公积项目中盈余公积一栏调减1 500元，未分配利润一栏调增1 500元。

三、案例分析题

【案例】

资产负债表日后调整事项

　　鹭江股份有限公司为上市公司（以下简称鹭江公司），系增值税一般纳税人，适用的增值税税率为17%。鹭江公司2×16年度财务报告于2×17年4月10日经董事会批准对外报出。报出前有关情况和业务资料如下。

1．鹭江公司在2×17年1月进行内部审计过程中，发现以下情况：

（1）2×16年7月1日，鹭江公司采用支付手续费方式委托乙公司代销B产品200件，售价为每件10万元，按售价的5%向乙公司支付手续费（由乙公司从售价中直接扣除）。当日，鹭江公司发出B产品200件，单位成本为8万元。鹭江公司据此确认应收账款1 900万元、销售费用100万元、销售收入2 000万元，同时结转销售成本1 600万元。

2×16年12月31日，鹭江公司收到乙公司转来的代销清单，B产品已销售100件，同时开出增值税专用发票；但尚未收到乙公司代销B产品的款项。当日，鹭江公司确认应收账款170万元、应交增值税销项税额170万元。

(2) 2×16年12月1日,鹭江公司与丙公司签订合同销售C产品一批,售价为2 000万元,成本为1 560万元。当日,鹭江公司将收到的丙公司预付货款1 000万元存入银行。2×16年12月31日,该批产品尚未发出,也未开具增值税专用发票。鹭江公司据此确认销售收入1 000万元、结转销售成本780万元。

(3) 2×16年12月31日,鹭江公司对丁公司长期股权投资的账面价值为1 800万元,拥有丁公司60%有表决权的股份。当日,如将该投资对外出售,预计售价为1 500万元,预计相关税费为20万元;如继续持有该投资,预计在持有期间和处置时形成的未来现金流量的现值总额为1 450万。鹭江公司据此于2×16年12月31日就该长期股权投资计提减值准备300万元。

2. 2×17年1月1日至4月10日,鹭江公司发生的交易或事项资料如下:

(1) 2×17年1月12日,鹭江公司收到戊公司退回的2×16年12月从其购入的一批D产品,以及税务机关开具的进货退出相关证明。当日,鹭江公司向戊公司开具红字增值税专用发票。该批D产品的销售价格为300万元,增值税额为51万元,销售成本为240万元。至2×17年1月12日,鹭江公司尚未收到销售D产品的款项。

(2) 2×17年3月2日,鹭江公司获知庚公司被法院依法宣告破产,预计应收庚公司款项300万元收回的可能性极小,应按全额计提坏账准备。

鹭江公司在2×16年12月31日已被宣告知庚公司资金周转困难可能无法按期偿还债务,因而相应计提了坏账准备180万元。

3. 其他资料:

(1) 上述产品销售价格均为公允价格(不含增值税);销售成本在确认销售收入时逐笔结转。除特别说明外,所有资产均未计提减值准备。

(2) 鹭江公司适用的所得税税率为25%;2×16年度所得税汇算清缴于2×17年2月28日完成,在此之前发生的2×16年度纳税调整事项,均可进行纳税调整;假定预计未来期间能够产生足够的应纳税所得额用于抵扣暂时性差异。不考虑除增值税、所得税以外的其他相关税费。

(3) 鹭江公司按照当年实现净利润的10%提取法定盈余公积。

要求:

(一) 判断资料1中相关交易或事项的会计处理,哪些不正确(分别注明其序号)。

(二) 对资料1中判断为不正确的会计处理,编制相应的调整分录。

(三) 判断资料2相关资产负债表日后事项,哪些属于调整事项(分别注明其序号)。

(四) 对资料2中判断为资产负债表日后调整事项的,编制相应的调整分录。

(逐笔编制涉及所得税的会计分录;合并编制涉及"利润分配——未分配利润""盈余公积——法定盈余公积"的会计分录;答案中的金额单位用万元表示)

【案例分析】

（一）判断资料1中相关交易或事项的会计处理，哪些不正确（分别注明其序号）。

资料1中交易或事项处理不正确的有：(1)、(2)、(3)。

（二）对资料1中判断为不正确的会计处理，编制相应的调整分录。

资料（1）调整分录：

借：以前年度损益调整　　　　　　　[(2 000 - 100)×50%] 950
　　　贷：应收账款　　　　　　　　　　　　　　　　　　950
借：发出商品　　　　　　　　　　　(1 600×50%) 800
　　　贷：以前年度损益调整　　　　　　　　　　　　　　800
借：应交税费——应交所得税　　　　[(950 - 800)×25%] 37.5
　　　贷：以前年度损益调整　　　　　　　　　　　　　　37.5

资料（2）调整分录：

借：以前年度损益调整　　　　　　　　　　　　　1 000
　　　贷：预收账款　　　　　　　　　　　　　　　　1 000
借：库存商品　　　　　　　　　　　　　　　　　780
　　　贷：以前年度损益调整　　　　　　　　　　　　780
借：应交税费——应交所得税　　　　　(220×25%) 55
　　　贷：以前年度损益调整　　　　　　　　　　　　　55

资料（3）调整分录：

借：以前年度损益调整　　　　　　　　　　　　　20
　　　贷：长期股权投资减值准备　　　　　　　　　　20
借：递延所得税资产　　　　　　　　　(20×25%) 5
　　　贷：以前年度损益调整　　　　　　　　　　　　　5

（三）判断资料2相关资产负债表日后事项，哪些属于调整事项（分别注明其序号）。

资料2中相关日后事项属于调整事项的有：(1)、(2)。

（四）对资料2中判断为资产负债表日后调整事项的，编制相应的调整分录。

资料（1）调整分录：

借：以前年度损益调整　　　　　　　　　　　　　300
　　应交税费——应交增值税（销项税额）　　　　51
　　　贷：应收账款　　　　　　　　　　　　　　　　351
借：库存商品　　　　　　　　　　　　　　　　　240
　　　贷：以前年度损益调整　　　　　　　　　　　　240
借：应交税费——应交所得税　　　　　(60×25%) 15
　　　贷：以前年度损益调整　　　　　　　　　　　　　15

资料（2）调整分录：

借：以前年度损益调整　　　　　　　　　　　　　120

    贷：坏账准备 120
  借：递延所得税资产 30
    贷：以前年度损益调整 30
合并调整"利润分配——未分配利润"及"盈余公积——法定盈余公积"。
  借：利润分配——未分配利润 427.5
    贷：以前年度损益调整 427.5
  借：盈余公积——法定盈余公积 42.75
    贷：利润分配——未分配利润 42.75